应用型本科经济管理类专业基础课精品教材

公司财务管理

主　编　张　梅

副主编　艾　珺　师　艳

参　编　刘翠翠

北京理工大学出版社
BEIJING INSTITUTE OF TECHNOLOGY PRESS

内 容 简 介

本书以公司制企业为代表，以财务管理目标为主线，以筹资决策、投资决策、营运管理和利润管理为主要内容，较为全面、系统地阐述了现代企业财务管理的基本概念、基本方法和基本技能。本书主要内容包括财务管理总论，资金时间价值与风险分析，筹资管理，项目投资管理，证券投资管理，营运资金管理，利润分配管理，财务预测与财务预算，财务控制，财务分析等。

本书可作为应用型本科院校相关专业的教材，也可供相关从业人员学习参考。

图书在版编目（CIP）数据

公司财务管理/张梅主编 . —北京：北京理工大学出版社，2018.8（2022.1重印）
ISBN 978－7－5682－6201－9

Ⅰ.①公… Ⅱ.①张… Ⅲ.①公司—财务管理—高等学校—教材 Ⅳ.①F276.6

中国版本图书馆 CIP 数据核字（2018）第 191997 号

出版发行 / 北京理工大学出版社有限责任公司
社　　址 / 北京市海淀区中关村南大街 5 号
邮　　编 / 100081
电　　话 / （010）68914775（总编室）
　　　　　（010）82562903（教材售后服务热线）
　　　　　（010）68944723（其他图书服务热线）
网　　址 / http：//www.bitpress.com.cn
经　　销 / 全国各地新华书店
印　　刷 / 北京紫瑞利印刷有限公司
开　　本 / 787 毫米×1092 毫米　1/16
印　　张 / 16　　　　　　　　　　　　　　　责任编辑 / 高　芳
字　　数 / 378 千字　　　　　　　　　　　　文案编辑 / 赵　轩
版　　次 / 2018 年 8 月第 1 版　2022 年 1 月第 4 次印刷　　　责任校对 / 黄拾三
定　　价 / 45.00 元　　　　　　　　　　　　责任印制 / 李志强

公司财务管理是管理类和经济类专业一门重要的专业基础课，也是财务管理、会计学专业的专业主干课程之一。

多年来，我们在认真总结教学实践经验的基础上，参照我国公司财务管理实际业务的发展，根据学生的基础和特点，以突出培养实践应用能力为重点，结合企业的实际需要，并汲取相关著作的精华，编写了本书。

要想成为一名出色的财务管理者，不仅要在实践中不断摸索、积累经验，还必须系统地学习和掌握现代财务管理的基本理论、基本方法和基本技能。本书在章后附同步训练，可供读者巩固学习成果，并加深对所学内容的理解。

本书由张梅担任主编并负责统纂、修改、定稿工作，艾珺、师艳担任副主编，刘翠翠参与编写。各章撰写的具体分工如下：张梅编写第四章、第五章、第七章、第八章，共12万余字；艾珺编写第二章、第三章，共9万余字；师艳编写第六章、第九章、第十章，共10万余字；刘翠翠编写第一章，共3万余字，并负责本书的整理工作。

虽然本书编者通力合作，力求做到精益求精，但因编者理论水平和实际经验有限，书中难免有不当之处，恳请读者不吝指正。

编　者

目 录

第一章

财务管理总论

知识目标：

1. 熟悉财务管理的概念及基础；

2. 了解财务管理运作时需要依存的外部环境与职能；

3. 掌握财务管理的对象及目标。

技能目标：

1. 能够运用财务管理的环境分析，较全面地分析某一企业的具体环境；

2. 能够分析企业财务管理的具体内容；

3. 能够分析企业财务管理目标的合理性。

导语：

朋友，你想成为一名出色的公司财务经理吗？你想成为一个家庭理财高手吗？系统学习财务管理知识，能帮助你了解财务管理的价值观念和风险观念，能帮助你在解决公司筹资、投资、利润分配决策或家庭理财问题中游刃有余，果断自信地做出正确的判断。

第一节　财务管理概述

一、财务管理的概念

在商品经济条件下，社会产品是使用价值和价值的统一体。企业生产经营过程也表现为使用价值的生产和交换过程及价值的形成和实现过程的统一。在这个过程中，劳动者将生产中所消耗的生产资料的价值转移到产品中去，并且创造出新的价值，通过实物商品的出售，使转移价值和新创造的价值得以实现。企业资金的实质是生产经营过程中运动着的价值。

在企业生产经营过程中，实物商品不断地运动，其价值形态也不断地发生变化，由一种形态转化为另一种形态，周而复始，不断循环，形成了资金运动。所以，企业的生产经营过程，一方面表现为实物商品的运动过程，另一方面表现为资金的运动过程或资金运动；资金运动不仅以资金循环的形式存在，而且伴随着生产经营过程在不断进行，因此资金运动也表现为一个周而复始的周转过程。资金运动以价值形式综合地反映着企业的生产经营过程。

企业的资金运动，构成企业生产经营活动的一个独立方面，具有自己的运动规律，这就是企业的财务活动。企业的资金运动，从表面上看是钱和物的增减变动，其实，钱和物的增减变动都离不开人与人之间的经济利益关系。

财务管理是基于企业生产经营过程中客观存在的财务活动和财务关系而产生的，它是利用价值形式对企业生产经营过程进行的管理，是企业组织财务活动、处理与各方面财务关系的一项综合性管理工作。

二、财务管理的对象

(一)财务活动

所谓财务活动是指资金的筹集、投放、使用、收回及分配的一系列行为。从整体上讲，财务活动包括以下四个方面。

1. 筹资活动

企业组织商品生产，必须以占有或能够支配一定数额的资金为前提。也就是说，企业从各种渠道以各种方式筹集资金，是资金活动的起点。筹集是指企业为了满足投资和用资的需要，筹措和集中所需资金的过程。在筹资过程中，企业一方面要确定筹资的总规模，以保证投资所需要的资金；另一方面要通过筹资渠道、筹资方式或工具的选择，合理确定筹资结构，以降低筹资成本和风险，提高企业价值。

企业通过筹资可以形成两种不同性质的资金来源：一是企业权益资金，企业可以通过向投资者吸收直接投资、发行股票、用留存收益转增资本等方式取得，其投资者包括国家、法人、个人等；二是企业债务资金，企业可以通过银行贷款、发行债券、利用商业信用等方式取得。企业筹集资金，表现为企业资金的流入。企业偿还借款、支付利息、股利以及付出各种筹集费用等，则表现为企业资金的流出。这种因为资金筹集而产生的资金收支，便是由企业筹资而引起的财务活动，是企业财务管理的主要内容之一。

2. 投资活动

企业取得资金后，必须将资金投入使用，以谋求最大的经济效益；否则，筹资就失去了目的和效用。企业投资可以分为广义的投资和狭义的投资两种。广义的投资是指将筹集的资金投入使用的过程，包括企业内部使用资金的过程(如购置流动资产、固定资产、无形资产等)和对外投放资金的过程(如投资购买其他企业的股票、债券或其他企业联营等)。狭义的投资仅指对外投资。无论企业购买内部所需资产，还是购买各种证券，都需要支付资金。而当企业变卖其对内投资形成的各种资产或收回其对外投资时，则会产生资金的收入。这种企业投资而产生的资金收付，便是由投资而引起的财务活动。

企业在投资过程中，必须考虑投资规模(即为确保获取最佳投资效益，企业应投入资金数额的多少）；同时，企业还必须通过投资方向和投资方式的选择，来确定合理的投资结构，以提高投资效益、降低投资风险。所有这些投资活动都是财务管理的内容。

3. 营运活动

企业在日常生产经营过程中，会发生一系列的资金收付。第一，企业要采购材料或商品，以便从事生产和销售活动，同时，还要支付工资和其他营业费用；第二，当企业把产品或商品售出后，便可取得收入，收回资金；第三，如果企业现有资金不能满足企业经营的需要，还要采取短期借款方式来筹集所需资金。上述各方面都会产生企业资金的收付。这种因企业日常生产经营而引起的财务活动，也称为资金营运活动。

企业的营运资金，主要是为满足企业日常营业活动的需要而垫支的资金，营运资金的周转与生产经营周期具有一致性。在一定时期内，资金周转越快，资金的利用率就越高，就可能生产出更多的产品，取得更多的收入，获得更多的报酬。因此，如何加速资金周转，提高资金利用效果，也是财务管理的主要内容之一。

4. 资金分配

资金分配主要是指收益的分配。收益是一个含义比较广泛的概念，企业的收益也有层次上的区分。企业营业收入和其他收入扣除生产经营过程中发生的各项耗费和损失之后的余额称为息税前收益（简称 EBIT），即支付利息及缴纳所得税之前的收益。息税前收益是企业财务管理中的一个非常重要的概念。资金分配，从总体上说，就是将这部分收益分别以利息、企业所得税和利润（股利）等形式在投资者（包括企业所有者及债权人）及国家之间进行分配。这里需要说明的是：首先，依法向国家缴纳所得税是企业的法定义务，这一部分分配具有强制的性质；其次，在分配顺序上，向债权人支付利息处于息税前收益的第一分配项目，而且，企业不论有无收益，都必须向债权人支付利息，否则就有可能被迫清算企业的财产。

企业息税前收益在支付了利息和所得税之后的余额，即为企业的税后利润，是企业的最终经营成果。将税后利润在企业所有者之间进行分配，是企业收益分配中最重要的内容，也是收益分配管理的重点。

上述财务活动的四个方面，不是相互割裂、互不相关的，而是相互联系、相互依存的。正是上述相互联系又有一定区别的四个方面，构成了完整的企业财务活动，这四个方面也就是财务管理的基本内容。

（二）财务关系

企业的财务关系是企业在筹资、投资和资金分配过程中与各方面发生的经济利益关系。财务关系的内容和本质特征是由经济体制所决定的。在市场经济条件下，企业的财务关系主要有以下方面：

1. 企业与企业所有者之间的财务关系

企业与企业所有者之间的财务关系是各种财务关系中最根本的关系，这种关系是企业所有者对企业投入资金并参与企业收益分配而形成的投资和分配的关系。

2. 企业与债权人及债务人之间的财务关系

企业债权人与债务人之间的财务关系，具体表现为与以下单位和个人之间的债权债务关系：

第一，企业与银行及非银行机构之间的直接借贷关系。

第二，企业与债券持有人和债券发行人之间的间接借贷关系。

第三，企业与购、销客户之间的由于赊销、赊购而形成的商业信用关系。

企业与债权、债务人之间的财务关系，是企业所有财务关系中最为敏感的关系，能否处理好这种关系，直接关系到企业的形象与信誉，甚至直接关系到企业的生存与发展前景。

3. 企业与国家之间的财务关系

企业与国家之间的财务关系表现为责任与义务关系，企业依法向国家交纳税金是企业对国家应尽的义务。因此，企业与国家之间的财务关系主要是指企业按税法规定向国家交纳税金的关系。

4. 企业与内部职工之间的财务关系

企业与内部职工之间的财务关系主要表现为企业向职工支付工资、劳保及福利等方面的报酬，体现着企业与职工之间的按劳分配关系。

5. 企业与社会的关系

企业与社会有着千丝万缕的关系，例如，环境保护关系、法律安全关系、产品质量关系等，这些关系有的会产生新的财务关系。

除此之外，还有企业通过对外投资、横向联合、融资租赁等活动而产生的企业与其他经济主体间的财务关系。

以上种种财务关系都是通过企业日常财务活动来表现和处理的，随着我国市场经济体制的不断发展与完善，以及金融市场的不断成熟和金融工具的日益现代化，企业的财务活动以及与各方面的财务关系将越来越复杂，如何处理好企业与各方面的财务关系，将成为决定企业生存和发展的关键问题之一。

三、财务管理的目标

财务管理目标是在特定的理财环境中，通过组织财务活动，处理财务关系所要达到的目的。

从根本上说，财务管理目标取决于企业生存目的或企业目标，取决于特定的社会经济模式。企业财务管理目标具有体制性特征，整个社会经济体制、经济模式和企业所采用的组织制度，在很大程度上决定企业财务管理目标的取向。企业应从实际情况出发，通过对各种观点进行比较，找出比较可行的、适合我国现状的企业财务管理目标，以适应市场经济发展的需要。根据现代企业财务管理理论和实践，最具有代表性的财务管理目标主要有以下几种观点：

（一）企业利润最大化

该观点假定在企业的投资预期收益确定的情况下，财务管理行为将朝着有利于企业利润最大化的方向发展即以追逐利润最大化为财务管理的目标。以追逐利润最大化作为财务管理的目标，其主要原因有：一是人类从事生产经营活动的目的是创造更多的剩余产品，在商品经济条件下，剩余产品的多少可以用利润这个价值指标来衡量；二是在自由竞争的资本市场中，资本的使用权最终属于获利最多的企业；三是只有每个企业都是最大限度地获得利润，整个社会的财富才可能实现最大化，从而带来社会的进步和发展。在社会主义市场经济条件下，企业作为自主经营的主体，所创利润是企业在一定时期全部收入和全部费用的差额，是按照收入与费用配比原则加以计算的。它不光可以直接反映企业创造剩余产品的多少，而且也从一定程度上反映出企业经济效益的高低和对社会贡献的大小。现时利润是企业补充资本、扩大经营规模的源泉。因此，以利润最大化为财务管理目标是有一定的道理的。

企业以利润最大化作为财务管理的目标在实践中存在以下难以解决的问题：①这里的利润是指企业一定时期实现的利润总额，它没有考虑资金的时间价值；②没有反映创造的利润与投入的资本之间的关系，因而不利于不同资本规模的企业的比较；③没有考虑风险因素，高额利润往往要承担过大的风险；④片面追求利润最大化，可能导致企业短期行为，如忽视新产品开发、人才开发、生产安全、技术装备水平、生活福利设施和履行社会责任等。

(二)企业价值最大化(或股东财富最大)

投资者建立企业的重要目的，在于创造尽可能多的财富。这种财富首先表现为企业的价值。企业价值不是账面资产的总价值，而是企业全部财产的市场价值，它反映了企业潜在或预期获利能力。投资者在评价企业价值时，是以投资者预期投资时间为起点的，并将未来的收入按预期投资时间的同一口径进行折现，未来收入的多少按可能实现的概率进行计算。可见，这种计算办法考虑了资金的时间价值和风险问题。企业所得的收益越多，实现收益的时间越近，应得的报酬越是确定，则企业的价值或股东财富越大。以企业价值最大化作为财务管理的目标，其优点主要表现在：①该目标考虑了资金的时间价值和投资的风险价值，有利于统筹安排长短期规划、合理选择投资方案、有效筹措资金、合理制定股利政策等；②该目标反映了对企业资产保值增值的要求，从某种意义上说，股东财富越多，企业市场价值就越大，追求股东财富最大化的结果可促使企业资产保值或增值；③该目标有利于克服管理上的片面性和短期行为；④该目标有利于社会资源合理配置。社会资金通常流向企业价值最大化或股东财富最大化的企业或行业，有利于实现社会效益最大化。

以企业价值最大化作为财务管理的目标也存在以下问题：

(1)对于股票上市企业，虽可通过股票价格的变动揭示企业价值，但股价是受多种因素影响的结果，特别在即期市场上的股价不一定能够直接揭示企业的获利能力，只有长期趋势才能做到这一点。

(2)为了控股或稳定购销关系，现代企业不少采用环形持股的方式，相互持股。法人股东对股票市场的敏感程度远不及个人股东，对股价最大化目标没有足够的兴趣。

(3)对于非股票上市企业，只有对企业进行专门的评估才能真正确定其价值。而在评估企业的资产时，由于受评估标准和评估方式的影响，这种估价不易做到客观和标准，这也导致企业价值确定的困难。

本书以企业价值最大化作为财务管理目标。

四、财务管理目标的协调

企业财务管理目标是企业价值最大化，根据这一目标，财务活动所涉及的不同利益主体如何进行协调是财务管理必须解决的问题。

(一)所有者与经营者的矛盾与协调

企业价值最大化直接反映了企业所有者的利益，与企业经营者没有直接的利益关系。对所有者来讲，他所放弃的利益也就是经营者所得的利益。在西方，这种被放弃的利益也称为所有者支付给经营者的享受成本。但问题的关键不是享受成本的多少，而是在增加享受成本的同时，是否更多地提高了企业价值。因而，经营者和所有者的主要矛盾就是经营者希望在提高企业价值和股东财富的同时，能更多地增加享受成本；而所有者和股东则希望以较小的享受成本支出带来更高的企业价值或股东财富。为了解决这一矛盾，应采取经营者的报酬与绩效相联系的方法，并辅以一定的监督措施。

1. 解聘

解聘是一种通过所有者约束经营者的办法。所有者对经营者予以监督，如果经营者未能使企业价值达到最大，就解聘经营者。为此，经营者会因为害怕被解聘而努力实现财务管理目标。

2. 接收

接收是一种通过市场约束经营者的办法。如果经营者决策失误、经营不力，未能采取一切有效措施使企业价值提高，该公司可能被其他公司强行接收或吞并，相应经营者也会被解聘。为此，经营者为了避免这种接收，必须采取一切措施提高股票市价。

3. 激励

激励即将经营者的报酬与其绩效挂钩，以使经营者自觉采取能满足企业价值最大化的措施。激励有两种基本方式：

(1)"股票选择权"方式。它允许经营者以固定的价格购买一定数量的公司股票，股票的价格越高于固定价格，经营者所得的报酬就越多。经营者为了获取更多的股票涨价益处，就必然主动采取能够提高股价的行动。

(2)"绩效股"方式。它是指公司运用每股利润、资产收益率等指标来评价经营者的业绩，视其业绩大小给予经营者数量不等的股票作为报酬。如果公司的经营业绩未能达到规定目标，经营者也将部分丧失原先持有的"绩效股"。这种方式使经营者不仅为了多得"绩效股"而不断采取措施提高公司的经营业绩，而且为了使每股市价最大化，也采取各种措施使股票市价稳定上升。

(二)所有者与债权人的矛盾与协调

所有者的财务管理目标可能与债权人期望实现的目标发生矛盾。首先，所有者可能要求经营者改变举债资金的原定用途，将其用于风险更高的项目，这会增大偿债风险，债权人的负债价值也必然会实际降低。若高风险的项目成功，额外的利润就会被所有者独享；但若失败，债权人要与所有者共同负担由此而造成的损失，这对债权人来说风险与收益是不对称的；其次，所有者或股东可能未征得现有债权人的同意，而要求经营者发行新债券或举借新债，致使旧债券的价值降低(因为相应的偿债风险增加)。

为协调所有者与债权人的上述矛盾，通常可采取以下方式：

(1)限制性借款，即在借款合同中加入某些限制性条款，如规定借款的用途、借款的担保条款和借款人的信用条件等。

(2)收回借款或停止借款，即当债权人发现公司有侵蚀其债权价值的意图时，采取收回债权和不给予公司增加放款等方式来保护自身的权益。

第二节 财务管理的基础与职能

一、财务管理的基础

对于刚接触财务管理的初学者来说，它似乎是一门很难的课程。实际上，财务管理所涉及的很多问题和概念，都是建立在一定基础之上的，这些基础的概念并不需要多少财务的知识即能理解。

（一）风险收益的权衡——对额外的风险要有额外的收益进行补偿

人们都会进行储蓄，目的是以储蓄进行投资并得到回报。假设面对不同的投资机会，人们应把钱投到哪儿呢？

投资者由于延迟消费，会要求比预期的通货膨胀率更高的收益。如果投资不能补偿预期的通货膨胀，投资者将会提前购买他们目前不需要的产品或投资于那些能保值增值的资产。如果储蓄会导致购买力下降，推迟消费将是不明智的。

投资项目的风险和收益各不相同。由于高风险项目的预期收益也较高，所以投资者有时会选择风险高的投资项目，但这里所指的预期收益不是实际收益。人们只能预期未来的结果，而不能预先得知其实际发生的情况。额外的收益将补偿额外的风险，这就是为什么一般情况下，公司债券的利率高于国库券利率的原因。风险和收益的关系是评估股票、债券及新的投资项目价值的重要基础因素之一。

（二）资金的时间价值——今天的一元钱比未来的一元钱更值钱

财务管理中最基本的概念是资金具有时间价值，即今天的一元钱比未来的一元钱更值钱。在经济学中这一概念是以机会成本表示的。

为了衡量财富或价值，人们使用时间价值的概念把项目未来的成本和收益都以现值来表示。如果收益现值大于成本现值项目则应予以接受，反之则拒绝。如果不考虑资金的时间价值，就无法合理地评价项目的未来收益和成本。

为了把未来的收益和成本折现，必须确定资金的机会成本或利率。具体的利率是由原风险和利率的权衡决定的。因此，计算未来收益和成本的现值时，要考虑到对于附加的风险，投资者相应期望较高的收益率。

（三）价值的衡量要考虑的是现金而不是利润

衡量财产或价值使用的是现金流量而不是会计利润。现金流量是企业所收到的并可用于再投资的现金，而按权责发生制核算的会计利润的发生往往是不同时的。例如，资本支出（如新设备或建筑的购买）将在几年内折旧，折旧费用从利润中扣减。但是，与这一支出相关的现金流量则是一次发生的。现金的流出和流入反映了收益和成本的真正发生时间。

（四）增量现金流量——只有增量是相关的

应当采用现金流量来测度新项目可能会产生的收益。现在人们可以通过设计估价程序，只考虑现金流量的增量。这里说的现金流量增量是指新项目上马后的现金净流量与原现金净流量之间的差异。

并非所有的现金流量都是增量。例如，L公司是一家生产体育游戏卡的公司，它在2008年引进了新型棒球游戏卡，这一产品直接对该公司过去的两种游戏卡形成竞争威胁。毫无疑问，如果该公司没有引进新型游戏卡。那么消费者花在新型游戏卡上的部分投资就会转移到过去的两种游戏卡上去。尽管L公司企图打入由T公司控制的以低成本为竞争优势的游戏卡市场，但新型游戏卡的上市确确实实侵蚀了原有两种游戏卡的销售额。引进新型产品产生的收入与保持原有产品系列所获得的收入间的差距即是现金流量增量。这一差额反映了该决策的真实影响。

需要注意的是，应当从增量上考虑，即比较新项目上马和新项目不上马的现金流量变动情况。当然增量观念不应仅局限在现金流量上，而应当从增量这个角度考察决策的所有结果。

（五）在竞争市场上没有利润特别高的项目

财务管理的目的是要创造财富，增加企业价值。因此，必须考察投资评估和决策的机制，其重点是预测现金流量，确定投资项目的收益，并评估资产和新的投资项目的价值。但是，很可能因此陷入估价的机制而忽略了创造价值的过程。为什么很难找到利润特别高的项目呢？

实际上，评估有利可图的项目比找到它们更容易些。如果某一产业利润丰厚，它将吸引大量的厂商。由此增加的竞争将导致利润下降到投资者要求的收益率。相反，如果某一行业所提供的利润低于投资者要求的收益率，则此行业中将有厂商退出，由此会减少竞争，价格会相应上涨。于是，竞争缓解了，利润也回升到投资者要求的收益率水平。

在竞争市场上，极高的利润不可能长时间存在。在这种情况下，如何发掘那些收益率高于必要收益率的项目呢？尽管竞争加剧了发掘的难度，但人们要投资的是非完全竞争的市场。能够使市场竞争减少的途径只有两种：一是使产品具有独特性；二是降低成本。

产品的独特性使其与其他产品相区别，由此可使价格抬高从而增加利润。如果产品具有独特的性能，顾客就不会仅从价格上考虑。

服务和质量也能使产品与其他产品相区别。例如，麦当劳服务的快捷、卫生和质量的一致性也吸引了一批批回头客。

无论产品的独特性是源自广告、专利、服务或者质量，有一点是肯定的，即某产品和同类产品区别越大，它所面对的竞争就越小，同时利润较高的可能性越大。

经济规模和成本的低廉可以有效地阻止新厂家的进入，从而减少竞争。观察众多工商企业可以发现，固定成本是与企业的规模相联系的。例如，存货成本、广告费用和管理人员的工资都和每年的销售额无直接关系而保持在一个比较稳定的水平。因此，随着销量的增加，存货、广告和管理的单位成本就会下降。

无论低成本的获得是源自经济规模、独特的技术，或是对原材料的垄断，成本优势都会阻止新厂商的介入，而这将导致利润的大幅度提高。

要想寻找有利可图的投资机会首先要理解其在竞争市场上是如何存在的。公司要着眼于创造并利用竞争市场上的不完善之处，而不是去考察那些看起来利润很大的新兴市场和行业。在完全竞争条件下，任何创造巨大利润的行业都不可能维持太久。

（六）有效的资本市场——市场是灵敏的，价格是合理的

财务管理的目标是使股东财富最大化。股东财富最大化的决策会导致普通股市价的提高。为了理解这一点以及债券、股票在金融市场上如何定价，有必要理解"有效市场"这个概念。

市场是否有效与信息反映到证券价格中的速度有关。一个有效的市场是由大量行为独立、利润驱动的单个投资者所组成的。与证券有关的信息以随机的方式出现在市场上，投资者即时对信息做出反应，购买或出售证券，直到他们认为市场价格已经正确地反映了信息为止。在有效市场假定前提下，信息反馈到价格中去的速度之快使得投资者无法从公开信息中获利。投资者确信证券价格恰当地反映了公司预期的利润和风险，从而也就反映了公司真实的价值。

有效市场的意义：①证券市场价格是合理的。股票价格反映了所有与公司价值有关的公开信息，即人们可以通过在其他条件不变时，根据每一决策对股份应有的影响来完成使股东财富最大化的目标。②会计方法的变更所导致的收益差别并不会导致股价的变化。这是因为在股价中股票的分割以及其他会计方法的变更并不会影响现金流量，从而也不会反映在股价中。市场价格是由股东可以得到的现金所决定的。因此，用现金流量来衡量利润这一方法是合理的。

价格反映价值，人们可以通过分析价格来得到其反映的价值。虽然这样会使投资不那么富有刺激性，但可以大大减少公司财务的不确定性。

（七）代理问题——管理人员与所有者的利益不一致

尽管公司的目标是使股东财富最大化，但在现实中，代理问题会阻碍这一目标的实现。代理问题的产生源自所有权和经营权的分离。例如，一个大公司的管理人员可能并不拥有公司的股票，由于公司经营决策者和所有者的分离，管理人员在做决策时有可能并不以股东财富最大化为目标，他们有的可能并不十分尽职地工作，而以其工资和资金的最大化为目标。

与代理问题相关的成本很难衡量，但有时人们会在市场上看到这一问题的影响。例如，如果市场发现管理层正在损害股东的利益，股价将会做出强烈的反应。一些公司管理混乱，效益低下，股价连续走低，但领导班子一经调整，并进行资产重组，股价就会上升。如果公司的管理人员是为股东服务的，为什么当他们不从股东利益最大化出发时不把他们解雇呢？理论上，股东选举董事会，董事会又任命管理人员。但在现实中，系统的动作往往是反向的。管理人员提出董事会的候选人并分发投票单，实际上股东所面对的候选人名单是由管理人员提供的。最终的结果是管理人员选举了董事，而这些董事将更多地代表管理层的利益而不是股东的利益，于是就导致了代理问题。

人们往往花费很多的时间来监督管理者的行为，并试图使他们的利益和股东的利益相一致。对管理者的监督可以通过对财务报表以及对管理人员工资的审计来完成。另外，可以把管理人员的奖金和他们的决策在多大程度上符合股东利益结合起来。这样就可以在一定程度上解决代理问题。

（八）纳税影响业务决策

财务经理决策时要考虑纳税的影响。在估价过程中只有增量的现金流量是与之相关的，更确切地说，应是税后的增量现金流量。

评价旧项目时，要考虑所得税。当公司要购买工厂或设备时，投资收益要在税后的基础上衡量。否则，公司就不能正确地把握项目的增量现金流量。

政府也意识到税收会影响公司的业务决策，因此可以在一定程度上用税收来影响公司的支出。例如，政府如果想鼓励公司进行研究与开发，就可以对这些投资提供一项投资税收减免，这将会减少研究与开发项目上的税收支出，从而增加公司的税后利润。而这些增量现金流量有可能会使原本不盈利的项目变得有利可图。实际上，政府可以利用税收工具来引导公司向研究与开发项目、内地城市、西北部地区及能增加就业机会的项目投资。

纳税对于公司确定财务结构也起着很重要的作用。这一问题在近些年中一直都是争论的焦点，但有一点是大家公认的，即税法使债务融资优于股票融资。因为计算纳税时，利息的支出在税前列支，是一项可以减税的费用，但股利的支付在税后进行，不能抵减收益。利息的支付会降低利润，由此会减少应纳税收入。

（九）风险分为不同的类别——有些可以通过分散化消除，有些则不能

财务管理的重点是风险收益的权衡。在应用这一原理时，首先要确定如何衡量风险。当人们观察所有的项目和资产时，会发现有一些风险可以通过分散化消除，有一些则不能，这是一个很重要的结论。分散化的过程能降低风险，但对项目和资产的风险衡量也更困难。

二、财务管理的职能

现代管理学认为，管理的主要职能是预测、决策、预算、控制和分析。

（一）财务预测

财务预测是根据财务活动的历史资料，考虑现实的要求和条件，对企业未来的财务活动和财务成果做出科学的预测和测算。财务预测的主要任务在于：测算各项生产经营方案的经济效益，为决策者提供可靠的依据；预计财务收支的发展变化情况，以确定经营目标；测定各项定额和标准，为编制计划、分解计划指标服务。财务预测环节主要包括明确预测目标、搜集相关资料、建立预测模型、确定财务预测结果等步骤。

（二）财务决策

财务决策是指财务人员按照财务目标的总体要求，利用专门方法对各种备选方案进行比较分析，并从中选出最佳方案的过程。在市场经济条件下，财务管理的核心是财务决策，财务预测是为财务决策服务的，决策成功与否直接关系到企业的兴衰成败。财务决策环节主要包括确定决策目标、提出备选方案、选择最优方案等步骤。

（三）财务预算

财务预算是指运用科学的技术手段和数量方法，对未来财务活动的内容及指标所进行的具体规划。财务预算是以财务决策确立的方案和财务预测提供的信息为基础编制的，是财务预测和财务决策的具体化，是控制财务活动的依据。财务预算的编制一般包括以下几个步骤：分析财务环境，确定预算指标；协调财务能力，组织综合平衡；选择预算方法，编制财务预算。

（四）财务控制

财务控制是在财务管理的过程中，利用有关信息和特定手段，对企业财务活动所施加的影响或进行的调节。实行财务控制是落实预算任务、保证预算实现的有效措施。财务控制一般要经过以下步骤：制定控制标准，分解落实责任；实施追踪控制，及时调整误差；分析执行情况，搞好考核奖惩。

（五）财务分析

财务分析是根据核算资料，运用特定方法，对企业财务活动过程及其结果进行分析和评价的一项工作。通过财务分析，可以掌握各项财务计划的完成情况，评价财务状况，研究和掌握企业财务活动的规律性，改善财务预测、决策、预算和控制，改善企业管理水平，提高企业经济效益。财务分析包括以下步骤：占有资料，掌握信息；指标对比，揭露矛盾；分析原因，明确责任；提出措施，改进工作。

第三节　财务管理环境

一、财务管理环境的概念

财务管理环境又称理财环境，是指对企业财务活动和财务管理活动产生影响作用的企业内外各种条件的统称。

企业财务活动在相当大程度上受理财环境制约，如生产、技术、供销、市场、物价、金融、税收等因素，对企业财务活动都有重大影响。只有在理财环境的各种因素作用下实现财务活动的协调平衡，企业才能生存和发展。研究理财环境，有助于正确地制定理财策略。

本书主要讨论对企业财务管理影响比较大的法律环境、金融环境和经济环境等因素。

二、法律环境

市场经济的重要特征就在于它是以法律规范和市场规则为特征的经济制度。法律为企业经营活动规定了活动空间，也为企业在相应空间内自由经营提供了法律上的保护。影响财务管理的主要法律环境因素有企业组织形式的法律规定和税收法律规定等。

（一）企业组织法规

企业是市场经济的主体，不同类型的企业在适用的法律方面有所不同。了解企业类型，有助于企业财务管理活动的开展。企业可按照不同的标准进行分类，本书着重讲述按组织形式进行分类。

按其组织形式不同，可将企业分为独资企业、合伙企业和公司。

1. 独资企业

独资企业是指依法设立，由一个人投资，财产为投资个人所有，投资人以其个人财产对公司债务承担无限责任的经营实体。独资企业特点：①只有一个出资者。②出资人对企业债务承担无限责任。在独资企业中，独资人直接拥有企业的全部资产并直接负责企业的全部负债，也就是说独资人承担无限责任。③独资企业不作为企业所得税的纳税主体。一般而言，独资企业并不作为企业所得税的纳税主体，其收益纳入所有者的其他收益一并计算交纳个人所得税。

独资企业具有结构简单、容易开办、利润独享、限制较少等优点，但也存在无法克服的缺点：一是出资者负有无限偿债责任；二是筹资困难，个人财力有限，企业往往会因信用不足、信息不对称而存在筹资障碍。

我国的国有独资公司不属于本类企业，而是按有限责任公司对待。

2. 合伙企业

合伙企业是依法设立，由各合伙人订立合伙协议，共同出资，合伙经营，共享收益，共担风险，并对合伙企业债务承担无限连带责任的营利组织。合伙企业的法律特征是：①有两个以上合伙人，并且都是具有完全民事行为能力依法承担无限责任的人。②有书面合伙协议，合伙人依照合伙协议享有权利，承担责任。③有各合伙人实际缴付的出资，合伙人可以用资金、实物、土地使用权、知识产权或其他属于合伙人合法财产及财产权利出资，经全体合伙人协商一致。合伙人也可以用劳务出资，其评估作价由全体合伙人协商确定。④有关合伙企业改变名称、向企业登记机关申请办理变更登记手续、处分不动产或财产权利、为他人提供担保、聘任企业经营管理人员等重要事务，均须经全体合伙人一致同意。⑤合伙企业的利润和亏损，由合伙人依照合伙协议约定的比例分配和分担；合伙协议未约定利润分配和亏损分担比例的，由各合伙人平均分配和分担。⑥各合伙人对合伙企业债务承担无限连带责任。

合伙企业具有开办容易、信用相对较佳的优点，但也存在责任无限、权力不易集中、有时决策过程过于冗长等缺点。

3. 公司

公司是指依法登记设立，以其全部法人财产，依法自主经营、自负盈亏的企业法人。公司享有由股东投资形成的全部法人财产权，依法享有民事权利，承担民事责任。公司股东作为出资者按投入公司的资本额享有所有者的资产受益、重大决策和选择管理者等权利，并以其出资额或所持股份为公司承担有限责任。我国公司法所称公司是指有限责任公司和股份有限公司。

（1）有限责任公司。有限责任公司是指由2个以上50个以下股东共同出资，每个股东以其所认缴的出资额为限对公司承担有限责任，公司以其全部资产对其债务承担责任的企业法人。其特征有：①公司的资本总额不分为等额的股份。②公司向股东签发出资证明书，不发股票。③公司股份的转让有较严格限制。④限制股东人数，不得超过一定限额。⑤股东不得少于规定的数目。⑥股东以其出资额为限对公司承担有限责任。

（2）股份有限公司。股份有限公司是指其全部资本分为等额股份，股东以其所持股份为限对公司承担责任，公司以其全部资产对公司债务承担责任的企业法人。其特征有：①公司的资本划分为股份，每一股的金额相等。②公司的股份采取股票的形式，股票是公司签发的证明股东所持股份的凭证。③同股同权，同股同利；股东出席股东大会，所持每一份股份有一表决权。④股东可以依法转让持有的股份。⑤股东不得少于规定的数目，但没有上限限制。⑥股东以其所持股份为限对公司债务承担有限责任。

与独资企业和合伙企业相比，股份有限公司的特点：①有限责任。股东对股份有限公司的债务承担有限责任，倘若公司破产清算，股东的损失以其对公司的投资额为限。而对于独资企业和合伙企业，其所有者可能损失更多，甚至个人的全部财产。②永续存在。股份有限公司的法人地位不受某些股东死亡或转让股份的影响，因此，其寿命较之独资企业或合伙企业更有保障。③可转让性。一般而言，股份有限公司的股份转让比独资企业和合伙企业的权益转让更为容易。④易于筹资。就筹集资本的角度而言，股份有限公司是最有效的企业组织形式。因其永续存在以及举债和增股的空间大，股份公司具有更大的筹资能力和弹性。⑤对公司的收益重复纳税。作为一种企业组织形式股份有限公司也有不足，最大的缺点是对公司的收益重复纳税：公司的收益先要交纳公司所得税；税收收益以现金股利分配给股东后，股东还要交纳个人所得税。

公司这一组织形式，已经成为西方大企业所采用的普遍形式，也是我国建立现代企业制度过程中选择的企业组织形式之一。本书所讲的财务管理，主要是指公司的财务管理。

组建不同形式的企业，要遵循不同的法律规范。在我国，这些法规包括《中华人民共和国公司法》（以下简称《公司法》）、《中华人民共和国外资企业法》《中华人民共和国中外合资经营企业法》《中华人民共和国合伙企业法》《中华人民共和国个人独资企业法》等。这些法律对企业的设立条件、设立程序、出资限额、经营与财务管理等方面都给予了明确的规定；它们既是企业的组织法规，同时也是企业的行为法规。企业一旦成立，其经营与财务等活动就必须按照法律的相关规定进行。例如《公司法》对公司的设立条件、设立程序、组织机构等都做了明确的规定，包括注册资本的最低限额、资本的筹集方式、利润的分配等。公司一旦成立，其生产经营活动，包括财务活动，都必须按照《公司法》的规定来进行。此外，企业在财务活动中还要通过《中华人民共和国经济合同法》《中华人民共和国证券法》《中华人民共和国商业银行法》《企业财务通则》等法律法规对自身进行约束和保护。

(二)税务法规

1. 税收的意义与类型

税收是国家为了实现其职能，按照法律规定的标准，凭借政治权力，强制地、无偿地征收资金实物的一种经济活动，也是国家参与国民收入分配的一种方法，税收是国家参与济管理，实施宏观调控的重要手段之一。税收具有强制性、无偿性和固定性三个显著特征。

国家财政收入的主要来源是企业所缴纳的税金，而国家财政状况和财政政策，对于企业资金供应和税收负担有着重要的影响；国家各种税种的设置、税率的调整，具有调节生产经营的作用。国家税收制度，特别是工商税收制度，是企业财务管理的重要外部条件。企业的财务决策应当适应税收政策的导向，合理安排资金投放，以追求最佳的经济效益。

税收按不同的标准，有以下几种类型：①按征税对象的不同，可分为流转税类、收益税（所得税）类、财产税类、资源税类和行为税类等。②按中央和地方政府对税收的管辖不同，分为中央税(或叫国家税)、地方税、中央与地方税共享三类。③按税收负担能否转嫁，可分为直接税和间接税。④按征收的实体来划分，可分为资金税和实物税。

2. 税法的含义与要素

税法是由国家机关制定的调整税收征纳关系及其管理关系的法律规范的总称。我国税法的构成要素主要包括：

（1）征税人。征税人是指代表国家行使征税职责的国家税务机关，包括国家各级税务机关、海关和财政机关。

（2）纳税义务人。纳税义务人也称纳税人或纳税主体，指税法上规定的直接负有纳税义务的单位和个人。纳税义务人可以是个人（自然人）、法人、非法人的企业和单位，这些个人、法人、单位既可以是本国人，也可以是外国人。

（3）课税对象。课税对象即课税客体，它是指税法规定对什么征税。课税对象是区别不同税种的重要依据和标志。课税对象按其课税范围划分为：以应税产品的增值额为对象进行课征；以应税货物经营收入为对象进行课征；以提供劳务取得的收入为对象进行课征；以特定的应税行为为对象进行课征；以应税财产为对象进行课征；以应税资源为对象进行课征。

（4）税目。税目也称课税品目，指某一税种的具体征税项目。它具体反映某一单行税法的适用范围。

（5）税率。税率是应纳税额与课税对象之间的比率。它是计算税额的尺度，是税法中的核心要素。我国现行税率主要有比例税率、定额税率和累进税率三种。

（6）纳税环节。纳税环节是税法对商品从生产到消费的整个过程所规定的应纳税环节。

（7）计税依据。计税依据指计算应纳税金额的根据。

（8）纳税期限。纳税期限指纳税人按税法法规规定在发生纳税义务后，应当向国家交纳税款的时限。

（9）纳税地点。纳税地点是指缴纳税款的地方。纳税地点一般为纳税人的住所地，也有规定为营业地、财产所在地或特定行为发生地的。纳税地点关系到税收管辖权和是否便利纳税等问题，在简介中明确规定纳税地点有助于防止漏征或重复征税。

（10）减税免税。减税免税是指税法对特定的纳税人或征税对象给予鼓励和照顾的一种优待性规定。我国税法的减免内容主要有以下三种：起征点、免征额和减免规定。

（11）法律责任。法律责任是指纳税人存在违反税法行为所应承担的法律责任，包括由税务机关或司法机关所采取的惩罚措施。

3. 主要税种简介

（1）增值税。增值税是以增值额为课税对象的一种流转税。所谓增值额，从理论上讲就是企业在商品生产、流通和加工、修理和修配各个环节中新增的那部分价值。增值税税率分为三档：基本税率为17%，低税率为13%，出口税率为零。增值税属于价外税。

（2）消费税。消费税是对在我国境内从事生产、委托加工和进口应税消费品的单位和个人就其销售额或销售数量为课税对象征收的一种税。

（3）资源税。资源税是对我国境内开采应税矿产品及生产盐的单位和个人就其应税资源销售数量或自用数量为课税对象征收的一种税。

（4）企业所得税。企业所得税是对企业纯收益征收的一种税，体现了国家与企业的分配关系。企业所得税适用于境内实行独立经济核算的企业组织，包括国有企业、集体企业、私营企业、联营企业、股份制企业和其他组织，但外商投资企业和外国企业除外。上述企业在我国境内和境外的生产、经营所得和其他所得，为应纳税所得额，按25%的税率计算缴纳税款。

（5）外商投资企业和外国企业所得税，此税以设立在我国境内的外商投资企业和外国企业为纳税人，适用于在中国境内设立的中外合资经营企业、中外合作经营企业和外商独资企业，以及在中国境内设立机构、场所从事生产、经营和虽未设立机构、场所、而有来源于中国境内所得的外国公司、企业和其他经济组织。上述外商投资企业和外国企业的生产、经营所得和其他所得为应纳税所得额，税率为25%。

（6）个人所得税。个人所得税是对个人收入征收的一种税，体现国家与个人的分配关系。个人所得税税率设有5%～45%、5%～35%的超额累进税率和20%的比例税率。

财务人员应当熟悉国家税收法律的规定，不仅要了解各税种的计征范围、计征依据和税率，而且要了解差别税率的制定精神，减税、免税的原则规定，自觉按照税收政策导向进行经营活动和财务活动。

税收是国家财政收入的重要源泉，它对企业利润分配，乃至对企业的整个财务活动都具有重大影响。站在企业的角度，税负终归是企业的一项支出，因而企业无不希望能通过各种方式减轻其税务负担。但任何企业都有依法纳税的义务，税负的减少，不能通过偷税、漏税等违法事件的发生来实现。所以企业财务管理人员在依法经营、照章纳税的前提下精心安排和筹划，减少税务负担，也是理财工作的重要内容。这就要求企业财务管理人员必须熟悉相关的税收法律与法规，掌握减免税的原则与规定，以此为导向来组织企业的财务活动，进行财务管理。

（三）财务法规

财务法规是财务管理的工作准则。财务法规主要有企业财务通则和分行业的财务制度。

（1）企业财务通则。《企业财务通则》由我国财政部制定，于1993年7月1日起实施。2006年12月4日，财政部颁发了新的《企业财务通则》，并规定于2007年1月1日起施行。《企业财务通则》是企业从事财务活动、实施财务管理的基本原则和规范。其内容主要包括对企业的资金筹集、资产管理、收益及分配等财务管理工作的基本规定。

（2）行业财务制度。由于不同行业的业务性质不同，具有各自的特点，在财务管理上有其具体不同的管理要求。而《企业财务通则》作为财务管理的基本制度，只能明确一些各类企业共同的和均能执行的原则，不可能太具体，也难以完全体现各行业的特点和要求。因此，在《企业财务通则》的基础上，需要再由国家统一制定各大行业的财务制度。

行业财务制度打破部门管理和所有制的界限，在原有的40多个行业的基础上，重新划分行业，根据各行业经营业务特点和特定的管理要求，制定了包括工业、运输、商品流通、邮电、金融、旅游饮食服务、农业、对外经济合作、施工和房地产开发、电影和新闻出版等十大行业财务制度。行业财务制度由财政部统一制定，于1993年7月1日起实施。

行业财务制度分别根据各行业的业务特点，对各行业企业财务管理从资金筹集到企业清算等全过程的具体内容和要求做出了具体的规定。因此，行业财务制度是整个财务制度体系的基础和主体，是企业进行财务管理必须遵循的具体制度。

除上述法规外，与企业财务管理有关的其他经济法律、法规还有企业财务会计报告条例、会计档案管理办法、会计从业资格管理办法、证券法、结算法、合同法等。财务人员应当熟悉这些法律、法规，在守法的前提下进行财务管理，实现企业的财务目标。

三、金融环境

企业总是需要资金从事投资和经营活动。而资金的取得，除了自有资金外，主要从金融机构和金融市场取得。金融政策的变化必然影响企业的筹资、投资和资金运营活动。所以金融环境是企业最为主要的环境因素。影响财务管理的主要金融环境因素有金融机构、金融工具、金融市场和利率等。

（一）金融机构

社会资金从资金供应者手中转移到资金需求者手中，大多要通过金融机构。金融机构包括银行业金融机构和其他金融机构。

1. 银行业金融机构

银行业金融机构是指经营存款、放款、汇兑、储蓄等金融业务，承担信用中介的金融机构。银行的主要职能是充当信用中介、充当企业之间的支付中介、提供信用工具、充当投资手段和充当国民经济的宏观调控手段。我国银行主要包括各种商业银行和政策性银行。商业银行，包括国有商业银行（如中国工商银行、中国农业银行、中国银行和中国建设银行）和其他商业银行（如交通银行、广东发展银行、投资银行、光大银行等）；国家政策性银行主要包括中国进出口银行、国家开发银行等。

2. 其他金融机构

其他金融机构包括金融资产管理公司、信托投资公司、财务公司、保险公司和金融租赁公司等。

（二）金融工具

金融工具是在信用活动中产生的、能够证明债权债务关系并据以进行资金交易的合法凭证，它对于债权债务双方所应承担的义务与享有的权利均具有法律效力。金融工具一般具有期限性、流动性、风险性和收益性四个基本特征。

（1）期限性是指金融工具一般规定了偿还期，也就是规定债务人必须全部归还本金之前所经历的时间。

（2）流动性是指金融工具在必要时迅速转变为现金而不致遭受损失的能力。

（3）风险性是指购买金融工具的本金和预定收益遭受损失的可能性。一般包括信用风险和市场风险两个方面。

（4）收益性是指持有金融工具所能够带来的一定收益。

金融工具若按期限不同可分为资金市场工具和资本市场工具，前者主要有商业票据、国库券（国债）、可转让大额定期存单、回购协议等；后者主要是股票和债券。

（三）金融市场

1. 金融市场的意义、功能与要素

金融市场是指资金供应者和资金需求者双方通过金融工具进行交易的场所。金融市场可以是有形的市场如银行、证券交易所等；也可以是无形的市场，如利用电脑、电传、电话等设施通过经纪人进行资金融通活动。

金融市场的主要功能有五项：转化储蓄为投资；改善社会经济福利；提供多种金融工具

并加速流动，使中短期资金凝结为长期资金；提高金融体系竞争性和效率；引导资金流向。

金融市场的要素主要有：①市场主体，即参与金融市场交易活动而形成买卖双方的各经济单位；②金融工具，即借以进行金融交易的工具，一般包括债权债务凭证和所有权凭证；③交易价格，反映的是在一定时期内转让资金使用权的报酬；④组织方式，即金融市场的交易采用的方式。

从企业财务管理角度来看，金融市场作为资金融通的场所，是企业向社会筹集资金必不可少的条件。财务管理人员必须熟悉金融市场的各种类型和管理规则，有效地利用金融市场来组织资金的筹措和进行资本投资等活动。

2. 金融市场的种类

金融市场按组织方式的不同可划分为两部分：一是有组织的、集中的场内交易市场，即证券交易所，它是证券市场的主体和核心；二是非组织化的、分散的场外交易市场，它是证券交易所的必要补充。下面对第一部分市场的分类进行介绍：

(1)按期限划分为短期金融市场和长期金融市场。短期金融市场又称资金市场，是指以期限 1 年以内的金融工具为媒介，进行短期资金融通的市场。其主要特点有：①交易期限短；②交易的目的是满足短期资金周转的需要；③所交易的金融工具有较强的货币性。

长期金融市场是指以期限 1 年以上的金融工具为媒介，进行长期性资金交易活动的市场，又称资本市场。其主要特点有：①交易的主要目的是满足长期投资性资金的供求需要；②收益较高而流动性较差；③资金借贷量大；④价格变动幅度大。

(2)按证券交易的方式和次数分为初级市场和次级市场。初级市场也称一级市场或发行市场，是指新发行证券的市场，这类市场使预先存在的资产交易成为可能。次级市场，也称二级市场或流通市场，是指现有金融资产的交易场所。初级市场可以理解为"新货市场"，次级市场可以理解为"旧货市场"。

(3)按金融工具的属性分为基础性金融市场和金融衍生品市场。基础性金融市场是指以基础性金融产品为交易对象的金融商场，如商业票据、企业债券、企业股票的交易商场；金融衍生品市场是指以金融衍生品生产工艺为交易对象的金融市场。金融衍生产品是一种金融合约，其价值取决于一种或多种基础资产或指数，合约的基本种类包括远期、期货、掉期(互换)、期权，以及具有远期、期货、掉期(互换)和期权中一种或多种特征的结构化金融工具。

除上述分类外，金融市场还可以按交割方式分现货市场、期货市场和期权市场；按交易对象分为票据市场、证券市场、衍生工具市场、外汇市场、黄金市场等；按交易双方在地理上的距离而划分为地方性的、全国性的、区域性的金融市场和国际金融市场。

(四)利率

利率也称利息率，是利息占本金的百分比指标。从资金的借贷关系看，利率是一定时期运用资金资源的交易价格。资金作为一种特殊商品，以利率为价格标准的融通，实质上是资源通过利率实行的再分配。因此，利率在资金分配及企业财务决策中起着重要作用。

1. 利率的类型

利率可按照不同的标准进行分类：

(1)按利率之间的变动关系，分为基准利率和套算利率。基准利率又称基本利率，是指在多种利率并存的条件下起决定作用的利率。起决定作用是说，这种利率变动，其他利率也相应变动。因此，了解基准利率水平的变化趋势，就可了解全部利率的变化趋势。基准利率在西方通常是中央银行的再贴现率，在我国是中国人民银行对商业银行贷款的利率。

套算利率是指基准利率确定后，各金融机构根据基准利率和借贷款项的特点而换算出的利率。例如，某金融机构规定，贷款 AAA 级、AA 级、A 级企业的利率，应分别在基准利率基础上加 0.5%、1%、1.5%，加总计算所得的利率便是套算利率。

（2）按利率与市场资金供求情况的关系，分为固定利率和浮动利率。固定利率是指在借贷期内固定不变的利率。受通货膨胀的影响，实行固定利率会使债权人利益受到损害。

浮动利率是指在借贷期内可以调整的利率。在通货膨胀条件下采用浮动利率，可使债权人减少损失。

（3）按利率形成机制不同，分为市场利率和法定利率。市场利率是指根据资金市场上的供求关系，随着市场而自由变动的利率。法定利率是指由政府金融管理部门或者中央银行确定的利率。

2. 利率的一般计算公式

正如任何商品的价格均由供应和需求两方面来决定一样，资金这种特殊商品的价格——利率，也主要由供给与需求来决定。但除这两个因素外，经济周期、通货膨胀、国家资金政策和财政政策、国际经济政治关系、国家利率管制程度等，对利率的变动均有不同程度的影响。因此，资金的利率通常由三个部分组成：①纯利率；②通货膨胀补偿率；③风险收益率。利率的一般计算公式可表示如下：

$$利率 = 纯利率 + 通货膨胀补偿率 + 风险收益率$$

纯利率是指没有风险和通货膨胀情况下的均衡点利率；通货膨胀补偿率是指由于持续的通货膨胀会不断降低资金的实际购买力，为补偿其购买力损失而要求提高的利率；风险收益率包括违约风险收益率、流动性风险收益率和期限风险收益率。其中，违约风险收益率是指为了弥补因债务人无法按时还本付息而带来的风险，由债权人要求提高的利率；流动性风险收益率是指为了弥补因债务人资产流动不好而带来的风险，由债权人要求提高的利率；期限风险收益率是指为了弥补因偿债期长而带来的风险，由债权人要求提高的利率。

四、经济环境

经济环境是指企业进行财务活动的宏观经济状况。

1. 经济发展状况

经济发展状况对企业理财有重大影响。在经济增长比较快的情况下，企业为了适应这种发展并在其行业中维持其地位，必须保持相应的增长速度。因此要相应增加厂房、机器、存货、工人、专业人员等，就通常需要大规模地筹集资金。在经济衰退时，最受影响的是企业销售额，销售额下降会使企业现金的流转发生困难，需要筹资以维持运营。

2. 通货膨胀

通货膨胀不光对消费者不利，而且给企业带来很大困难。企业对通货膨胀本身无能为力，只能在管理中充分考虑通货膨胀的影响因素，尽量减少损失。企业有时可采用套期保值等办法减少通货膨胀造成的损失，如提前购买设备和存货，买进现货，卖出期货。

3. 利息率波动

银行存贷款利率的波动，以及与此相关的股票和债券价格的波动，既给企业以机会，也是对企业的挑战。在为过剩资金选择投资方案时，利用这种机会可以获得额外收益。例如，在购入长期债券后，由于市场利率下降，按固定利率计息的债券价格将上涨，企业可以出售债券获得较预期更多的现金流入。当然，如果出现相反的情况，企业会蒙受损失。

企业在选择筹资渠道时，情况与此类似。在预期利率将持续上涨时，以当前较低的利率发行长期债券，可以节省成本。当然，如果企业发行债券后利率下降了，企业要承担比市场利率更高的资金成本。

4. 政府的经济政策

政府具有调控宏观经济的职能。国民经济的发展规划、国家的产业政策、经济体制改革的措施、政府的行政法规等，对企业的财务活动有重大影响。

国家对某些地区、某些行业、某些经济行为的优惠鼓励和有利倾斜构成了政府政策的主要内容。从反面来看，政府政策也是对另外一些地区、行业和经济的限制。企业在财务决策时，应认真研究政府政策，按照政策导向行事，才能趋利避害。

5. 同行业竞争

竞争广泛存在于市场经济之中，任何企业都不能回避。企业之间、各产品之间、现有产品和新产品之间的竞争，涉及设备、技术、人才、营销、管理等各个方面。竞争能促使企业用更好的方法来生产更好的产品，对经济发展起推动作用。但对企业来说，竞争既是机会，也是威胁。为了改善竞争地位往往需要大规模投资，成功之后企业盈利增加，若投资失败则竞争地位更为不利。

竞争是"商业战争"，综合了企业的全部实力和智慧，经济增长、通货膨胀、利率波动带来的财务问题，以及企业的对策，都在竞争中体现出来。

同步训练

一、单项选择题

1. 企业财务关系中最重要的关系是(　　)。

　　A. 经营者与债务人的财务关系

　　B. 企业与政府部门之间的财务关系

　　C. 企业与职工之间的财务关系

　　D. 经营者、股东以及债权人之间的财务关系

2. 上市股份公司财务管理目标实现程度的衡量指标是(　　)。

　　A. 公司实现的利润额　　　　　　　　B. 公司的投资收益率

　　C. 公司的股票价格　　　　　　　　　D. 公司的每股盈余

3. 企业筹措和集中资金的财务活动是指(　　)。

　　A. 分配活动　　　　B. 投资活动　　　　C. 决策活动　　　　D. 筹资活动

4. 企业财务管理的所有决策中最重要的决策活动是(　　)。

　　A. 筹资决策　　　　B. 投资决策　　　　C. 营运资金决策　　　　D. 股利决策

5. 企业财务管理的非经济环境为（　　）。

    A. 通货膨胀　　　　　B. 利率波动　　　　　C. 政府的经济政策　　D. 金融市场状况

6. 企业财务管理中确保合理资本结构是哪个环节的功能工作？（　　）

    A. 筹资决策　　　　　B. 投资决策　　　　　C. 营运资金决策　　　D. 股利决策

7. 企业财务关系中购买债券的行为体现了企业与谁的关系？（　　）

    A. 债权人　　　　　　B. 债务人　　　　　　C. 所有者　　　　　　D. 被投资单位

8. 以下哪个工作不属于项目投资活动？（　　）

    A. 确定投资管理的财务目标　　　　　　　B. 实施投资项目的可能性分析

    C. 强化金融投资　　　　　　　　　　　　D. 加强公司成本费用控制

二、多项选择题

1. 企业财务管理的主要内容有（　　）。

    A. 筹资管理　　　　　　　　　　　　　　B. 投资管理

    C. 营运资金管理　　　　　　　　　　　　D. 利润或股利分配管理

2. 企业利润最大化不是现代财务管理的最优目标，其原因是（　　）。

    A. 没有反映获取的利润与投入资本的数量对比

    B. 没有考虑利润获取的时间价值因素

    C. 没有考虑企业的成本费用

    D. 没有反映获取利润与承受的风险程度

3. 下列各项中，可用来协调企业与债权人之间矛盾的方法有（　　）。

    A. 规定贷款用途　　　　　　　　　　　　B. 规定借款的信用条件

    C. 要求提供借款担保　　　　　　　　　　D. 收回借款或不再借款

4. 财务管理的职能主要有（　　）。

    A. 财务预测　　　　　B. 财务分析　　　　　C. 财务决策

    C. 财务预算　　　　　E. 财务控制

5. 财务管理十分重视股价的高低，其原因是股价（　　）。

    A. 代表了投资大众对公司价值的客观评价

    B. 反映了资本和获利之间的关系

    C. 反映了每股盈余大小和取得的时间

    D. 它受企业风险大小的影响，反映了每股盈余的风险

6. 有关企业总价值与报酬率、风险的相互关系的表述正确的是（　　）。

    A. 企业总价值与预期的报酬成正比

    B. 企业总价值与预期的风险成反比

    C. 在风险不变时，报酬越高，企业总价值越大

    D. 在报酬不变时，风险越高，企业总价值越大

    E. 在风险和报酬达到最佳均衡时，企业的总价值达到最大

7. 我国曾于 1996 年发行 10 年期、利率为 11.38% 的可上市流通国债。决定其票面利率水平的主要因素有（　　）。

    A. 纯粹利率　　　　B. 通货膨胀附加率　　　C. 变现风险附加率

D. 违约风险附加率　E. 到期风险附加率

8. 财务管理环境又称理财环境，其涉及的范围广，主要包括(　　)。

A. 经济环境　　　　B. 法律环境　　　　C. 自然环境

D. 金融环境　　　　E. 人文环境

三、判断题

1. 企业与债权人之间的财务关系体现为投资与受资的关系。　　　　　　(　　)

2. 以企业价值最大化作为财务管理目标，有利于社会资源的合理配置。(　　)

3. 股票市价是一个能够较好地反映企业价值最大化目标实现程度的指标。(　　)

4. 以每股利润最大化作为财务管理的目标，考虑了资金时间价值，没有考虑投资的风险价值。　　　　　　　　　　　　　　　　　　　　　　　　　　　(　　)

5. 金融市场环境是构成经济环境的最主要因素。　　　　　　　　　　(　　)

四、简答题

1. 什么是财务活动和财务关系，其主要内容是什么？

2. 关于财务管理目标的主要观点是什么？你认为现代财务管理的目标是什么？

3. 不同利益主体在现代财务管理目标上存在哪些矛盾？如何进行协调？

4. 财务管理的环境有哪些？

5. 财务管理工作包括哪些管理环节？

资金时间价值与风险分析

知识目标：

1. 了解风险的种类、风险与报酬的关系；

2. 理解资金时间价值的含义；

3. 掌握资金时间价值的计算和风险衡量的方法。

技能目标：

1. 能够利用资金的时间价值，进行简单的财务决策分析；

2. 能够运用投资风险与投资收益的关系，进行简单的投资决策分析。

导语：

如果你想十年后购买一台价值 25 万元的小汽车，从现在起你每年要存进银行多少钱？或者你正筹划贷款买房，你知道月供款是怎样计算出来的吗？这里面涉及资金时间原理和风险观念。学习完本章，你会学会资金时间价值的计算过程，好多理财问题都离不开它！

第一节 资金时间价值

一、资金时间价值的概念

资金时间价值，是指一定量资金在不同时点上的价值量的差额，也称为货币的时间价值。众所周知，在市场经济条件下，即使不存在通货膨胀，等量资金在不同时点上的价值量也不相等。今天的一元钱和将来的一元钱在不同时点上的价值量是不相等的，前者要比后者的价值大。例如，若银行存款年利率为 10%，将今天的 1 元钱存入银行，一年以后就会是

1.10 元。可见，经过一年时间，这 1 元钱发生了 0.10 元的增值，今天的 1 元钱和一年后的 1.10 元钱等值。人们将资金在使用过程中随时间的推移而发生增值的现象，称为资金具有时间价值的属性。

资金的时间价值是资金在周转使用过程中产生的，是资金所有者让渡资金使用权而参与社会财富分配的一种形式。

通常情况下，资金的时间价值相当于没有风险和没有通货膨胀条件下的社会平均资金利润率，这是利润平均化规律作用的结果。由于资金时间价值的计算方法同有关利息的计算方法相同，因而资金时间价值与利率容易被混为一谈。实际上，财务管理活动总是或多或少地存在风险，而通货膨胀也是市场经济中客观存在的经济现象。因此，利率不仅包含时间价值，而且包含风险价值和通货膨胀的因素。只有在购买国库券等政府债券时几乎没有风险。如果通货膨胀率很低的话，可以用政府债券利率来表现时间价值。

资金时间价值以商品经济的高度发展和借贷关系的普遍存在为前提条件或存在基础，它是一个客观存在的经济范畴，是财务管理中必须考虑的重要因素。我国不仅有资金时间价值存在的客观基础，而且有充分运用它的迫切性。把资金时间价值引入财务管理，在资金筹集、运用和分配等各方面考虑这一因素，是提高财务管理水平，搞好筹资、投资、分配决策的有效保证。

资金的时间价值有两种表示方法：一种是绝对数，即时间价值额，用利息表示；另一种是相对数，即时间价值率，用利息率表示。但是在实际工作中对这两种表示方法并不做严格区别，财务管理中通常用相对数表示。

由于资金在不同时点上具有不同的价值，不同时点上的资金就不能直接比较，必须换算到相同的时点上才能比较。因此，掌握资金时间价值的计算就显得尤为重要了。资金时间价值的计算包括一次性收付款项和系列收付款项的终值、现值的计算。

二、一次性收付款项的终值与现值

终值又称将来值，是现在一定量现金在未来某一时点上的价值，俗称本利和。例如，存入银行一笔现金 100 元，年利率为复利 10%，经过 3 年后一次取出本利和 133.10 元，这 3 年后的本利和 133.10 元即为终值。

现值又称本金，是指未来某一时点上的一定量现金折合为现在的价值。上述 3 年后的 133.10 元折合为现在的价值为 100 元，这 100 元即为现值。

终值与现值的计算涉及利息计算方式的选择。目前有两种利息计算方式，即单利和复利。单利方式下，每期都按初始本金计算利息，当期利息即使不取出来也不计入下期本金，计算基础不变。复利方式下，以当期末本利和为计息基础计算下期利息，即利上加利。现代财务管理中一般用复利方式计算终值和现值，因此也有人称之为复利终值和复利现值。

(一)单利的终值和现值

为了同后面介绍的复利计算方式相比较，加深对复利的理解，这里先介绍单利的有关计算。为计算方便，先设定如下符号标识：I 为利息；P 为现值；F 为终值；i 为每一利息期的利率(折现率)；n 为计算利息的期数。

按照单利的计算法则，利息的计算公式为

$$I = P \cdot i \cdot n \tag{2-1}$$

除非特别指明，在计算利息时，给出的利率均为年利率，对于不足一年的利息，以一年等于 360 天来折算。

单利计算方式下，终值的计算公式为

$$F = P + I = P + P \cdot i \cdot n = P \cdot (1 + i \cdot n) \tag{2-2}$$

【例 2-1】 单利终值的计算。

某人持有一张单利计息票据，面额为 2 000 元，票面利率为 5%，出票日期为 8 月 12 日，到期日为 11 月 10 日(90 天)。则该持有者到期可得利息为

$$I = 2\,000 \times 5\% \times \frac{90}{360} = 25(元)$$

单利计息方式下，现值计算与终值的计算是互逆的，由终值计算现值的过程称为折现。单利现值的计算公式为

$$P = \frac{F}{1 + A \cdot i} \tag{2-3}$$

【例 2-2】 单利现值的计算。

某人希望在第 5 年年末取得本利和 1 000 元，用以支付一笔款项。则在利率为 5%，单利方式计算条件下，此人现在需存入银行的资金为

$$P = \frac{1\,000}{1 + 5 \times 5\%} = 800(元)$$

(二)复利的终值和现值

1. 复利的终值(已知现值 P，求终值 F)

资金时间价值通常是按复利计算的。复利不同于单利，它是指在一定时间(如一年)按一定利率将本金求利息，也涉及利息所生的利息。

复利终值是指一定量的本金按复利计算若干期后的本利和。例如，公司将一笔资金 P 存入银行，年利率为 i，如果每年计息一次，则 n 年后的本利和就是复利终值。复利终值的计算公式：

一年后的终值：

$$F_1 = P + P \cdot i = P(1 + i)$$

两年后的终值：

$$F_2 = P \cdot (1 + i) \cdot (1 + i) = P(1 + i)^2$$

三年后的终值：

$$F_3 = P \cdot (1 + i)^2 \cdot (1 + i) = P(1 + i)^3$$

依此类推，第 n 年的本利和为

$$F_n = P(1 + i)^n \tag{2-4}$$

【例 2-3】 复利终值的计算。

某人将 20 000 元存放于银行，年存款利率为 6%，则经过一年时间的本利和为

$$F_1 = 20\,000 \times (1 + 6\%) = 21\,200(元)$$

如此人并不提走现金，将 21 200 元继续存在银行，则第二年本利和为

$$F_2 = 20\ 000 \times (1 + 6\%)^2 = 22\ 472(元)$$

同理，第三年的本利和：

$$F_3 = 20\ 000 \times (1 + 6\%)^3 = 23\ 820.32(元)$$

式(2-4)中的$(1 + i)^n$通常称作"复利终值系数"，用符号$(F/P, i, n)$表示。式2-4也可写作：

$$F = P \cdot (F/P, i, n) \tag{2-5}$$

即

$$复利终值 = 现值 \times 复利终值系数$$

复利终值系数可以通过查阅"一元复利终值系数表"直接获得。"一元复利终值系数表"的第一行是利率i，第一列是计息期数n，相应的$(1 + i)^n$在其纵横相交处。如【例2-3】中$(F/P, 6\%, 3)$表示利率为6%，3期复利终值的系数。通过该表可查出，$(F/P, 6\%, 3) = 1.191$。即在利率为6%的情况下，现在的1元和3年后的1.191元在经济上是等值的，根据这个系数可以把现值换算成终值。

2. 复利的现值(已知终值F，求现值P)

复利现值相当于原始本金，它是指今后某一特定时间收到或付出的一笔款项，按折现率(i)所计算的现在时点价值。例如，将n年后的一笔资金F，按年利率i折算为现在的价值，这就是复利现值。复利现值的计算公式：

$$P = F \cdot (1 + i)^{-n} \tag{2-6}$$

式中的$(1 + i)^{-n}$通常称作"复利现值系数"，用符号$(P/F, i, n)$表示，可以直接查阅"一元复利现值系数表"上式也可写作：

$$P = F \cdot (P/F, i, n) \tag{2-7}$$

即

$$复利现值 = 终值 \times 复利现值系数$$

【例2-4】　复利现值的计算。

某投资项目预计6年后可获得收益800万元，按年利率(折现率)12%计算，则这笔收益的现值为

$$P = F \cdot (1 + i)^{-n} = F \cdot (P/F, i, n)$$
$$= 800 \times (1 + 12\%)^{-6} = 800 \times (P/F, 12\%, 6) = 800 \times 0.506\ 6$$
$$= 405.28(万元)$$

3. 复利利息

$$I = F - P$$

三、普通年金的终值与现值(非一次性收付款项的终值和现值)

上文介绍了一次性收付款项，除此之外，在现实经济生活中，还存在一定时期内多次收付款项，即系列收付款项。如果每次收付的金额相等，则这样的系列收付款项便称为年金。简言之，年金是指一定时期内每次等额收付的系列款项，通常记作A。

年金的形式多种多样，如保险费、养老金、折旧、租金、等额分期收款、等额分期付款以及零存整取或整存零取储蓄等，都存在年金问题。

年金按其每次收付发生的时点不同，可分为普通年金、即付年金、递延年金、永续年金等几种。凡是每期期末发生的年金，称为普通年金，即后付年金；凡是每期期初发生的年金，称为即付年金，即预付年金；凡无限期连续收付的年金，称为永续年金或无限支付年金；递延年金是指第一期期末以后某一时点开始收入或支出的年金。其中，普通年金是年金的基本形式，其他年金均属普通年金的转化形式。

普通年金的计算分为普通年金终值的计算和普通年金现值的计算。

(一)普通年金终值的计算(已知年金 A ，求终值 F)

普通年金是指从第一期起，在一定时期内每期期末等额发生的系列收付款项，又称后付年金。

如果年金相当于零存整取储蓄存款的零存数，那么，年金终值就是零存整取储蓄存款的整取数。

根据复利终值的方法计算年金终值 F 的公式为

$$F = A + A \cdot (1+i) + A \cdot (1+i)^2 + \cdots + A \cdot (1+i)^{n-1} \tag{1}$$

等式两边同乘以 $(1+i)$ ，则有：

$$F \cdot (1+i) = A \cdot (1+i) + A \cdot (1+i)^2 + \cdots + A \cdot (1+i)^n \tag{2}$$

公式(2)－公式(1)：

$$F \cdot (1+i) - F = A \cdot (1+i)^n - A$$

$$F \cdot i = A \cdot [(1+i)^n - 1]$$

$$F = A \cdot \frac{(1+i)^n - 1}{i} \tag{2-8}$$

式(2-8)中的分式 $\frac{(1+i)^n - 1}{i}$ 称作"年金终值系数"，记为 $(F/A, i, n)$ ，可通过直接查阅"一元年金终值系数表"求得有关数值。上式也可写作：

$$F = A \cdot (F/A, i, n) \tag{2-9}$$

即

$$普通年金终值 = 年金 \times 年金终值系数$$

【例2-5】 普通年金终值的计算。

假设某企业投资一项目，在5年建设期内每年年末从银行借款100万元，借款年利率为10%，则该项目竣工时企业应付本息的总额为

$$F = 100 \times \frac{(1+10\%)^5 - 1}{10\%} = 100 \times (F/A, 10\%, 5)$$

$$= 100 \times 6.105\ 1 = 610.51(万元)$$

(二)年金偿债基金的计算(已知终值 F ，求年金 A)

偿债基金是指为了在约定的未来某一时点清偿某笔债务或积聚一定数额的资金而必须分次等额形成存款准备金。由于每次形成的等额准备金类似年金存款，因而同样可以获得按复利计算的利息，所以债务实际上等于年金终值，每年提取的偿债基金等于年金 A 。也就是说，偿债基金的计算实际上是年金终值的逆运算。其计算公式为

$$A = F \cdot \frac{i}{(1+i)^n - 1} \tag{2-10}$$

式中的分式 $\dfrac{i}{(1+i)^n-1}$ 称作"偿债基金系数"，记为 $(A/F, i, n)$，可通过直接查阅"偿债基金系数表"或通过年金终值系数的倒数推算出来。上式也可写作：

$$A = F \cdot (A/F, i, n) \qquad (2\text{-}11)$$

即

$$\text{偿债基金年金} = \text{终值} \times \text{偿债基金系数}$$

$$A = F \cdot (F/A, i, n)^{-1} \qquad (2\text{-}12)$$

即

$$\text{偿债基金年金} = \text{终值} \div \text{年金终值系数}$$

【例 2-6】 偿债基金的计算。

某企业有一笔 4 年期到期的借款，到期值为 1 000 万元。若存款年复利率为 10%，则为偿还该项借款应建立的偿债基金为

$$A = 1\ 000 \times \frac{10\%}{(1+10\%)^4-1} = 1\ 000 \times 0.215\ 4 = 215.4(\text{万元})$$

$$\text{或 } A = 1\ 000 \times (A/F, 10\%, 4) = 1\ 000 \times 0.215\ 4 = 215.4(\text{万元})$$

$$\text{或 } A = 1\ 000 \times \frac{1}{(F/A, 10\%, 4)} = 1\ 000 \times \frac{1}{4.641\ 0} = 215(\text{万元})$$

(三)普通年金现值的计算(已知年金 A，求现值 P)

年金现值是指一定时期内每期期末等额收付款项的复利现值之和。年金现值的计算公式为

$$P = A \cdot (1+i)^{-1} + A \cdot (1+i)^{-2} + \cdots A(1+i)^{-(n-1)} + A \cdot (1+i)^{-n} \qquad (1)$$

等式两边同乘以 $(1+i)$，则有：

$$P(1+i) = A + A \cdot (1+i)^{-1} + \cdots A(1+i)^{-(n-2)} + A \cdot (1+i)^{-(n-1)} \qquad (2)$$

公式(2) - 公式(1)：

$$P \cdot i = A - A \cdot (1+i)^{-n}$$

$$P \cdot i = A \cdot [1 - (1+i)^{-n}]$$

整理上式可得到：

$$P = A \cdot \frac{1 - (1+i)^{-n}}{i} \qquad (2\text{-}13)$$

式中的分式 $\dfrac{1-(1+i)^{-n}}{i}$ 称作"年金现值系数"，记为 $(P/A, i, n)$，可通过直接查阅"一元年金现值系数表"求得有关数值。上式也可写作：

$$P = A \cdot (P/A, i, n) \qquad (2\text{-}14)$$

即

$$\text{普通年金现值} = \text{年金} \times \text{年金现值系数}$$

【例 2-7】 普通年金现值的计算。

某企业租入一大型设备，每年年末需要支付租金 120 万元，年复利率为 10%，则该企业 5 年内应支付的该设备租金总额的现值为

$$P = 120 \times \frac{1 - (1 + 10\%)^{-5}}{10\%} = 120 \times (P/A, 10\%, 5) = 120 \times 3.790\ 8 = 455(万元)$$

（四）年资本回收额的计算（已知现值 P，求年金 A）

年资本回收额是指在约定时间内等额回收初始投入资本或清偿债务的金额。年资本回收额的计算是年金现值的逆运算。其计算公式为

$$P = A \cdot \frac{i}{1 - (1 + i)^{-n}} \tag{2-15}$$

式中的分式 $\dfrac{i}{1 - (1 + i)^{-n}}$ 称作"资本回收系数"，记为 $(A/P, i, n)$，可通过直接查阅"资本回收系数表"求得有关数值。上式也可写作：

$$A = P \cdot (A/P, i, n) \tag{2-16}$$

即

$$资本回收额 = 年金现值 \times 资本回收系数$$

或

$$A = P \cdot (P/A, i, n)^{-1} \tag{2-17}$$

即

$$资本回收额 = 年金现值 \div 年金现值系数$$

【例 2-8】 年资本回收额的计算。

某企业借得 1 000 万元的贷款，在 10 年内以年利率 12% 等额偿还，则每年应付的金额为

$$A = 1\ 000 \times \frac{12\%}{1 - (1 + 12\%)^{-10}} = 1\ 000 \times 0.177\ 0 = 177(万元)$$

或

$$A = 1\ 000 \times \frac{1}{(P/A, 12\%, 10)} = 1\ 000 \times \frac{1}{5.650\ 2} = 177(万元)$$

四、即付年金的终值与现值

即付年金是指从第一期起，在一定时期内每期期初等额收付的系列款项，又称先付年金。它与普通年金的区别仅在于收付款项的时间不同。

（一）即付年金终值的计算

即付年金的终值是其最后一期期末时的本利和，是各期收付款项的复利终值之和。其计算公式为

$$即付年金终值 = 年金 \times 普通年金终值系数 \times (1 + i)$$

$$F = A \cdot \frac{(1 + i)^n - 1}{i} \cdot (1 + i)$$

$$= A \cdot \frac{(1 + i)^{n+1} - (1 + i)}{i}$$

$$= A \cdot \left[\frac{(1 + i)^{+1} - 1}{i} - 1 \right] \tag{2-18}$$

式 (2-18) 中中括号的内容称作"即付年金终值系数"，它是在普通年金终值系数的基础

上，期数加1，系数减1的结果。通常记为$[(F/A, i, n+1) - 1]$。这样，通过查阅"一元年金终值系数表"得到$(n+1)$期的值，然后减1便可得出即付年金终值系数的数值。可用如下公式计算即付年金的终值：

$$F = A \cdot [(F/A, i, n+1) - 1] \tag{2-19}$$

【例2-9】 即付年金终值的计算。

某公司决定连续5年于每年年初存入100万元作为住房基金，银行存款利率为10%。则该公司在第5年年末能一次取出的本利和为

$$F = A \cdot [(F/A, i, n+1) - 1] = 100 \times [(F/A, 10\%, 6) - 1]$$
$$= 100 \times (7.7156 - 1) = 671.56(万元)$$

（二）即付年金现值的计算

即付年金的现值即是普通年金现值的基础上乘以$(1+i)$，便可求得n期即付年金现值。其计算公式为

$$即付年金终值 = 年金 \times 普通年金终值系数 \times (1+i)$$

$$P = A \cdot \frac{1 - (1+i)^{-n}}{i} \cdot (1+i)$$

$$= A \cdot \frac{(1+i) - (1+i)^{-(n-1)}}{i}$$

$$= A \cdot \frac{1 - (1+i)^{-(n-1)}}{i} + 1 \tag{2-20}$$

式(2-20)中中括号的内容称作"即付年金现值系数"，它是在普通年金现值系数的基础上，期数减1，系数加1的结果。通常记为$[(P/A, i, n-1) + 1]$。这样，通过查阅"一元年金现值系数表"得到$(n-1)$期的值，然后加1便可得出即付年金现值系数的数值。可用如下公式计算即付年金的现值：

$$P = A \cdot [(P/A, i, n-1) + 1] \tag{2-21}$$

【例2-10】 即付年金现值的计算。

某人分期付款购买住宅，每年年初支付6 000元，20年还款期，假设银行借款利息率为5%，如果该项分期付款现在一次性支付，则需支付的款项为

$$P = A \cdot [(P/A, i, n-1) + 1]$$
$$= 6\,000 \times [(P/A, 5\%, 20 - 1) + 1]$$
$$= 6\,000 \times 13.0853 = 78\,511.8(元)$$

五、递延年金和永续年金的现值

（一）递延年金现值的计算

递延年金是指第一次收付款发生时间与第一期无关，而是隔若干期（假设为m期，$m \geq 1$）后才开始发生的系列等额收付款项。它是普通年金的特殊形式，凡不是从第一期开始的年金都是递延年金。

递延年金现值的计算有三种方法：

（1）先求出递延期末的现值，然后再将此现值调整到第一期期初。

$$P_m = A \cdot (P/A, \ i, \ n)$$

$$P = P_m \cdot (1+i)^{-m}$$

$$= A \cdot \left[\frac{1 - (1+i)^{-n}}{i} + 1 \right] \cdot (1+i)^{-m}$$

$$= A \cdot (P/A, \ i, \ n) \cdot (P/F, \ i, \ m) \tag{2-22}$$

（2）先求出$(m+n)$期的年金现值，在扣除递延期(m)的年金现值。

$$P_m = P_{m+n} - P_m$$

$$= A \cdot \left[\frac{1 - (1+i)^{-(m+n)}}{i} - \frac{1 - (1+i)^{-m}}{i} \right]$$

$$= A \cdot \left[(P/A, \ i, \ m+n) - (P/A, \ i, \ m) \right] \tag{2-23}$$

（3）先求出递延年金的终值，再将其折算为现值：

$$F = A \cdot (F/A, \ i, \ n) \cdot (P/F, \ i, \ n+m)$$

或

$$P = F \cdot (1+i)^{-(m+n)}$$

$$= A \cdot \frac{(1+i)^n - 1}{i} \cdot (1+i)^{-(m+n)} \tag{2-24}$$

【例 2-11】 递延年金现值的计算。

某人在年初存入一笔资金，存满 5 年后每年末取出 1 000 元，至第 10 年年末取完，银行存款利率为 10%，则此人应在最初一次存入银行的钱数为

$$P = A \cdot (P/A, \ 10\%, \ 5) \cdot (P/F, \ 10\%, \ 5) = 1\ 000 \times 3.790\ 8 \times 0.620\ 9 \approx 2\ 354(元)$$

或

$$P = A \cdot \left[(P/A, \ 10\%, \ 10) - (P/A, \ 10\%, \ 5) \right]$$

$$= 1\ 000 \times (6.144\ 6 - 3.790\ 8) \approx 2\ 354(元)$$

或

$$P = A \cdot (P/A, \ 10\%, \ 5) \cdot (P/F, \ 10\%, \ 10)$$

$$= 1\ 000 \times 6.105\ 1 \times 0.385\ 5 = 2\ 354(元)$$

（二）永续年金现值的计算

永续年金是指无限期等额收付的特种年金，可视为普通年金的特殊形式，即期限趋于无穷的普通年金。存本取息可视为永续年金的例子。还可将利率较高、持续期限较长的年金视同永续年金计算。

由于永续年金持续期无限，没有终止的时间，因此没有终值，只有现值。通过普通年金现值的计算可推导出永续年金现值的计算公式为

$$P = A \cdot \frac{1 - (1+i)^{-n}}{i}$$

$$P = A \cdot \frac{1 - \frac{1}{(1+i)^n}}{i}$$

当 i 趋向于无穷大时，$P = \dfrac{A}{i}$ $\tag{2-25}$

即永续年金现值 = 年金/利率

【例 2-12】 永续年金现值的计算。

某人持有某公司优先股，每年每股股利为 2 元，若此人想长期持有，在利率为 10% 的情况下，要求对该股票投资进行估价。

这是一个永续年金现值的问题，即假设该优先股每年股利固定且持续较长时间，计算出这些股利的现值之和，即为该股票的估价。即

$$P = \frac{A}{i} = 2/10\% = 20（元）$$

第二节　风险与报酬

一、风险概述

(一)风险的概念与构成要素

风险是现代企业财务管理环境的一个重要特征，在企业财务管理的每一个环节都不可避免地要面对风险。风险是对企业的目标产生的负面影响的事件发生的可能性。从财务管理的角度看，风险就是企业在各项财务活动过程中，由于各种难以预料或无法控制的因素的作用，企业的实际收益与预计收益发生背离，从而蒙受经济损失的可能性。

风险由风险因素、风险事故和风险损失三个要素构成：

1. 风险因素

风险因素是指引起或增加风险事故的机会或扩大损失幅度的条件，是事故发生的潜在原因。风险因素包括实质性风险因素、道德风险因素和心理风险因素三个方面。其中，实质性风险因素是指增加某一标的风险事故发生机会或扩大损失严重程度的物质条件，它是一种有形的风险因素。例如，汽车刹车系统失灵产生的交通事故、食物质量对人体的危害等。道德风险因素是指与人的不正当社会行为相联系的一种无形的风险因素，常表现为由于恶意行为或不良企图，故意使风险故事发生或扩大。例如，偷工减料引起产品事故、业务欺诈、出卖情报、中饱私囊拿回扣等。心理风险因素也是一种无形的风险因素，是指人的主观上的疏忽或过失导致风险事故发生机会的增加或损失程度的扩大。例如，保安忘记锁门而导致财产损失，信用考核不严谨而出现货款拖欠等。

2. 风险事故

风险事故，又称风险事件，是引起损失的直接或外在原因，是使风险造成损失的可能性转化为现实性的媒介，也就是说风险是通过风险事故的发生来导致损失的。例如，工厂火灾、货船碰撞都是风险事故。

3. 风险损失

风险损失是指风险事故所带来的物质上、行为上、关系上以及心理上的实际和潜在的利益损失。损失通常是指非故意、非计划、非预期的经济价值减少的事实。它包括两层含义：经济价值减少；非故意、非计划、非预期。

（二）风险类别

风险可按不同的分类标志进行分类：

1. 按风险损害的对象分为人身风险、财产风险、责任风险和信用风险

人身风险是指由于员工生、老、病、死、伤残等原因而导致经济损失的风险；财产风险是指导致财产发生毁损、灭失和贬值的风险；责任风险是指因侵权或违约，依法对他人遭受的人身伤亡或财产损失应负赔偿责任的风险；信用风险是指在经济交往中，权利人与义务人之间，由于一方违约或犯罪而给对方造成经济损失的风险。

2. 按照风险的性质或发生原因分为自然风险、经济风险和社会风险

自然风险是由于自然现象导致的财产损失和人身伤害的风险；经济风险是指生产经营过程中，由于各种因素的变动，产量减少或价格涨跌所致损失的风险；社会风险是指组织或个人的异常行为导致的财产损失和人身伤害的风险。

3. 从外部投资主体的角度考虑，风险可分为系统风险和非系统风险

系统风险也称为市场风险，是指那些影响所有公司的因素引起的风险。这类风险涉及所有投资对象，不可能通过多元化投资来分散，因此又称不可分散风险，如战争、自然灾害、利率的变化、经济周期的变化等。

非系统风险也称企业特有风险，是指个别企业的特有事件造成的风险。这类事件是随机发生的，只与个别企业和个别投资项目有关，不涉及所有企业和所有项目，因而可以通过多元化投资来分散，称为可分散风险或非系统风险，如产品开发失败、销售份额减少、工人罢工等。非系统风险根据风险形成的原因不同，又可分为经营风险和财务风险。

经营风险是指企业由于生产经营的原因给企业目标带来的不利影响的可能性，又称商业风险。经营风险主要来自以下几方面：生产成本、生产技术、市场销售（市场需求、市场价格）、其他（外部的环境变化）等。

财务风险是指因举债给企业目标带来的不利影响的可能性，它是筹资决策带来的风险，也称为筹资风险。企业借款虽可以解决企业资金短缺的困难、提高自有资金的盈利能力，但也改变了企业的资金结构和自有资金利润率，还须还本付息，并且借入资金所获得的利润是否大于支付的利息额，具有不确定性，因此借款就有风险。当企业息税前资金利润率高于借入资金利息率时，使用借入资金获得的利润除了补偿利息外还有剩余，因而使自有资金利润率提高。但是，若企业息税前资金利润率低于借入资金利息率时，使用借入资金获得的利润还不够支付利息，需动用自有资金的一部分利润来支付利息，从而使自有资金利润率降低。如果企业全部息税前资金利润还不够支付利息，就要用自有资金来支付，使企业发生亏损。若企业严重亏损，财务状况恶化，丧失支付能力，就会出现无法还本付息的情况甚至招致破产的危险。

二、风险衡量

风险客观存在，广泛影响着企业的财务和经营活动，因此，正视风险并将风险予以量化，进行较为准确的衡量，便成为企业财务管理中的重要工作。风险与概率直接相关，并由此与期望值、离散程度等相联系。对风险进行衡量时应着重考虑如下几方面的因素。

(一)概率

在现实生活中，某一事件在完全相同的条件下可能发生也可能不发生，既可能出现这种结果也可能出现那种结果，称这件事件为随机事件。概率就是用百分数或小数来表示随机事件发生可能性及出现某种结果可能性大小的数值。用 X 来表示随机事件，X_i 表示随机事件的第 i 种结果，P_i 表示出现这种结果的相应概率。若 X_i 出现，则 $P_i = 1$。若不出现，则 $P_i = 0$，同时，所有可能结果出现的概率之和必定为 1。因此，概率必须符合下列两个要求：

(1) $0 \leqslant P_i \leqslant 1$；

(2) $\sum\limits_{i=1}^{n} P_i = 1$。

将随机事件各种可能的结果按一定的规则进行排列，同时列出各结果出现的相应概率，这一完整的描述称为概率分布。

概率分布有两种类型：一种是离散型分布，也称不连续的概率分布，其特点是概率分布在各个特定的点(指 X 值)上；另一种是连续型分布，其特点是概率分布在连续图像的两点之间的区间上。两者的区别在于，离散型分布(图 2-1)中的概率是可数的，而连续型分布(图 2-2)中的概率是不可数的。

例如，某公司投资研制一种新产品准备投入市场，管理人员对未来市场的销售情况初步估计为很好、较好、一般、较差、很差五种情况，根据有关资料预测，各种销售情况的概率和报酬率的情况见表 2-1。

表 2-1 市场预测和预期投资报酬率分析表

市场情况	年平均报酬 X_i(%)	概率 P_i
很好	40	0.1
较好	30	0.2
一般	20	0.4
较差	10	0.2
很差	0	0.1

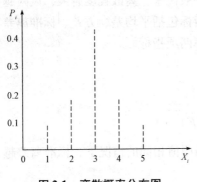

图 2-1 离散概率分布图

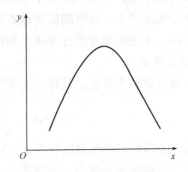

图 2-2 连续概率分布图

(二)期望值

期望值是一个概率分布中的所有可能结果，以各自相应的概率为权数计算的加权平均值，是加权平均的中心值，通常用符号 $\overline{E}$ 表示，其计算公式如下：

$$\overline{E} = \sum_{i=1}^{n} X_i \cdot P_i$$

式中　$\overline{E}$——表示期望投资收益率；

　　　X_i——表示第 i 种可能结果的预期投资收益率；

　　　P_i——表示第 i 种可能结果发生的概率；

　　　N——表示可能结果的个数。

期望收益反映预计收益的平均化，在各种不确定因素(本例中假定只有市场情况因素影响产品收益)影响下，它代表着投资者的合理预期。

【例 2-13】 期望收益率的计算

某企业有 A、B 两个投资项目，两个投资项目的收益率及其概率分布情况如表 2-2 所示，试计算两个项目的期望收益率。

表 2-2　A 项目和 B 项目投资收益率的概率分布

项目实施情况	这种情况出现的概率		投资收益率	
	项目 A	项目 B	项目 A	项目 B
好	0.20	0.30	15%	20%
一般	0.60	0.40	10%	15%
差	0.20	0.30	0	−10%

根据公式分别计算项目 A 和项目 B 的期望投资收益率分别为：

项目 A 的期望投资收益率 $= 0.2 \times 15\% + 0.6 \times 10\% + 0.2 \times 0 = 9\%$

项目 B 的期望投资收益率 $= 0.3 \times 20\% + 0.4 \times 15\% + 0.3 \times (-10\%) = 9\%$

从计算结果来看，两个项目的期望投资收益率都是 9%。但是否可以就此认为两个项目就是等同的呢？我们还需要了解概率分布的离散情况，即计算标准离差和标准离差率。

(三)离散程度

离散程度是用以衡量风险大小的统计指标。一般说来，离散程度越大，风险越大；离散程度越小，风险越小。反映随机变量离散程度的指标包括平均差、方差、标准离差、标准离差率和全距。本书主要介绍标准离差和标准离差率两项指标。

1. 标准离差

标准离差也称均方差。其计算公式为

$$\sigma = \sqrt{\sum_{i=1}^{n} (X_i - \overline{E})^2 \cdot P_i} \qquad (2\text{-}26)$$

标准离差以绝对数衡量决策方案的风险，在期望值相同的情况下，标准离差越大，风险越大；反之，标准离差越小，风险越小。

【例 2-14】 标准差的计算。

以【例 2-13】中的数据为例，分别计算上例中 A、B 两个项目投资收益率的标准离差。

项目 A 的标准离差

$$\sigma = \sqrt{\sum_{i=1}^{n}(X_i - \overline{E})^2 \cdot P_i}$$

$$= \sqrt{0.2 \times (0.15 - 0.09)^2 + 0.6 \times (0.10 - 0.09)^2 + 0.2 \times (0 - 0.09)^2}$$

$$= \sqrt{0.002\,4} = 0.049$$

项目 B 的标准离差

$$\sigma = \sqrt{\sum_{i=1}^{n}(X_i - \overline{E})^2 \cdot P_i}$$

$$= \sqrt{0.3 \times (0.20 - 0.09)^2 + 0.4 \times (0.15 - 0.09)^2 + 0.3 \times (-0.10 - 0.09)^2}$$

$$= \sqrt{0.015\,9} = 0.126$$

以上结果表明项目 B 的风险要高于项目 A 的风险。

2. 标准离差率

标准离差率是标准离差同期望值之比，通常用符号 V 表示，其计算公式为

$$V = \frac{\sigma}{E} \times 100\% \tag{2-27}$$

标准离差率是一个相对指标，它以相对数反映决策方案的风险程度。标准离差作为绝对数，只适用于期望值相同的决策方案风险程度的比较。对于期望值不相同的决策方案，评价和比较其各自的风险程度只能借助标准离差率这一相对值。在期望值不相同的情况下，标准离差率越大，风险越大；反之，标准离差率越小，风险越小。

【例 2-15】 标准离差率的计算。

以【例 2-13】中的数据为例，分别计算上例中 A、B 两个项目投资收益率的标准离差率为：

项目 A 的标准离差率 $V_A = \dfrac{0.049}{0.09} \times 100\% = 54.44\%$

项目 B 的标准离差率 $V_B = \dfrac{0.126}{0.09} \times 100\% = 140\%$

当然，在此例中项目 A 和项目 B 的期望投资收益率是相等的，可以直接根据标准离差来比较两个项目的风险水平。但若比较项目的期望收益率不同，则一定要计算标准离差率才能进行比较。

三、风险收益率

上节讲授的资金的时间价值是投资者在无风险的条件下进行投资所要求的收益率(这里暂不考虑通货膨胀因素)。这是以确定的收益率为计算依据的，也就是以肯定能取得收益为条件的。但是，企业财务和经营管理活动总是处于或大或小的风险之中，任何经济预测的准确性都是相对的，预测的时间越长，风险程度就越高。因此，为了简化决策分析工作，在短期财务决策中一般不考虑风险因素。而在长期财务决策中，则不得不考虑风险因素，需要计量风险程度。

任何投资者宁愿要肯定的某一收益率，而不要不肯定的某一收益率，这种现象称为风险反感。在风险反感普遍存在的情况下，诱使投资者进行风险投资的因素是风险收益。

标准离差率虽然能正确评价投资风险程度的大小，但还无法将风险与收益结合起来进行分析。假设人们面临的决策不是评价与比较两个投资项目的风险水平，而是要决定是否对某

一投资项目进行投资，此时就需要计算出该项目的风险收益率。因此，还需要一个指标将对风险评价转化为风险收益率指标，即风险价值系数。风险收益率、风险价值系数和标准离差率之间的关系可用公式表示为

$$R_R = b \cdot V \qquad (2\text{-}28)$$

式中　R_R——风险收益率；

　　　b——风险价值系数；

　　　V——标准离差率。

在不考虑通货膨胀因素的条件下，投资总收益率为 $R = R_F + R_R = R_F + b \cdot V$

式中　R——投资收益率；

　　　R_F——无风险收益率。

其中，无风险收益率 R_F 可通过加上通货膨胀溢价的时间价值来确定。在财务管理实务中一般把短期政府债券(如短期国债)的收益率作为无风险收益率；风险价值系数(b)的数学意义是指该项投资的风险收益率占该项投资的标准离差率的比率。在实际工作中，确定单项投资的风险价值系数，可采取以下四种方法：

(1)通过对相关投资项目的总投资收益率和标准离差率，以及同期的无风险收益率的历史资料进行分析。

(2)根据相关数据进行统计回归推断。

(3)由企业主管投资的人员会同有关专家定性评议而获得。

(4)由专家咨询公司按不同行业定期发布，供投资者参考使用。

【例 2-16】　风险收益率和投资收益率的计算。

以【例 2-13】中的数据为例，并假设无风险收益率为 10%，风险价值系数为 10%，请计算两个项目的风险收益率和投资收益率。

项目 A 的风险收益率 = 10% × 54.44% = 5.44%

项目 A 的投资收益率 = 10% + 10% × 54.44% = 15.44%

项目 B 的风险收益率 = 10% × 140% = 14%

项目 B 的投资收益率 = 10% + 10% × 140% = 24%

从计算结果可以看出，项目 B 的投资收益率(24%)要高于项目 A 的投资收益率(15.44%)，似乎项目 B 是一个更好的选择。而从我们前面的分析来看，两个项目的期望收益率是相等的，但项目 B 的风险要高于项目 A，故项目 A 是应选择的项目。

四、风险对策

(一)规避风险

任何经济单位对风险的决策，首先考虑到的是避免风险，凡风险所造成的损失不能由该项目可能获得的利润予以抵消时，避免风险是最可行的简单方法。避免风险的方式包括：拒绝与不守信的厂商来往；放弃可能明显导致亏损的投资项目；新产品在试制阶段中发现诸多问题而果断停止试制。

(二)减少风险

事先从制度、文化、决策、组织和控制上，从培育核心能力上提高企业防御风险的能

力。减少风险主要有两方面的含义：一是控制风险因素，减少风险的发生；二是控制风险发生的频率和降低风险损害程度。减少风险的常用方法有：进行准确的预测，如对汇率进行预测、对利率进行预测等；对决策进行多方案优选；及时与政府部门沟通获得政策信息；在发展新产品前，充分进行市场调研；实施设备预防检修制度以减少设备事故；选择有弹性的、抗风险能力强的技术方案，进行预先的技术模拟试验，采用可靠的保护和安全措施；采用多领域、多地域、多项目、多品种的投资以分散风险。

（三）转移风险

企业以一定代价（如保险费、赢利机会、担保费和利息等），采取某种方式（如参加保险、信用担保、租赁经营、套期交易、票据贴现等），将风险损失转嫁给他人承担，以避免可能给企业带来的灾难性损失。如向专业性保险公司投保；采取合资、联营、增发新股、发行债券、联合开发等措施实现风险共担；通过技术转让、特许经营、战略联盟、租赁经营和业务外包等实现风险转移。

（四）接受风险

对于损失较小的风险，如果企业有足够的财力和能力承受风险损失时，可以采取风险自担和风险自保自行消化风险损失。风险自担，就是风险发生时，直接将损失摊入成本或费用，或冲减利润；风险自保，就是企业预留一笔风险金或随着生产经营的进行，有计划地计提风险基金如坏账准备金、存货跌价准备金等。

同步训练

一、单项选择题

1. 以下关于资金时间价值的说法正确的是（　　）。
   A. 资金时间价值包括风险价值和通货膨胀因素
   B. 资金时间价值不包括风险价值和通货膨胀因素
   C. 资金时间价值包括风险价值但不包括通货膨胀因素
   D. 资金时间价值包括通货膨胀因素但不包括风险价值

2. 资金时间价值的实质是（　　）。
   A. 推迟消费时间的报酬　　　　　　　B. 放弃劳动偏好所得的报酬
   C. 资金周转使用后的增值额　　　　　D. 劳动手段的增值额

3. 某人现在存入银行 1 000 元，利率 10%，复利计息，第 5 年年末的本利和为（　　）
   A. 1 611 元　　　B. 2 434.5 元　　　C. 2 416.5 元　　　D. 5 000 元

4. 某人拟在 5 年内每年年末存入银行 1 000 元，银行存款年利率为 8%，则 5 年后他可以从银行取得的款项是（　　）。
   A. $1\ 000 \times (F/P, 8\%, 5)$　　　　　B. $1\ 000 \times (F/A, 8\%, 5)$
   C. $1\ 000 \times (F/A, 8\%, 5) \times (1+8\%)$　　D. $1\ 000 \times (F/P, 8\%, 5) \times (1-8\%)$

5. 在复利终值和计息期确定的情况下，折现率越高，则复利现值（　　）。
   A. 越大　　　　B. 越小　　　　C. 不变　　　　D. 不一定

6. 有一项年金，前 3 年无流入，后 5 年每年年初流入 500 万元，假设年利率为 10%，其现值为(　　)万元。

    A. 1 994.59　　　　B. 1 566.36　　　　C. 1 813.48　　　　D. 1 423.21

7. 年金是指在一定期间内每期收付相等金额的款项。其中，每期期初收付的年金是(　　)。

    A. 即付年金　　　B. 延期年金　　　C. 普通年金　　　D. 永续年金

8. 下列无法衡量风险大小的指标是(　　)。

    A. 标准离差　　　　　　　　B. 标准离差率

    C. 方差　　　　　　　　　　D. 期望报酬率

9. 在期望值相同的条件下，标准差越大的方案，风险(　　)

    A. 越大　　　B. 越小　　　C. 二者无关　　　D. 无法判断

10. 现有两个投资项目甲和乙，已知甲项目期望值为20%，乙项目期望值为30%，甲标准离差是40%，乙项目标准离差是50%，那么(　　)。

    A. 甲项目的风险程度大于乙项目　　　B. 甲项目的风险程度小于乙项目

    C. 甲项目的风险程度等于乙项目　　　D. 不能确定

11. 下列无法衡量风险大小的指标是(　　)。

    A. 标准离差　　　　　　　　B. 标准离差率

    C. β系数　　　　　　　　　D. 期望报酬率

12. 在下列各项中，无法计算出确切结果的是(　　)。

    A. 后付年金终值　　　　　　B. 预付年金终值

    C. 递延年金终值　　　　　　D. 永续年金终值

13. 企业开发某种新产品，已知开发成功的概率是80%，成功后可获得投资报酬率45%；如果失败，投资报酬率是−100%。则该新产品开发方案的预期投资报酬率为(　　)。

    A. 32%　　　B. 16%　　　C. 36%　　　D. 45%

14. 假设企业按12%的年利率取得贷款20万元，要求在5年内每年年末等额偿还，每年的偿付额应为(　　)。

    A. 40 000　　　B. 52 000　　　C. 55 482　　　D. 64 000

15. 假设以10%的年利率借得50万元，投资于某个寿命为10年的项目，为使该项目成为有利项目，每年至少应收回的现金数额为(　　)元。

    A. 100 000　　　B.50 000　　　C. 89 567　　　D. 81 372

二、多项选择题

1. 关于投资者要求的投资报酬率，下列说法正确的是(　　)。

    A. 风险程度越高，要求的报酬率越低

    B. 无风险报酬率越高，要求的报酬率越高

    C. 无风险报酬率越低，要求的报酬率越高

    D. 风险程度、无风险报酬率越高，要求的报酬率越高

2. 关于衡量投资方案风险的下列说法中，正确的有(　　)。

    A. 预期报酬率的概率分布越窄，投资风险越小

    B. 预期报酬率的概率分布越窄，投资风险越大

C. 预期报酬率的标准差越大，投资风险越大

D. 预期报酬率的变异系数越大，投资风险越大

3. 递延年金的特点有(   )。

A. 年金的第一次支付发生在若干期以后 B. 没有终值

C. 年金的现值与递延期无关 D. 年金的终值与递延期无关

4. 下列年金中，可计算终值与现值的有(   )。

A. 普通年金 B. 即付年金 C. 永续年金 D. 递延年金

5. 下列有关系数间的关系表述正确的是(   )。

A. 年金终值系数与投资回收系数互为倒数

B. 年金现值系数和偿债基金系数互为倒数

C. 预付年金终值系数与普通年金终值系数相比期数加1，系数减1

D. 预付年金现值系数与普通年金现值系数相比期数减1，系数加1

6. 风险报酬的种类包括(   )。

A. 纯利率 B. 通货膨胀补偿

C. 期限风险报酬 D. 违约风险报酬

E. 流动风险报酬

7. 会引起系统风险的情况有(   )。

A. 通货膨胀 B. 某公司工人罢工

C. 战争 D. 经济衰退

E. 银行利率变动

8. 某人年初存入一笔资金，存满5年后每年年末取出 10 000 元，至第 10 年年末取完，银行存款利率为10%，则此人应在最初一次存入银行的资金为(   )元。

A. $10\ 000 \times [(P/A, 10\%, 5) \times (P/F, 10\%, 5)]$

B. $10\ 000 \times [(P/A, 10\%, 10) - (P/A, 10\%, 5)]$

C. $10\ 000 \times [(P/A, 10\%, 5) + (P/A, 10\%, 5)]$

D. $10\ 000 \times [(F/A, 10\%, 5) \times (P/F, 10\%, 10)]$

E. $10\ 000 \times [(F/A, 10\%, 10) \times (P/F, 10\%, 5)]$

9. 反应随机变量离散程度的指标有(   )。

A. 期望值 B. 平均差 C. 方差

D. 标准离差 E. 标准离差率

10. 某企业计划购置一台设备，从第4年开始还款，每年年末等额还款7万元，连续支付5年。资金成本率为10%，则5年的还款总额相当于现在一次性支付(   )万元。

A. $7 \times [(P/A, 10\%, 8) - (P/A, 10\%, 3)]$

B. $7 \times [(P/A, 10\%, 8) - (P/F, 10\%, 3)]$

C. $7 \times [(P/A, 10\%, 8) - (P/F, 10\%, 5)]$

D. $7 \times [(P/A, 10\%, 8) \times (P/A, 10\%, 3)]$

E. $7 \times [(P/A, 10\%, 5) \times (P/F, 10\%, 3)]$

三、判断题

1. 单利与复利是两种不同的计算方法，单利终值与复利终值在任何时候都不可能相等。

（ ）

2. 在终值与利率一定的情况下，计息期越多，复利现值就越小。 （ ）

3. 普通年金终值系数的倒数称为普通年金现值系数。 （ ）

4. 对于不同的投资方案，其标准差越大，风险越大；反之，标准差越小，风险越小。

（ ）

5. 风险和收益是对等的。风险越大，获得收益的机会也越多，期望的收益率也越高。

（ ）

四、计算分析题

1. 1 000 元存入银行 3 年期，年利率 9%，一年复利一次，求 3 年的复利终值，若 4 个月复利一次，其终值是多少？

2. 年利率为 10%，一年复利一次，5 年后得 1 000 元，求复利现值。

3. 年利率为 6%，半年复利一次，9 年后得 1 000 元，求复利现值。

4. 某企业以 10% 的利率借得资金 18 000 元，投资于一个合作期限为 5 年的项目，问每年至少收回多少资金才是有利可图的？

5. 10 年后你需要 50 000 元，你计划每年年末在银行账户存入等额资金，年利率为 7%，你每年应存入银行多少钱？

6. 某企业于 2010 年年初向银行借款 150 000 元，规定了 2014 年年底为还清借款利息的日期，该企业应从 2010 年到 2014 年每年年末存入银行等额的款项以便在 2014 年的年末还清借款本利，借款年利率为 15%，存款年利率为 12%，每年年末需要向银行存入多少钱？

7. 某企业欲将部分闲置的资金对外投资，可供选择的 A、B 两公司股票的报酬率及其概率分布情况如表 2-3 所示。

表 2-3 A、B 两公司股票的报酬率及其概率分布情况

经济状况	概率	报酬率（K_i）	
		A 公司	B 公司
繁荣	0.20	40%	70%
一般	0.60	20%	20%
衰退	0.20	0	−30%

要求：

（1）分别计算 A、B 公司的期望报酬率。

（2）分别计算 A、B 公司的标准离差。

（3）若想投资风险较小的公司，做出你的合理选择。

8. 某企业有两个投资项目 A 和 B，其预计的报酬率和概率分布如表 2-4 所示。

表 2-4　项目 A 和 B 的报酬率和概率分布情况

经济状况	概率	A 项目的报酬率	B 项目的报酬率
良好	0.30	70%	50%
一般	0.50	30%	30%
差	0.20	−30%	10%

该企业此类项目风险价值系数为 25%，其风险程度为中等，一般按 50% 的标准离差率计算，市场无风险报酬率为 12%。

要求：

(1)计算 A、B 项目的期望报酬率。

(2)计算 A、B 项目的标准离差和标准离差率。

(3)计算 A、B 项目的风险报酬率。

(4)计算 A、B 项目考虑了风险的必要报酬率。

(5)做出项目选择。

五、简答题

1. 怎样理解资金时间价值的概念？

2. 什么是年金？常见的年金有哪几种？应如何计算？

3. 风险产生的原因是什么？试述风险衡量的基本步骤。

4. 什么是风险收益？单项投资的风险收益如何计算？

5. 什么是系统风险？什么是非系统风险？

六、参考案例

2012 年，罗莎琳德·珊琪菲尔德(Rosalind Setchfield)赢得了一项总价值超过 130 万美元的大奖，这样，在以后的 20 年中，每年都会收到 65 279.79 美元的分期付款，6 年后的 2012 年，珊琪菲尔德女士接到了位于佛罗里达州西部棕榈市的西格资产理财公司(Singer Asset Finance Company)的一位销售人员打来的电话，称该公司愿意立即付给她 140 000 美元以获得今后 9 年其博彩资金的一半款项(也就是，现在的 140 000 美元交换以后 9 年共 32 638.93 × 9 = 29 374 5.51 美元的分期付款)。西格公司是一个奖金经纪公司，其公司职员的主要工作就是要跟踪类似珊琪菲尔德女士这样博彩大奖的获得者，西格公司将收购的这种获得未来现金流的权利再转售给一些机构投资者。本案例中，西格公司已谈好将它领取今后 9 年内珊琪菲尔德女士一半资金的权利以 196 000 美元的价格卖给了金融升级服务集团公司。如果珊琪菲尔德女士答应公司的报价，公司马上就能赚取 56 000 美元。最终珊琪菲尔德女士接受报价，交易达成。

思考与分析：

(1)分析西格公司为何能安排这笔交易并立即获得 56 000 美元利润。

(2)如果利率为 5%，珊琪菲尔德女士未来 9 年的现金流量应该值 1995 年的多少钱？

(3)金融升级服务集团公司能否得到好处？它的内含报酬率是多少？

第三章

筹资管理

★学习目标

知识目标:

1. 了解权益资金、负债资金筹集的各种方式及优缺点;

2. 理解资本成本、杠杆原理及资本结构的概念;

3. 掌握资金需要量的预测方法;

4. 掌握资本成本及资本结构优化的计算方法。

技能目标:

1. 能够运用筹资方式的原理,对企业的资金筹集进行简单的决策;

2. 能够运用资本成本的计算方法来确定各类筹资方案的资本成本;

3. 能够运用杠杆系数确定杠杆效应;

4. 能够运用确定最佳资本结构的方法为筹资方案做出决策。

导语:

小王大学毕业,想去澳大利亚读两年研究生,算了一下,学费加生活费估计要50万保证金,但家里只有10万现金和20多万的房产,就算贷款应付了签证,但现有的钱也不够交第一年的学费。有什么比较好的筹资方式可以让小王筹到足够的资金呢?

第一节　企业筹资概述

一、企业筹资的概念和目的

企业筹资是企业根据生产经营等活动对资金的需要,通过一定的渠道,采用适当的方式，获取所需资金的一种行为。企业筹资的基本目的是保证自身的生存和发展。具体说来，企业筹资目的有以下几种：

（一）满足设立企业的需要

按照我国有关法规的规定，企业设立时，必须有法定的资本金，并不低于国家规定的最低限额。因此，要设立一个企业，必须采用吸收投资、发行股票等方式筹集一定数量的资金，以便形成企业的资本金。

（二）满足生产经营的需要

按照经济学理论，资金每循环一次都带来一定数量的利润，都能补偿生产经营的耗费，进行再生产。但在实际生产经营中，每一次资金循环收回的资金与下一次循环所需要的资金在形态上不完全一致，资金的收回与资金的使用在时间上也不一定完全衔接，这就需要企业不断地筹集资金以维持正常的生产经营活动。

（三）满足资金结构调整的需要

企业的资金结构是由企业采用各种筹资方式而形成的。资金结构具有相对的稳定性，但随着经济状况的变化、企业经营条件的改变等，资金结构也应做相应的调整。当企业的资金结构不合理时，需要通过筹资进行调整，使其趋于合理。资金结构的调整是指企业为了降低筹资风险、减少资金成本而对自有资金与负债资金的比例关系进行调整。

（四）谋求企业发展壮大的需要

在市场竞争中，企业只有不断地进行自我强化、自我更新和自我发展，才能立于不败之地。这就要求企业不断开发新产品、不断扩大生产经营规模，而这一切都是以资金的不断投放作为保证的。企业发展需要资金。

二、企业筹资的分类

1. 按照资金的来源渠道不同，分为权益筹资和负债筹资

企业通过发行股票、吸收直接投资、内部积累等方式筹集的资金都属于企业的所有者权益资金或称为自有资金。企业通过发行债券、向银行借款、融资租赁等方式筹集的资金属于企业的负债或称为借入资金。

2. 按照是否通过金融机构，分为直接筹资和间接筹资

直接筹资，是指资金供求双方通过一定的金融工具直接形成债权债务关系或所有权关系的筹资形式。直接筹资的工具主要是商业票据、股票、债券，如企业直接发行股票和债券就是一种直接筹资。

间接筹资，是指资金供求双方通过金融中介机构间接实现资金融通的活动。典型的间接筹资是向银行借款。

3. 按照所筹资金使用期限长短，分为短期资金筹集和长期资金筹集

按照所筹资金使用期限的长短，分为短期资金筹集和长期资金筹集。短期资金一般是指供一年以内使用的资金。短期资金主要投资于现金、应收账款、存货等，一般在短期内可收回。长期资金一般是指供一年以上使用的资金。长期资金主要投资于新产品的开发和推广、生产规模的扩大、厂房和设备的更新，一般需要几年甚至十几年才能收回。

三、企业筹资渠道与筹资方式

(一)企业筹资渠道

筹资渠道是指筹措资金的来源方向与通道,体现资金的来源。认识和了解各种筹资渠道及其特点,有助于企业充分拓宽和正确利用筹资渠道。我国企业目前筹资渠道主要包括:

(1)银行信贷资金。银行对企业的各种贷款,是我国目前各类企业最为重要的资金来源。我国银行主要有商业性银行和政策性银行,商业性银行是以盈利为目的、从事信贷资金投放的金融机构,它主要为企业提供各种商业贷款;政策性银行是为特定企业提供政策性贷款。

(2)其他金融机构资金。其他金融机构主要指信托投资公司、保险公司、租赁公司、证券公司、财务公司等。它们所提供的各种金融服务,既包括信贷资金投放,也包括物资的融通,还包括为企业承销证券等金融服务。

(3)其他企业资金。企业在生产经营过程中,往往形成部分暂时闲置的资金,并为一定的目的而进行相互投资;另外,企业间的购销业务可以通过商业信用方式来完成,从而形成企业间的债权债务关系,形成债务人对债权人的短期信用资金占用。企业间的相互投资和商业信用的存在,为筹资企业提供了一定的资金来源。

(4)居民个人资金。企业职工和居民个人的结余货币,作为"游离"于银行及非银行金融机构等之外的个人资金,可用于对企业进行投资,形成民间资金来源渠道,从而为企业所用。

(5)国家财政资金。国家对企业的直接投资是国有企业特别是国有独资企业获得资金的主要渠道。现有国有企业的资金来源中,其资本部分大多是由国家财政以直接拨款方式形成的,除此以外,还有些是国家对企业"税前还贷"或减免各种税款而形成的。不管是何种形式形成的,从产权关系上看,它们都属于国家投入的资金,产权归国家所有。

(6)企业自留资金。它是指企业内部形成的资金,也称企业内部留存。主要包括提取公积金和未分配利润等。这些资金无须企业通过一定的方式去筹集,而直接由企业内部自动生成或转移。

(二)企业筹资方式

筹资方式是指企业筹措资金所采用的具体形式。我国企业目前筹资方式主要有以下几种:

(1)吸收直接投资。即企业按照"共同投资、共同经营、共担风险、共享利润"的原则直接吸收国家、法人、个人投入资金的一种筹资方式。

(2)发行股票。即股份公司通过发行股票筹措权益性资本的一种筹资方式。

(3)留存收益。即企业将留存收益转化为投资的过程。

(4)银行借款。即企业根据借款合同从银行或非银行金融机构借入的需要还本付息的款项。

(5)商业信用。即企业利用商品交易中的延期付款或延期交货所形成的借贷关系来筹集短期资金的方式。

(6)发行公司债券。即企业通过发行债券筹措债务性资本的一种筹资方式。

(7)融资租赁。

企业筹资渠道与筹资方式之间存在着密切关系。筹资渠道是一种客观存在，体现筹资的可能性，反映社会资金的来源、通道与流量；而筹资方式则体现着企业如何取得资金，属于企业的主观能动行为，解决如何将可能性变为现实性的问题。同一筹资渠道的资金往往可以采用多种不同的筹资方式取得；而同一筹资方式又往往可以筹集来源于不同渠道的资金。

四、企业筹资的原则

企业筹资应当有利于实现企业顺利健康成长和企业价值最大化。具体说来，企业筹资应当遵循以下基本原则：

1. 规模适当原则

企业筹资规模受到注册资本限额、企业债务契约约束、企业规模大小等多方面的影响，且不同时期企业的资金的需求量并不是一个常数。企业财务人员要认真分析科研、生产、经营状况，采用一定的方法，预测资金的需要数量，合理确定筹资规模。这样，既能避免因资金筹集不足，影响生产经营的正常进行，又可以防止资金筹集过多，造成资金闲置。

2. 筹措及时原则

企业财务人员在筹集资金时必须熟知资金时间价值的原理和计算方法，以便根据资金需求的具体情况，合理安排资金的筹措时间，适时获取所需资金。这样，既能避免过早筹集资金形成资金投放前的闲置，又能防止取得资金的时间滞后错过资金投放的最佳时间。

3. 来源合理原则

资金的来源渠道和资金市场为企业提供了资金的源泉和筹资场所，它反映资金的分布状况和供求关系，决定着筹资的难易程度。不同来源的资金，对企业的收益和成本有不同的影响。因此，企业应认真研究资金来源渠道和资金市场，合理选择资金来源。

4. 方式经济原则

在确定筹资数量、筹资时间、资金来源的基础上，企业在筹资时还必须认真研究各种筹资方式。企业筹集资金必然要付出一定的代价，不同筹资方式条件下的资金成本有高有低。为此，就需要对各种筹资方式进行分析、对比，选择经济、可行的筹资方式。与筹资方式相联系的问题是资金结构问题，企业应确定合理的资金结构，以便降低成本，减少风险。

五、企业资金需要量预测

企业在筹资之前，应当采用一定的方法预测资金需要数量，只有这样，才能使筹集来的资金既能保证满足生产经营的需要，又不会有太多的闲置。预测资金需要量最常用的方法有如下三种。

（一）定性预测法

定性预测法是指利用直观的资料，依靠个人的经验和主观分析、判断能力，预算未来资金需要量的方法。其预测过程是：首先由熟知财务情况和生产经营的专家，根据过去所积累的经验进行分析判断，提出预测的初步意见；然后，通过召开座谈会或发表各种表格等形式，对上述预测的初步意见进行修正补充。这样，经过一次或几次以后，得出预测的最终结果。定性预测法是十分有用的，但它不能揭示资金需要量与有关因素之间的数量关系。例如，预测资金需要量应和企业生产经营规模相联系。生产规模扩大，销售数量增加，会引起资金需求数量增加；反之，则会使资金需求数量减少。

（二）比率预测法

比率预测法是依据有关财务比率与资金需要量之间的关系，预测资金需要量的方法。能用于资金预测的比率很多，如存货周转率、应收账款周转率等，但最常用的是销售百分比法。

1. 销售百分比法的基本理论依据

销售百分比法是根据销售收入与资产负债表和利润表有关项目之间的比例关系，首先预测各项目短期资金需要量，然后综合分析得出整个企业短期资金需求量的方法。一般的，资产负债表、利润表中各项目与销售收入之间存在着一定的数量比例关系。例如，某企业每年销售 100 元商品，需要 15 元存货，即存货与销售的百分比为 15%（即 15÷100）。若销售增加 50%，则存货资金需要量为 $100 \times (1+50\%) \times 15\% = 22.5$ 元。可见，在确定某项目与销售之间比率的前提下，可以预测未来一定时期销售额的变化所导致的该项目资金需求量的变化情况，从而可以汇总得出整个企业的资金需求数量。

销售额百分比法的运用是建立在两个基本假定基础之上的。

（1）假定某项目与销售额之间的比率已知且固定不变。

（2）假定未来销售预测已经完成。

运用销售百分比法，一般是借助预计资产负债表和预计利润表进行分析。通过确定销售百分比，借助预计利润表预测企业留存收益，反映企业内部资金所能够提供的资金数额；借助预计资产负债表预测企业筹资总额和外部筹资数额，反映企业资金需求总额和所需外部融资的数量增加额。

2. 销售百分比法的步骤

应用销售百分比法预测资金需要量通常须经过以下步骤：①预计销售额增长率；②确定随销售额变动而变动的资产和负债项目；③确定需要增加的资金数额；④根据有关财务指标的约束确定对外筹资数额。

【例3-1】 销售百分比法的运用。

AB 公司 2012 年 12 月 31 日的资产负债表如表 3-1 所示。

表3-1 资产负债表

2012 年 12 月 31 日　　　　　　　　　　　　　　　　　　　单位：万元

资产		负债与所有者权益	
现金	5 000	应付费用	10 000
应收账款	15 000	应付账款	5 000
存货	30 000	短期借款	25 000
固定资产净值	30 000	公司债券	10 000
		实收资本	20 000
		留存收益	10 000
资产合计	80 000	负债与所有者权益合计	80 000

假定 AB 公司 2012 年的销售收入为 100 000 万元，销售净利率为 10%，股利支付率为

60%，公司现有生产能力尚未饱和，增加销售无须追加固定资产投资。经预测，2013年该公司销售收入将提高到120 000万元，企业销售净利率和利润分配政策不变。

现就销售百分比法的预测程序说明如下：

(1)预计销售额增长率。

$$销售额增长率 = \frac{120\ 000 - 100\ 000}{100\ 000 \times 100\%} = 20\%$$

(2)确定随销售额变动而变动的资产和负债项目。AB公司资产负债表中，资产方除了固定资产外都将随销售量的增加而增加，因为较多的销售量需要占用较多的存货，发生较多的应收账款，导致现金需求增加。在负债与所有者权益一方，应付账款和应付费用也会随销售的增加而增加，但实收资本、公司债券、短期借款等不会自动增加。公司的利润如果不全部分配出去，留存收益也不会适当增加。预计随销售增加而自动增加的项目列示在表3-2中。

表3-2　AB公司销售百分比表

资产	占销售收入%	负债与所有者权益	占销售收入%
		应付费用	10
现金	5	应付账款	5
应收账款	15	短期借款	不变动
存货	30	公司债券	不变动
固定资产净值	不变动	实收资本	不变动
		留存收益	不变动
合计	50	合计	15

在表3-2中，不变动是指该项目不随销售的变化而变化。表中的各项目占销售收入反映的是企业资本(资产)的密集度，是以表3-1中的有关项目的数字除以销售收入求得，如存货：30 000 ÷ 100 000 = 30%。

(3)确定需要增加的资金数额。从表3-2可以看出，销售收入每增加100元，必须增加50元的资金占用，但同时增加15元的资金来源。从50%的资金需求中减去15%自动产生的资金来源，还剩下35%的资金需求。本例中，销售收入从100 000万元，增加到120 000万元，增加了20 000万元，按照35%的比率可预测将增加7 000万元的资金需求。

(4)根据有关财务指标的约束确定对外筹资数额。上述7 000万元的资金需求有些可通过企业内部来筹集。依题意，AB公司2003年净利润为12 000万元(120 000 × 10%)，公司股利支付率为60%，则将有40%的利润即4 800万元被留存下来(即留存收益为40%)，从7 000万元中减去4 800万元的留存收益，则还有2 200万元的资金必须向外界来融通。

(三)回归分析法

回归分析法也称线性回归分析法，是假定资金需要量与企业产销量之间存在线性关系，利用此线性关系首先建立回归直线方程，然后再根据历史有关资料确定参数预测资金需要量的方法。其回归方程为

$$y = a + bx$$

式中　y——资金需要量；

　　　a——不变资金；

　　　b——单位变动资金；

　　　x——一定时期的产销量。

根据线性关系，可以把企业资金区分为变动资金与不变资金。

(1)不变资金是指一定的产销量范围内，不受产销量变动的影响保持固定不变的那部分资金。其包括为维持经营而占用的最低数额的现金，原材料的保险储备，必要的成品储备，厂房、机器设备等固定资产占用的资金。

(2)变动资金是指随着产销量的变动而同比例变动的那部分资金。它一般包括直接构成产品实体原材料、外购件等占用的资金。另外，在最低储备以外的现金、存货、应收账款等也具有变动资金的性质。

【例3-2】　某企业1994—1999年的产销量和资金需要量见表3-3。

表3-3　产销量与资金需要量表

年度	产销量(x)(万件)	资金需要量(y)(万元)
1994	120	100
1995	110	95
1996	100	90
1997	120	100
1998	130	105
1999	140	110

利用回归分析法预测2000年资金需要量如下：

(1)根据表3-3的资料，计算回归方程有关数据，见表3-4。

表3-4　回归方程数据计算表

年度	产销量(x)(万件)	资金需要量(y)(万元)	xy	x^2
1994	120	100	12 000	14 400
1995	110	95	10 450	12 100
1996	100	90	9 000	10 000
1997	120	100	12 000	14 400
1998	130	105	13 650	16 900
1999	140	110	15 400	19 600
$n = 6$	$\sum x = 720$	$\sum y = 600$	$\sum xy = 72\ 500$	$\sum x^2 = 87\ 400$

(2)将表3-4的数据代入下列方程组：

$$\begin{cases} \sum xy = a \sum x + b \sum x^2 \\ \sum y = na + b \sum x \end{cases}$$

得：

$$\begin{cases} 72\,500 = 720a + 87\,400b \\ 600 = 6a + 720b \end{cases}$$

求得：

$$\begin{cases} a = 40 \\ b = 0.5 \end{cases}$$

(3)将 $a=40$，$b=0.5$ 代入回归方程 $y=a+bx$，建立预测模型：

$$y = 40 + 0.5x$$

(4)将2000年预测产销量150万件代入预测模型，计算出2000年资金需要量为

$$y = 40 + 0.5 \times 150 = 115（万元）$$

运用线性回归法必须注意以下几个问题：

(1)资金需要量与营业业务量之间线性关系的假定应符合实际情况；

(2)确定 a、b 数值，应利用预测年度前连续若干年的历史资料，一般要有3年以上的资料；

(3)应考虑价格等因素的变动情况。

第二节　企业筹资方式决策

一、权益资金筹资方式

权益资金是指企业投资者投入企业以及企业生产经营过程中所形成的积累性资金。它反映企业所有者的权益，可以为企业长期占有和支配，是企业一项最基本的资金来源。它的筹资方式具体可分为吸收直接投资和发行股票。

(一)吸收直接投资

吸收直接投资(以下简称吸收投资)是指企业按照"共同出资、共同经营、共担风险、共享利润"的原则，从国家、法人、个人、外商等外部主体吸收投资的一种方式，它不以证券为媒介，直接形成企业生产能力，投入资金的主体成为企业的所有者，参与企业经营，按其出资比例承担风险、享有收益。

1. 吸收投资的种类

企业采用吸收投资方式筹集的资金一般可以分为以下三类：

(1)吸收个人投资。个人投资是指社会个人或本企业内部职工以个人合法财产投入企业，这种情况下形成的资本称为个人资本。吸收个人投资一般具有以下特点：①参加投资的人员较多；②每人投资的数额相对较少；③以参与企业利润分配为目的。

(2)吸收法人投资。法人投资是指法人单位以其依法可以支配的资产投入企业，这种情况下形成的资本称为法人资本。吸收法人投资一般具有以下特点：①发生在法人单位之间；②以参与企业利润分配为目的；③出资方式灵活多变。

（3）吸收国家投资。国家投资是指有权代表国家投资的政府部门或者机构以国有资产投入企业，这种情况下形成的资本称为国家资本。吸收国家投资是国有企业筹资自有资金的主要方式之一。吸收国家投资主要包括国家财政拨款、用税前利润还贷形成的国家资金、主管部门的专用拨款及税收减免所形成的国家资金。吸收国家投资一般具有以下特点：①产权归属国家；②资金的运用与处置受国家约束较大；③在国有企业中采用比较广泛。

2. 吸收投资中的出资方式

企业采用吸收投资方式筹集资金时，投资者可以采用现金、厂房、机器设备、材料物资、无形资产等作价出资。

（1）以现金出资。以现金出资是吸收投资中一种重要的出资方式。有了现金，便可获取其他物质资源。因此，企业应尽量动员投资者采用现金方式出资。吸收投资中所需投入现金的数额，取决于投入的实物、工业产权之外尚需多少资金来满足建厂的开支和日常周转需要。

（2）以实物出资。以实物出资就是投资者以厂房、建筑物、设备等固定资产和原材料、商品等流动资产所进行的投资。一般来说，企业吸收的实物应符合以下条件：①确为企业科研、生产、经营所需；②技术性能比较好；③作价公平合理。

（3）以工业产权出资。以工业产权出资是指投资者以专有技术、商标权、专利权等无形资产所进行的投资。一般来说，企业吸收的工业产权应符合以下条件：①能帮助研究和开发出新的高科技产品；②能帮助生产出适销对路的高科技产品；③能帮助改进产品质量，提高生产效率；④能帮助大幅度降低各种消耗；⑤作价比较合理。

企业在吸收工业产权投资时应特别谨慎，进行认真的可行性研究。因为以工业产权投资实际上是把有关技术资本化了，把技术的价值固定化了；而技术具有时效性，因其不断老化而导致价值不断减少甚至完全丧失，风险较大。

（4）以土地使用权出资。投资者也可以用土地使用权来进行投资。土地使用权是按有关法规和合同的规定使用土地的权利。企业吸收土地使用权投资应符合以下条件：①企业科研、生产、销售活动所需要；②交通、地理条件比较适宜；③作价公平合理。

3. 吸收投资的优缺点

（1）吸收投资的优点。

①有利于增强企业信誉。吸收投资所筹集的资金属于自有资金，能增强企业的信誉和借款能力，对扩大企业经营规模、壮大企业实力具有重要作用。

②有利于尽快形成生产能力。吸收投资可以直接获取投资者的先进设备和先进技术，有利于尽快形成生产能力，尽快开拓市场。

③有利于降低财务风险。吸收投资可以根据企业的经营状况向投资者支付报酬，企业经营状况好，要向投资者多支付一些报酬，企业经营状况不好，就可不向投资者支付报酬或少支付报酬，比较灵活，所以财务风险较小。

（2）吸收投资的缺点。

①资金成本较高。一般而言，采用吸收投资方式筹集资金所需负担的资金成本较高。特别是企业经营状况较好和盈利较多时，更是如此。因为向投资者支付的报酬是根据其出资的数额和企业实现的利润的多少来计算的。

②容易分散企业控制权。采用吸收投资方式筹集资金，投资者一般都要求获得与投资数量相适应的经营管理权，这是接受外来投资的代价之一。如果外部投资者的投资较多，则投资者会有相当大的管理权，甚至会对企业实行完全控制，这是吸收投资的不利因素。

（二）发行股票

股票是股份公司为筹集权益资金而发行的有价证券，是持股人拥有公司股份的凭证，它代表持股人即股东在公司中拥有的所有权。发行股票是股份公司筹集权益资金最常见的方式。

1. 股票的分类

（1）按股东的权利与义务分类。按股东享受权利与承担义务的大小为标准，可把股票分为普通股票和优先股票。

普通股票简称普通股，是股份公司依法发行的具有管理权、股利不固定的股票。普通股具有股票的最一般特征，是股份公司资本的最基本部分。

优先股票简称优先股，是股份公司依法发行的具有一定优先权的股票。从法律上讲，企业对优先股不承担法定的还本义务，是企业自有资本的一部分。

（2）按股票票面是否记名分类。按股票票面上有无记名为标准，可把股票分为记名股票和无记名股票。

记名股票是在股票上载有股东姓名或名称并将其记入公司股东名册的一种股票。记名股票要同时附有股权手册，只有同时具备股票和股权手册，才能领取股息和红利。记名股票的转让、继承都要办理过户手续。

无记名股票是在股票上不记载股东姓名或名称的股票。凡持有无记名股票，都可以成为公司股东。无记名股票的转让、继承无须办理过户手续，只要将股票交给受让人，就可以发生转让效力，移交股权。

（3）按票面有无金额分类。以股票票面上有无金额为标准，可以把股票分为有面值股票和无面值股票。

有面值股票是指在股票的票面上记载每股金额的股票。股票面值的主要功能是确定每股股票在公司所占的份额；另外，还表明在有限公司中股东对每股股票所负有限责任的最高限额。

无面值股票是不在票面上标出金额，只载明所占公司股本总额比例或股份数的股票。无面值股票只在票面上注明每股占公司全部净资产的比例，其价值随着公司资产价值的增减而增减。

（4）按股票发行时间的先后分类。以发行时间的先后为标准，可将股票分为始发股和新发股。

始发股是公司设立时发行的股票。新发股是公司增资时发行的股票。无论是始发股还是新发股，其发行条件、发行目的、发行价格都不尽相同，但是股东的权利和义务是一样的。

（5）按发行对象和发行地区分类。以发行对象和发行地区为标准，可将股票分为 A 股、B 股、H 股和 N 股等。

A 股是供我国大陆地区个人或法人买卖的，以人民币标明票面金额并以人民币认购和交易的股票。

B 股、H 股和 N 股是供外国和我国港、澳、台地区投资者投资与买卖的以人民币标明面额但以外币认购和交易的股票。B 股在上海、深圳上市；H 股在香港上市；N 股在纽约上市。

2. 股票发行

股票的发行实行公开、公正、公平的原则，必须同股同权、同股同利。

（1）股票发行的条件。按照国际惯例，公开发行股票，必须具备一定的条件，取得发行资格，并在办理必要手续后方可发行。我国有关股票发行的条件如下：

1）设立股份有限公司申请公开发行股票，应当符合以下条件：

①其生产经营符合国家产业政策；

②其发行的普通股限于一种，同股同权；

③发起人认购的股本数额不少于公司拟发行的股本总额的 35%；

④在公司拟发行的股本总额中，发起人认购的部分不少于人民币 3 000 万元，但是国家另有规定的除外；

⑤向社会公开发行的部分不少于公司拟发行的股本总额的 25%，其中公司职工认购的股本数额不得超过向社会公众发行的股本总额的 10%；公司拟发行的股本总额超过人民币 4 亿元的，证监会按照规定可以酌情降低向社会公众发行部分的比例，但是最低不少于公司拟发行的股本总额的 10%；

⑥发起人在近三年内没有重大违法行为；

⑦证监会规定的其他条件。

2）原有企业改组设立股份有限公司申请公开发行股票，除应当符合上述条件外，还应当符合下列条件：

①发行前一年末，净资产在总资产中所占比例不低于 30%，无形资产在净资产中所占比例不高于 20%，但证监会另有规定的除外；

②近三年连续盈利。

3）股份有限公司增资申请公开发行股票，除应当符合上述条件外，还应当符合下列条件：

①前一次发行的股份已募足，并间隔一年以上；

②公司在最近三年内连续盈利，并可向股东支付股利；

③公司在最近三年内财务会计文件中无虚假记载；

④公司预期利润率可达同期银行存款利率。

（2）股票发行的程序。根据国际惯例，各国股票发行都有严格的法律规定程序，任何未经法定程序发行的股票都不发生效力。公开发行股票的基本程序包括以下几个步骤：①公司做出行股发行决议；②公司做好发行新股的准备工作，编写必备的文件资料和获取有关的证明材料；③提出发行股票的申请；④有关机构进行审核；⑤签署承销协议；⑥公布招股说明书；⑦按规定程序招股；⑧认股人缴纳股款；⑨向认股人交割股票。

（3）股票上市。股票上市指股份有限公司公开发行的股票经批准在证券交易所进行挂牌交易。经批准在交易所上市交易的股票称为上市股票。股票获准上市交易的股份有限公司简称为上市公司。我国《公司法》规定，股东转让其股份，即股票流通必须在依法设立的证券交易所进行。

公司公开发行的股票进入证券交易所交易必须受严格的条件限制。我国《公司法》规定，股份有限公司申请股票上市，必须符合下列条件：

①股票经国务院证券管理部门批准已向社会公开发行；

②公司股本总额不少于人民币 5 000 万元；

③开业时间在三年以上，最近三年连续盈利；原国有企业依法改建而设立的，或者在《公司法》实施后新组建成立、其主要发起人为国有大中型企业的股份有限公司，可连续计算；

④持有股票面值人民币 1 000 元以上的股东不少于 1 000 人，向社会公开发行的股份达股份总数的 25% 以上；公司股本总额超过人民币 4 亿元的，其向社会公开发行股份的比例为 15% 以上；

⑤公司在最近三年内无重大违法行为，财务会计报告无虚假记载；

⑥国务院规定的其他条件。

具备上述条件的股份有限公司申请后，由国务院或国务院授权的证券管理部门批准，其股票方可上市。股票上市公司必须公告其上市报告，并将其申请文件存放在指定的地点供公众查阅。股票上市公司还必须定期公布其财务状况和经营情况，每会计年度内半年公布一次财务会计报告。

3. 股票筹资的优缺点

（1）股票筹资的优点。发行普通股是公司筹集资金的一种基本方式，其优点主要有：

①没有固定利息负担。公司有盈余，并认为适合分配股利，就可以分给股东；公司盈余较少，或虽有盈余但资金短缺或有更有利的投资机会，就可少支付或不支付股利。

②没有固定到期日，不用偿还。利用普通股筹集的是永久性的资金，除非公司清算才需偿还。它对保证企业最低的资金需求有重要意义。

③筹资风险小。由于普通股没有固定到期日，不用支付固定的利息，此种筹资实际上不存在不能偿付的风险，因此风险最小。

④增加公司的信誉。普通股本与留存收益构成公司所借入一切债务的基础。有了较多的自有资金，就可为债权人提供较大的损失保障，因而，普通股筹资既可以提高公司的信用价值，同时也可为使用更多的债务资金提供强有力的支持。

⑤筹资限制较少。利用优先股或债券筹资，通常有许多限制，这些限制往往会影响公司经营的灵活性，而利用普通股筹资则没有这种限制。

（2）股票筹资的缺点。普通股筹资的缺点主要有：

①资金成本较高。因为投资者投资于普通股，风险较高，其要求的投资报酬率也相应较高，并且公司支付普通股股利时要用税后利润支付，没有抵税的作用。另外，普通股的发行费用也一般高于其他债券的发行费用。

②容易分散控制权。利用普通股筹资，出售了新的股票，引进了新的股东，容易导致公司控制权的分散。

此外，新股东分享公司未发行新股前积累的盈余，会降低普通股的每股净收益，从而可能引起股价的下跌。

二、债务资金筹资方式

债务资金，又称为借入资金，是企业的一项重要资金来源，它是企业依法筹借使用并按期还本付息的资金。对债务资金，企业只是具有一定期限内的使用权，而且，还必须承担按期还本付息的责任。其主要形式包括银行借款、发行债券、商业信用、融资租赁等。

（一）银行借款

银行借款是企业根据借款合同从银行等借入的款项，是筹集债务资金的一种重要方式。

1. 银行借款的种类

（1）按借款期限分类。按借款的期限，银行借款可分为短期借款、中期借款和长期借款。短期借款是指借款期限在1年以内（含1年）的借款；中期借款是指借款期限在1年以上（不含1年）5年以下的借款；长期借款是指借款期限在5年以上（不含5年）的借款。

（2）按借款的条件分类。按借款是否需要担保，银行借款分为信用借款、担保借款和票据贴现。信用借款是指以借款人的信誉为依据而获得的借款，企业取得这种借款，无须以财产做抵押；担保借款是指以一定的财产做抵押或以一定的保证人做担保为条件所取得的借款；票据贴现是指企业以持有的未到期的商业票据向银行贴付一定的利息而取得的借款。

（3）按提供贷款的机构分类。按提供贷款的机构，可将银行借款分为政策性银行贷款和商业银行贷款。政策性银行贷款一般是指执行国家政策性贷款业务的银行向企业发放的贷款。如国家开发银行以满足企业承建国家重点建设项目的资金需要提供贷款等；商业银行贷款是指由各商业银行向工商企业提供的贷款。这类贷款主要为满足企业生产经营的资金需要。此外，企业还可以从信托投资公司取得实物或货币形式的信托投资贷款，从财务公司取得各种贷款等。

2. 银行借款的程序

企业取得长期借款一般要按照规定的程序办理必要的手续。一般程序如下：

（1）企业提出借款申请。企业要取得银行借款必须先向银行递交借款申请，说明借款原因、借款金额、用款时间与计划、还款期限与计划等。

（2）银行审批。银行针对企业的借款申请，按照有关政策和贷款条件，对企业进行审查。审查的内容主要包括企业的财务状况、资信情况、盈利能力、发展能力以及借款投资项目的经济效益等。

（3）签订借款合同。银行经审查批准借款申请后，可与借款企业进一步协商借款条件，签订正式的借款合同，为维护借贷双方的合法权益，保证资金的合理使用，应对贷款的数额、利率、期限以及限制性条款做出明确规定。

（4）企业取得借款。借款合同签订后，银行可在核定的贷款总额范围内，根据用款计划和企业实际需要，一次或分次将贷款转入企业的存款结算户，以便企业按规定的用途和时间支取使用。

（5）借款的归还。借款的偿还方式常见的有两种：到期一次还本付息和分期分批偿还。企业应按合同约定的方式按期履行还本付息的义务。如果到期不能偿付，应提前向银行申请延期，但只能延期一次。借款逾期不归还，银行将从企业存款户中扣还贷款本息并加收罚息，或者没收抵押品。

3. 银行借款的信用条件

按照国际惯例，银行发放贷款时，往往涉及以下信用条件：

（1）信贷额度。信贷额度也称为贷款限额，是借款人与银行在协议中规定的允许借款人借款的最高限额。在贷款期内，企业可随时在信贷额度内向银行贷款。如借款人超过规定限额继续向银行借款，银行则停止办理。

（2）周转信贷协定。周转信贷协定是银行从法律上承诺向企业提供不超过某一最高限额的贷款协定。在协定的有效期内，只要企业借款总额未超过最高限额，银行必须满足企业任何时候提出的借款要求。企业享用周转信贷协定，通常要对贷款限额的未使用部分付给银行一笔承诺费。

【例3-3】　某企业与银行商定的周转信贷额为2 000万元，承诺费率为0.5%，借款企业年度内使用了1 400万元，余额为600万元。则借款企业应向银行支付承诺费的金额为

承诺费 = $600 \times 0.5\% = 3$（万元）

（3）借款抵押。银行向财务风险较大、信誉不好的企业发放贷款，往往需要有抵押品担保，以减少自己蒙受损失的风险。借款的抵押品通常是借款企业的应收账款、存货、股票、债券以及房屋等。银行接受抵押品后，将根据抵押品的账面价值决定贷款金额一般为抵押品的账面价值的30% ~ 50%。这一比例的高低取决于抵押品的变现能力和银行的风险偏好。抵押借款的资金成本通常高于非抵押借款，这是因为银行主要向信誉好的客户提供非抵押贷款，而将抵押贷款视为一种风险贷款，因而收取较高的利息；此外，银行管理抵押贷款比管理非抵押贷款更为困难，为此往往另外收取手续费。企业取得抵押借款还会限制其抵押财产的使用和将来的借款能力。

（4）还款条件。无论何种借款，一般都会规定还款的期限。根据我国金融制度的规定，贷款到期后仍无能力偿还的，视为逾期贷款，银行要照章加收逾期罚息。贷款的偿还有到期一次偿还和在贷款期内定期等额偿还两种方式。一般来说，企业不希望采用后一种方式，因为这会提高贷款的实际利率；而银行则不希望采用前一种方式，因为这会加重企业还款时的财务负担，增加企业的拒付风险，同时会降低实际贷款利率。

除了上述所说的信用条件外，银行有时还要求企业为取得借款而做出其他承诺，如及时提供财务报表，保持适当资产流动性等。如企业违背做出的承诺，银行可要求企业立即偿还全部贷款。

4. 银行借款筹资的优缺点

（1）银行借款筹资的优点。

①筹资速度快。发行各种证券筹集长期资金所需时间一般较长。做好证券发行的准备，如印刷证券、申请批准等，以及证券的发行都需要一定时间。而银行借款与发行债券相比，一般所需时间较短，可以迅速地获取资金。

②筹资成本低。就目前我国情况来看，利用银行借款所支付的利息比发行债券所支付的利息低，另外，也无须支付大量的发行费用。

③借款弹性好。企业与银行可以直接接触，可通过直接商谈，来确定借款的时间、数量和利息。在借款期间，如果企业情况发生了变化，也可与银行进行协商，修改借款的数量和条件。借款到期后，如有正当理由，还可延期归还。

（2）银行借款筹资的缺点。

①财务风险较大。企业举借长期借款，必须定期还本付息，在经营不利的情况下，可能会产生不能偿付的风险，甚至会导致破产。

②限制条款较多。企业与银行签订的借款合同中，一般都有一些限制条款，如定期报送有关报表、不准改变借款用途等，这些条款可能会限制企业的经营活动。

③筹资数额有限。银行一般不愿借出巨额的长期借款。因此，利用银行借款筹资都有一定的上限。

（二）发行债券

公司债券是指公司按照法定程序发行的、约定在一定期限还本付息的有价证券。发行公司债券是公司筹集债务资金的重要方式之一。债券票面一般需记载票面面值、票面利率、债券期限、付息日等四项内容。

1. 债券的种类

（1）按有无担保分类。按有无抵押品担保，可将债券分为信用债券和抵押债券。

信用债券又称为无担保债券，是仅凭债券发行者的信用发行的、没有抵押品作担保的债券。通常只有信誉良好、实力较强的公司才能发行这种债券，一般利率略高于抵押债券。

抵押债券又称担保债券，是指以特定财产作抵押而发行的债券。抵押债券按抵押物品的不同，又可以分为动产抵押债券、不动产抵押债券、设备抵押债券和证券信托债券。

（2）按是否记名分类。按债券的票面上是否记名，可以将债券分成记名债券和无记名债券。

记名债券是指在券面上注明债权人姓名或名称，同时在发行公司的债权人名册上进行登记的债券。转让记名债券时，除要交付债券外，还要在债券上背书和在公司债权人名册上更换债权人姓名或名称。投资者须凭印鉴领取本息。

无记名债券是指债券票面未注明债权人姓名或名称，也不用在债权人名册上登记债权人姓名或名称的债券。无记名债券转让时随即生效，无须背书，因而比较方便。

（3）债券的其他形式。除符合上述几种标准分类的债券外，还有其他一些形式的债券，这些债券主要有：

①可转换债券。可转换债券是指在一定时期内，可以按规定的价格或一定比例，由持有人自由地选择转换为普通股的债券。

②无息债券。无息债券是指票面上不标明利息，按面值折价出售，到期按面值归还本金的债券。债券的面值与买价的差异就是投资人的收益。

③收益债券。收益债券是指在企业不盈利时，可暂时不支付利息，而到获利时支付累积利息的债券。

④浮动利率债券。浮动利率债券是指利息率随基本利率（一般是国库券利率或银行同业拆放利率）变动而变动的债券。发行浮动利率债券的主要目的是对付通货膨胀。

此外，债券还可按用途分为直接用途债券和一般用途债券；按偿还方式分为提前收回债券和不提前收回债券，分期偿还债券和一次性偿还债券等。

2. 债券的基本要素

（1）债券的面值。债券面值包括两个基本内容：一是币种；二是票面金额。面值的币种可用本国货币，也可用外币。债券的票面金额是债券到期时偿还债务的金额。面额印在债券上，固定不变，到期必须足额偿还。

（2）债券的期限。债券都有明确的到期日，债券从发行之日起，至到期日之间的时间称为债券的期限。在债券的期限内，公司必须定期支付利息，债券到期时，必须偿还本金，也可按规定分批偿还或提前一次性偿还。

（3）债券的利率。债券上通常都载明利率，债券标注的利率一般是年利率，在不计复利的情况下，面值与利率相乘可得出年利息。

（4）债券的价格。理论上，债券的面值就应是它的价格，事实上并非如此。由于发行者的种种考虑或资金市场上供求关系、利息率的变化，债券的市场价格常常脱离它的面值，有时高于面值，有时低于面值，但其差额并不很大，不像普通股那样相差甚远。也就是说，债券的面值是固定的，它的价格却是经常变化的。发行者计息还本，是以债券的面值为根据，而不是以其价格为根据。

3. 债券的发行

公司发行债券，必须具备规定的发行资格和条件。

（1）发行债券的资格。我国《公司法》规定，股份有限公司、国有独资公司和两个以上的国有企业或者其他两个以上的国有投资主体投资设立的有限责任公司，有资格发行公司债券。

（2）发行债券的条件。我国《公司法》还规定，有资格发行公司债券的公司，必须具备以下条件：

①股份有限公司的净资产额不低于人民币3 000万元，有限责任公司的净资产额不低于人民币6 000万元；

②累计债券总额不超过公司净资产额的40%；

③最近3年平均可分配利润足以支付公司债券1年的利息；

④所筹集资金的投向符合国家产业政策；

⑤债券的利率不得超过国务院限定的水平；

⑥国务院规定的其他条件。

另外，发行公司债券所筹集的资金，必须符合审批机关审批的用途，不得用于弥补亏损和非常产性支出，否则会损害债权人的利益。

（3）债券的发行价格。债券的发行价格有三种：平价发行、折价发行和溢价发行。平价发行又称为按面值发行，是指按债券的面值出售；折价发行是指以低于债券面值的价格出售；溢价发行是指以高于债券面值的价格出售。

债券之所以会存在溢价发行和折价发行，这是因为资金市场的利息率是经常变化的，而债券一经发行，就不能调整其票面利率。从债券的开印到正式发行，往往需要一段时间，在这段时间内如果资金市场上的利率发生变化，就要靠调整发行价格的办法来使债券顺利发行。

4. 债券筹资的优缺点

（1）债券筹资的优点。

①筹资成本低。与股票筹资方式相比，债券筹资的成本低。一方面由于债券利率一般低

于股息率；另一方面债券利息具有抵税作用，使企业实际利息负担减轻。

②保证控制权。债券持有人无权参与企业的生产经营管理，因而不会分散股东的控制权。

③财务杠杆作用。由于债券筹资只支付固定的利息作用，在经营状况好时，能够为企业带来财务杠杆利益，提高自有资金收益水平。

④调整资金结构。当企业发行可转换债券或可提前收回债券时，能够增强筹资弹性，有利于企业资金结构的调整。

（2）债券筹资的缺点。

①财务风险较大。由于债券必须到期归还，并支付固定的利息费用，在企业经营不景气时，会加重企业财务负担，加大财务风险，使未来筹资更加困难。

②限制条款较多。对债券的发行，国家有严格的规定，限制了企业对债券筹资方式的使用，甚至会影响未来的筹资能力。

（三）商业信用

商业信用是企业在商品交易中以延期付款或预收货款的方式进行购销活动而形成的借贷关系，是企业之间的直接信用行为，商业信用是商品交易中由于货币与商品在时间和空间上发生分离而产生的。

企业之间商业信用的形式主要有应付账款、预收账款、应付票据等。

1. 应付账款

应付账款是公司购买商品或接受劳务暂未付款形成的欠款。对于买方（购货人）来说，延期付款就等于向卖方（销货方）融通资金购买商品或接受劳务，可以满足对短期资金的需要。应付账款有付款期限、现金折扣等信用条件。

信用条件是指卖方对付款时间和现金折扣所做的具体规定，如"2/10，n/30"，便属于一种信用条件。

应付账款的支付主要依赖买方的信用，卖方为促使买方早日付款而给对方一定的现金折扣。此时，买方通过商业信用筹资的数量与是否享受现金折扣有关。

（1）享有现金折扣，从而在现金折扣期内付款，其占用卖方货款时间短，信用数量相对较少。

（2）不享有现金折扣，而在信用期内付款，信用筹资数量取决于对方提供的信用期长短。

（3）超过信用期的逾期付款，其筹资数量最大，但企业信用的副作用也最大，成本也最高，企业不易以拖欠款项来筹资。

（4）应付账款的成本。公司购买货物后，在规定的折扣期内付款，便可享受免费信用，无须为享受信用而付出代价。若超过折扣期付款，就要承受因放弃现金折扣而造成的隐性损失。可按下列公式计算：

$$放弃现金折扣的成本 = \frac{折扣百分比}{1-折扣百分比} \times \frac{360}{信用期-折扣期}$$

【例3-4】 放弃现金折扣的成本。

某企业拟以"2/10，n/30"的信用条件购进一批原料。这一条件意味着企业如在10天内付款，可享受2%的现金折扣；若不享受现金折扣，货款应在30天内付清。则放弃现金折扣的成本为

$$放弃现金折扣的成本 = \frac{2\%}{1-2\%} \times \frac{360}{30-10} = 36.73\%$$

2. 预收账款

预收账款是在卖方公司交付货物前向买方预先收取货款的信用形式，主要用于生产周期长、资金占用量大的商品销售，如轮船、飞机制造、房地产等。其实质相当于卖方企业向买方企业融通短期资金，缓解资金占用过大的矛盾。

3. 应付票据

应付票据是公司延期付款时开具的表明其债权债务关系的票据。根据承兑人不同，应付票据分为商业承兑汇票和银行承兑汇票，支付期限最长不超过 6 个月。应付票据可以为带息票据，也可为不带息票据。我国多数为不带息票据。

4. 商业信用筹资的优缺点

(1)商业信用筹资的优点。

①筹资便利。利用商业信用筹资非常方便。因为商业信用与商品买卖同时进行，属于一种自然性融资，不用做非常正规的安排。

②筹资成本低。如果没有现金折扣，或企业不放弃现金折扣，则利用商业信用筹资没有实际成本。

③限制条件少。如果企业利用银行借款筹资，银行往往对贷款的使用规定一些限制条件，而商业信用则限制较少。

(2)商业信用筹资的缺点。商业信用的期限一般较短，如果企业取得现金折扣，则时间会更短，如果放弃现金折扣，则要付出较高的资金成本。

(四)融资租赁

1. 融资租赁的含义

租赁是指出租人在承租人给予一定收益的条件下，授予承租人在约定的期限内占有和使用财产权利的一种契约性行为。

融资租赁又称财务租赁，是区别于经营租赁的一种长期租赁形式，由于它可满足企业对资产的长期需要，故有时也称为资本租赁。融资租赁是现代租赁的主要方式。

2. 融资租赁的形式

融资租赁可细分为以下三种形式：

(1)直接租赁。直接租赁是指承租人直接向出租人租入所需的资产并支付租金。它是融资租赁的典型形式，其出租人一般为设备制造厂或租赁公司。

(2)售后租回。售后租回是租赁企业将其设备卖给租赁公司，然后再将所售资产租回使用并支付租金的租赁形式。承租企业出售资产可得到一笔资金，同时租回资产不影响企业继续使用，但其所有权已经转移到租赁公司，售后租回的出租人一般为租赁公司等金融机构。

(3)杠杆租赁。杠杆租赁要涉及承租人、出租人和资金出借者三方当事人。在这一租赁方式中，出租人一般出资相当于租赁资产价款 20% ~40% 的资金，其余 60% ~80% 的资金由其将欲购置的租赁物作为抵押向金融机构贷款，然后将购入的设备出租给承租人，并收取租金。

3. 融资租赁租金的计算

在租赁筹资方式下，承租企业要按合同规定向租赁公司支付租金。租金的数额是租赁筹资决策的重要依据。

融资租赁的租金包括设备价款和租息两部分，其中租息又可分为租赁公司的租赁成本、租赁手续费等。

①设备价款是租金的主要内容，它由设备的买价、运杂费和途中保险费等构成。

②融资成本是指租赁公司为购买租赁设备所筹资金的成本，即设备租赁期的利息。

③租赁手续费包括租赁公司承办租赁设备的营业费用和一定的盈利。租赁手续费的高低一般无固定标准，可由承租企业与租赁公司协商确定。

4. 租金的计算方式

在我国的融资租赁业务中，计算租金一般采用等额年金法。等额年金法是利用年金现值的计算公式经变换后计算每期支付租金的方法，分为先付租金和后付租金两种形式，计算参见年金计算。

5. 融资租赁筹资的优缺点

（1）融资租赁筹资的优点。

①筹资速度快。租赁往往比借款购置设备更迅速、更灵活，因而租赁是筹资与设备购置同时进行，可以缩短设备的购进、安装时间，使企业尽快形成生产能力。

②限制条款少。债券和银行借款都具有相当多的限制条款，虽然类似的限制在租赁公司也有，但一般比较少。

③设备淘汰风险小。当今，科学技术在迅速发展，固定资产更新周期日趋缩短。企业设备陈旧过时的风险很大，利用融资租赁可减少这一风险。这是因为融资租赁的期限一般为资产使用年限的75%，不会像自己购买设备那样整个期间都承担风险，且多数租赁协议都规定由出租人承担设备陈旧过时的风险。

④财务风险小。租金在整个租期内分摊，不用到期归还大量本金。许多借款都在到期日一次偿还本金，这会给财务基础较弱的公司造成相当大的困难，有时会造成不能偿付的风险。而租赁则把这种风险在整个租期内分摊，可适当减少不能偿付的风险。

⑤税收负担轻。租金可在税前扣除，具有抵免所得税的效用。

（2）融资租赁筹资的缺点。融资租赁最主要的缺点就是资金成本较高。一般来说，其租金要比举借银行借款或发行债券所负担的利息高得多。在企业财务困难时，固定的租金也会构成一项较沉重的负担。

第三节　资本成本

一、资本成本概述

（一）资本成本的概念及内容

资本成本是指企业为筹集和使用资金而付出的代价。在市场经济条件下，企业不能无偿使用资金，必须向资金提供者支付一定数量的费用作为补偿。资本成本就是企业筹集和使用资金而付出的代价，它包括筹资费用和用资费用两部分。

(1)筹资费用。筹资费用是指企业在筹措资金过程中为获取资金而支付的费用，如向银行支付的借款手续费，因发行股票、债券而支付的发行费等。筹资费用和用资费用不同，它通常是在筹措资金时一次支付的，在用资过程中不再发生。

(2)用资费用。用资费用是指企业在生产经营、投资过程中因使用资金而付出的代价，如向股东支付的股利、向债权人支付的利息等，这是资本成本的主要内容。

资本成本可以用绝对数表示，也可以用相对数表示，但在财务管理中，一般用相对数表示，即表示为用资费用与实际筹得资金(即筹资总额扣除筹资费用后的差额)的比率。其通用计算公式为

$$资本成本 = \frac{每年资金用资费用}{筹资总额 - 筹资费用} 或资本成本 = \frac{每年资金用资费用}{筹资总额 \times (1 - 筹资费用率)}$$

$$K = \frac{D}{P(1 - f)}$$

式中 K——资本成本(率)；

       D——每年资金用资费用；

       P——筹资总额；

       f——筹资费用率，即资金筹集费占筹资总额的比率。

(二)资本成本的作用

资本成本可以应用于许多方面，主要用于筹资决策和投资决策。

1. 资本成本在筹资决策中的作用

资本成本是企业选择资金来源、拟定筹资方案的依据。资本成本对企业筹资决策的影响主要有以下几个方面：

(1)资本成本是影响企业筹资总额的重要因素。随着筹资数额的增加，资本成本不断变化。当企业筹资数额很大，资金的边际成本超过企业承受能力时，企业便不宜再增加筹资数额。因此，资本成本是限制企业筹资数额的一个重要因素。

(2)资本成本是企业选择资金来源的基本依据。企业的资金可以从许多方面来筹集，就发行股票而言，企业既可以吸收国家投资，形成国家股；也可以吸收其他企业、非银行金融机构资金，形成法人股；还可以吸收个人资金，形成个人股等。企业究竟选择哪种来源，首先应考虑的因素就是资本成本的高低。

(3)资本成本是确定最优资本结构的主要参数。不同的资本结构，会给企业带来不同的风险和成本，从而引起股票价格的变动。在确定最优资本结构时，考虑的因素主要有资本成本和财务风险。

当然，资本成本并不是企业筹资决策的唯一依据。企业筹资还要考虑财务风险、资金期限、偿还方式、限制条件等，但资本成本作为一项重要因素，直接关系到企业的经济效益，是筹资决策要考虑的首要问题。

2. 资本成本在投资决策中的作用

资本成本在企业评价投资项目的可行性、选择投资方案时也有重要作用。

(1)企业在进行投资项目的可行性分析时，一般将资本成本率视为投资项目的"最低收

益率"。一个投资项目，只有其投资收益率高于其资本成本率时，经济上才是合算的，投资项目才可行；反之，当投资收益率低于其资本成本率时，该投资项目将无利可图，甚至会发生亏损，投资项目不可行。

（2）企业在计算投资评价指标时，常以资本成本率作为贴现率，用以计算各投资方案的现金流量现值、净现值和现值指数，以比较不同投资方案的优劣。

二、资本成本的计算

（一）个别资本成本的计算

个别资本成本是指各种筹资方式的成本。其主要包括债券成本、银行借款成本、优先股成本、普通股成本和留存收益成本。前两者可统称为负债资本成本，后三者统称为权益资本成本。

1. 债券成本

债券成本中的利息在所得税前支付，具有减税效应。债券的筹资费用一般较高，这类费用主要包括申请发行债券的手续费、债券注册费、印刷费、上市费以及推销费用等。债券成本的计算公式为

$$资本成本 = \frac{年利息 \times (1 - 所得税税率)}{债券筹资总额 \times (1 - 债券筹资费率)}$$

【例3-5】 某企业拟发行一种面值为 1 000 万元，票面利率为 10%，每年付息一次的 5 年期债券，预计发行价格为 1 020 万元，发行费用率为 5%，所得税率为 25%，预计该债券的资本成本率为

$$债券成本 = \frac{1\ 000 \times 10\% \times (1 - 25\%)}{1\ 020 \times (1 - 5\%)} = 7.74\%$$

2. 银行借款成本

银行借款成本主要是银行借款利息，该利息可列作企业财务费用，与债券利息一样具有抵减所得税的作用，所以企业实际负担的借款利息为借款利息 × (1 - 所得税税率)。其银行借款成本的计算公式为

$$银行借款成本 = \frac{年利息 \times (1 - 所得税税率)}{银行借款筹资总额 \times (1 - 银行借款筹资费率)}$$

【例3-6】 某公司从银行取得长期借款 500 万元，年利率为 8%，期限为 2 年，每年计息一次，到期还本付息，假设银行借款手续费率为 0.1%，企业所得税税率为 33%，则其借款资本成本率为

$$银行借款成本 = \frac{500 \times 8\% \times (1 - 33\%)}{500 \times (1 - 0.1\%)} = 5.37\%$$

3. 优先股成本

优先股兼有普通股和债券的双重性质。企业发行优先股，既要支付筹资费用，又要定期支付股利。它与债券的不同是股利在税后支付，且没有固定到期日。优先股成本的计算公式为

$$优先股成本 = \frac{优先股每年的股利}{优先股筹资总额 \times (1 - 优先股筹资费率)}$$

【例 3-7】 某公司发行优先股股票，票面金额为 100 万元，规定年股利率为 14%，筹资费用率为 6%，该股票溢价发行，其发行价格为 125 万元，则优先股资本成本率为

$$优先股成本 = \frac{100 \times 14\%}{125 \times (1 - 6\%)} = 11.91\%$$

由于优先股股利在税后支付，不是抵税作用，而债券利息在税前支付，具有抵税作用。而且公司破产清算时，优先股持有人的求偿权位于债券持有人之后，故其风险大于债券，因此，优先股成本通常要高于债券成本。

4. 普通股成本

普通股成本的确定与优先股基本相同。所不同的是：①普通股的股利一般是不固定的，甚至变化很大。这样预期确定的资本成本只能是一个估计值。②企业经营各方面的变化都会直接或间接地影响普通股股利。在一般情况下，这种变化可以通过"普通股股利每年预期增长率"来反映。假设普通股股利每年以固定比率 G 增长，第一年股利为 D_c，则第二年为 $D_c \times (1 + G)$，第三年为 $D_c \times (1 + G)^2$，第 n 年为 $D_c \times (1 + G)^{n-1}$。因此，普通股成本的计算公式经推导可简化如下：

$$普通股成本 = \frac{投资后第一年发放的普通股股利}{普通股股本总额 \times (1 - 筹资费率)} + 普通股股利预计每年增长率$$

$$普通股成本 = \frac{D_c}{P(1 - f)} + G$$

式中　D_c——普通股第一年股利；

　　　　P——普通股筹资总额，按发行价格确定；

　　　　f——筹资费用率；

　　　　G——普通股股利预计每年增长率。

【例 3-8】 某公司发行面值为 1 元的普通股股票 500 万股，溢价发行，筹资总额为 1 000 万元，筹资费用率为 4%，已知第一年每股股利为 0.20 元，以后每年增长 5%，则该普通股资本成本率为

$$普通股成本 = \frac{500 \times 0.2}{1\,000 \times (1 - 4\%)} + 5\% = 15.42\%$$

【例 3-8】 所列举的股票系溢价发行，如果按等价发行，则股票资本成本为

$$普通股成本 = \frac{0.20}{1 - 4\%} + 5\% = 25.83\%$$

我国《公司法》规定，不允许折价发行股票。

5. 留存收益成本

留存收益在性质上属于资本增值的一部分，包括提取的盈余公积金和未分配利润两部分，其所有权属于普通股股东，等于股东对企业进行的追加投资，股东对这部分投资与普通股一样，也要求有一定的报酬，所以留存收益也要计算成本。其成本的计算与普通股基本相同，所不同的是留存收益属于企业内部的资本增值，不需同普通股那样考虑筹资费用，其资本成本的计算公式为

$$留存收益成本 = \frac{每年固定股利}{普通股金额} \times 100\%$$

普通股股利逐年固定增长的企业则为

$$留存收益成本 = \frac{第一年预期股利}{普通股金额} \times 100\% + 股利年增长率$$

【例3-9】 某公司拟将留存收益500万元用于扩大再生产，据测算第一年股利率为10%，以后每年平均递增5%，则留存收益的资本成本率为

$$留存收益成本 = \frac{500 \times 10\%}{500} + 5\% = 15\%$$

在公司全部资本中，普通股与留存收益都属于所有者权益，股利支付不固定。企业破产后，股东的求偿权位于最后，与其他投资者相比，普通股股东所承担的风险最大，普通股的报酬也应最高。所以，在各种资金来源中，普通股的成本最高。

(二)加权平均资本成本的计算

企业可以从多种渠道、用多种方式来筹集资金，而各种方式的筹资成本是不一样的。为了正确进行筹资和投资决策，就必须计算企业的加权平均资本成本。加权平均资本成本是指分别以各种资本成本为基础，以各种资金占全部资金的比例为权数计算出来的综合资本成本。综合资本成本率是由个别资本成本率和各种长期资金比例这两个因素所决定的。其计算公式为

$$k_w = \sum_{j=1}^{n} w_j k_j$$

式中 k_w——加权平均资本成本；

w_j——第 j 种来源的资金占全部筹资额的比例；

k_j——第 j 种资金来源的资本成本率；

n——筹资方式的种类。

【例3-10】 某企业共有资金100万元，其中债券40万元，优先股10万元，普通股30万元，留存收益20万元。各种资金的成本分别为：债券 (w_b)6%，优先股 (w_p)12%，普通股 (w_s)15.5%，留存收益 (w_e)15%，则该企业的加权平均资本成本为

(1)计算各种资金所占比例：

$$w_b = \frac{40}{100} \times 100\% = 40\%$$

$$w_p = \frac{10}{100} \times 100\% = 10\%$$

$$w_s = \frac{30}{100} \times 100\% = 30\%$$

$$w_e = \frac{20}{100} \times 100\% = 20\%$$

(2)计算加权平均资本成本：

$$k_w = w_b k_b + w_p k_p + w_s k_s + w_e k_e$$
$$= 40\% \times 6\% + 10\% \times 12\% + 30\% \times 15.5\% + 20\% \times 15\%$$
$$= 11.25\%$$

以上计算过程也可以用表3-5表示。

表3-5 加权平均资本成本计算表

筹资方式	筹资数额(万元)	所占比例	个别资本成本(%)	加权平均资本成本(%)
债券	40	0.40	6	2.4
优先股	10	0.10	12	1.2
普通股	30	0.30	15.5	4.65
留存收益	20	0.20	15	3
合计	100	1.00	—	11.25

应当指出的是，上述计算中的个别资金占全部资金的比例，通常是按账面价值确定的，其资料容易取得。但当资金的账面价值与市场价值差别较大时，如股票、债券的市场价格发生较大变动，计算结果会与资本市场现行实际筹资成本有较大的差距，从而贻误筹资决策。为了克服这一缺陷，个别资金占全部资金比例的确定还可以按市场价值或目标价值确定。

三、边际资本成本

(一)边际资本成本的概念

边际资本成本是指企业每增加一个单位资金而增加的成本。企业在追加筹资和追加投资的决策中必须考虑边际资本成本的高低。

前面所述企业的个别资本成本和加权平均资本成本，是企业过去筹集的或目前使用的资本成本。但是，随着时间的推移或筹资条件的变化，个别资本成本会发生变化，加权平均资本成本也会相应发生变动。一个企业进行投资，不能仅考虑目前使用的资本成本，还要考虑为投资项目新筹集资金的成本，这就需要计算边际资本成本。

(二)边际资本成本的计算

企业追加筹资时，在筹资额较大或通过筹资调整企业的资本结构，使之达到最优的情况下，往往需要通过多种筹资方式的组合来实现。这时，边际资本成本需要采用加权平均法计算，其权数必须是市场价值权数，不应采用账面价值权数。

现举例说明边际资本成本的计算。

【例3-11】 东方公司目前拥有资本100万元，其中长期负债25万元，优先股10万元，普通股65万元。为了满足投资需要，公司拟筹措新资，试计算确定该公司的边际资本成本。

这一计算过程可按下列步骤进行：

(1)确定最佳资本结构。假定该公司财务人员经过分析，认为目前的资本结构即为最佳资本结构，因此，在以后的筹资中，将继续保持长期负债占25%，优先股占10%，普通股占65%的资本结构。

(2)确定各种资本成本。该公司财务人员认真分析了金融市场状况和企业筹资能力，认为随着公司筹资规模的增大，各种筹资成本也会发生变动，测算资料见表3-6。

表3-6　东方公司筹资资料

筹资方式	最佳资本结构(%)	新筹资的数量范围(元)	资本成本(%)
长期负债	25	15 000 以内	6
		15 000 ~ 45 000	8
		45 000 以上	10
优先股	10	5 000 以内	11
		5 000 以上	12
普通股	65	26 000 以内	13
		26 000 ~ 65 000	14
		65 000 以上	16

（3）计算筹资总额突破点。因为花费一定的资本成本只能筹集到一定限度的资金，超过这一限度多筹集的资金就要多花费资本成本，引起原资本成本的变化，于是就把在保持某资本成本的条件下，可以筹集到的资金总额限度称为现有资本结构下的筹资总额突破点。在筹资总额突破点范围内筹资，原有的资本成本不会改变，一旦筹资数额超过筹资总额突破点，即使维持现有的资本结构，其资本成本也会增加。

根据最佳资本结构和各种筹资方式资本成本变化的分界点，计算筹资总额突破点，其计算公式为

$$BP_j = \frac{TF_j}{W_j}$$

式中　BP_j——筹资总额突破点；

　　　TF_j——第 j 种筹资方式的成本分界点；

　　　W_j——最佳资本结构中第 j 种筹资方式所占的比例。

根据公式，该公司计算的筹资总额突破点见表3-7。

表3-7　筹资总额突破点计算表

筹资方式	资本结构(%)	资本成本(%)	各种资金的筹资范围(元)	筹资总额突破点	筹资总额的范围(元)
长期负债	25	6	15 000 以内	15 000/0.25 = 60 000	0 ~ 60 000
		8	15 000 ~ 45 000	45 000/0.25 = 180 000	60 000 ~ 180 000
		10	45 000 以上	—	180 000 以上
优先股	10	11	5 000 以内	5 000/0.1 = 50 000	0 ~ 50 000
		12	5 000 以上	—	50 000 以上
普通股	65	13	26 000 以内	26 000/0.65 = 40 000	0 ~ 40 000
		14	26 000 ~ 65 000	65 000/0.65 = 100 000	40 000 ~ 100 000
		16	65 000 以上	—	100 000 以上

表3-7中，显示了不同筹资方式成本变化的突破点。例如，长期负债在15 000元以内时，其资本成本为6%，而在最佳资本结构中，债务的比例为25%，这表明在债务成本由6%上升

到8%之前，企业可筹集60 000元(15 000/0.25)资金。当筹资总额在60 000~180 000元时，债务成本上升到8%。

(4)计算边际资本成本。根据上一步骤计算出的筹资总额突破点，可得出下列六组新的筹资范围：①40 000元以内；②40 000~50 000元；③50 000~60 000元；④60 000~100 000元；⑤100 000~180 000元；⑥180 000元以上。

对上列六个筹资范围分别计算加权平均资本成本，即可得到各种筹资范围的边际资本成本，计算过程用表3-8表示。

表3-8　边际资本成本计算表

序号	筹资总额的范围(元)	筹资方式	最佳资本结构	资本成本	边际资本成本
1	0~40 000	长期负债 优先股 普通股	25% 10% 65%	6% 11% 13%	1.5% 1.1% 8.45%
		第一个范围的边际资本成本为11.05%			
2	40 000~50 000	长期负债 优先股 普通股	25% 10% 65%	6% 11% 14%	1.5% 1.1% 9.1%
		第二个范围的边际资本成本为11.7%			
3	50 000~60 000	长期负债 优先股 普通股	25% 10% 65%	6% 12% 14%	1.5% 1.2% 9.1%
		第三个范围的边际资本成本为11.8%			
4	60 000~100 000	长期负债 优先股 普通股	25% 10% 65%	8% 12% 14%	2% 1.2% 9.1%
		第四个范围的边际资本成本为12.3%			
5	100 000~180 000	长期负债 优先股 普通股	25% 10% 65%	8% 12% 16%	2% 1.2% 10.45
		第五个范围的边际资本成本为13.65%			
6	180 000以上	长期负债 优先股 普通股	25% 10% 65%	10% 12% 16%	2.5% 1.2% 10.4%
		第六个范围的边际资本成本为14.1%			

四、降低资本成本的途径

降低资本成本，既取决于企业自身的筹资决策，又取决于市场环境。但是，总体来讲，可以考虑如下途径。

1. 合理安排筹资期限

资本筹资既要服从长期投资年限，又要按投资进度分阶段、分时期进行，合理安排筹资期限，这样既可以减少资本成本，又减少资金不必要的闲置。

2. 合理选择筹资时机

尽量正确预测利率，选择在利率相对较低时筹集资金，利率较高时尽可能避免筹资或减少筹资。

3. 提高企业信誉，积极参与信用等级评估

大多数债权人尤其是银行等金融机构在贷款时非常重视债务人的信用等级，以信用等级决定贷与不贷、贷多贷少或贷款条件的优劣。因此我国企业应积极参与信用评估，让市场了解企业，也让企业走向市场。只有这样才能为企业以后在资本市场筹资提供便利，才能在投资者心中树立良好的财务形象，增强他们的投资信心，为筹资降低成本打下基础。

4. 积极利用负债经营

只要投资收益率大于债务成本率，企业便可适度举债，取得财务杠杆效益，降低资本成本，减少税收，提高投资收益。

5. 提高筹资效率

制订周密的筹资计划，掌握各种筹资方式的基本程序，理顺各方面关系，组织精干筹资人员。

6. 积极利用股票增值机制，降低股票筹资成本

股票投资收益有股息和资本利得两种。前者是企业真正的现金流出，构成资本成本，而资本利得则属于市场社会效益的再分配，与企业现金流出量无关。企业要降低股票筹资成本，就应尽量用多种方式转移投资者对股利的吸引力，而转向市场实现其投资增值。要通过股票增值机制来降低企业实际的筹资成本，必须有两个前提：一是股市较为完善；二是企业经营利润大或潜在效益较大，有发展后劲，市场价值很高。因此，企业应努力提高经营实力和竞争能力，扩大市场份额可以直接降低股票分红压力，从而降低成本。

第四节　杠杆原理

物理学中的杠杆原理，是指通过杠杆的作用，以一个较小的力量产生较大的效果。在企业经营和财务管理中引入杠杆的原理，是指由于固定费用（包括固定生产经营成本和固定财务费用）的存在，当业务量发生较小变化时，利润会产生较大的变化。

一、经营杠杆

（一）经营杠杆的概念

企业的营业成本可以分为固定成本和变动成本两类。

（1）固定成本是指其总额在一定时期和一定业务量（产量或销量）范围内，不受业务量增减变动影响，固定不变的那部分成本，如按直线法计提的折旧费、保险费、管理人员工资、

办公费等，这些费用每年支出水平基本相同，即使产销业务量在一定范围内变动，它们也保持固定不变。因而随着产量的增加，单位固定成本将随产量的增加而逐渐变小。

（2）变动成本是指其总额随业务量成正比例增减变动的那部分成本，如直接材料、直接人工等都属于变动成本。但从产品的单位成本来看，则恰好相反，产品单位成本中的直接材料、直接人工将保持不变。

根据固定成本和变动成本的定义可知，在其他条件既定的情况下，产销量的增加不会改变固定成本总额，但会降低单位固定成本，提高单位利润，从而使企业息税前利润的增长率大于产销量的增长率。同样，产销量的减少会提高单位固定成本，降低单位利润，从而使企业息税前利润的下降率大于产销量的下降率。若不存在固定成本，总成本随产销量变动而成正比例的变化，那么企业息税前利润的变动率就会同产销量的变动率完全一致。这种由于存在固定成本而造成的息税前利润变动率大于产销量变动率的现象，称为经营杠杆或营业杠杆。

（3）混合成本。混合成本是指总额随业务量的变动而变动，但不成同比例变动的成本。常见的混合成本包括半变动成本和半固定成本。

①半变动成本。半变动成本通常有一个初始量，类似于固定成本，在这个初始量的基础上随产量的增长而增长，又类似于变动成本。例如，在租用机器设备时，有的租约规定租金同时按如下两种标准计算：

a. 每年支付一定租金数额（固定部分）；

b. 每运转一小时支付一定租金数额（变动部分）。此外，电话费也属于典型的半变动成本。

②半固定成本。半固定成本随产量的变化而呈阶梯形增长，产量在一定限度内，这种成本不变，当产量增长到一定限度后，这种成本就跳跃到一个新水平。化验员、质量检查人员的工资都属于这类成本。

（二）经营杠杆的计算

只要企业存在固定成本就存在经营杠杆效应的作用，但不同的企业或同一企业不同产销量基础上的经营杠杆效应的大小不完全一致，因此，为了反映经营杠杆的作用程度，需要对经营杠杆进行计量，测算经营杠杆系数。

经营杠杆系数是指息税前利润的变动率相当于销售额变动率的倍数。其计算公式为

$$DOL = \frac{\Delta EBIT/EBIT}{\Delta S/S} \tag{3-1}$$

式中 DOL——经营杠杆系数；

$EBIT$——变动前息税前利润；

S——变动前销售额；

Δ——变动符号；

$\Delta EBIT$——息税前利润变动额；

ΔS——销售变动额。

为了便于计算，可将上列公式做如下变换：

$\because EBIT = Q \cdot (P - V) - F$

$$\Delta EBIT = \Delta Q \cdot (P - V)$$

$$\therefore \qquad DOL_Q = \frac{\dfrac{\Delta Q(P-V)}{Q(P-V)-F}}{\Delta QP/QP} = \frac{Q(P-V)}{Q(P-V)-F} \qquad (3-2)$$

$$DOL_S = \frac{S-VC}{S-VC-F} \qquad (3-3)$$

式中　DOL_Q——按销售数量确定的经营杠杆系数;

Q——销售数量;

P——销售单价;

V——产品单位变动成本;

F——固定成本总额;

DOL_S——按销售额确定的经营杠杆系数;

VC——变动成本总额,可按变动成本率乘以销售额来确定。

在实际工作中,式(3-2)可用于计算单一产品的经营杠杆系数;式(3-3)除了用于计算单一产品的经营杠杆系数外,还可用于计算多种产品的经营杠杆系数。

【例 3-12】 某企业生产 A 产品,若固定成本总额为 60 万元,变动成本率为 60%,在销售额为 400 万元时,经营杠杆系数为

$$DOL_{(1)} = \frac{400-400\times60\%}{400-400\times60\%-60} = 1.6$$

经营杠杆系数的意义在于:当企业销售增长 1 倍时,息税前利润将增长 1.6 倍;反之,当企业销售下降 1 倍时,息税前利润将下降 1.6 倍。

(三)经营杠杆与经营风险

引起企业经营风险的主要原因,是市场需求和成本等因素的不确定性,经营杠杆本身并不是利润不稳定的根源。但是,产销业务量增加时,息税前利润将以 DOL 倍数的幅度增加;而产销业务量减少时,息税前利润又将以 DOL 倍数的幅度减少。可见,经营杠杆扩大了市场和生产等不确定因素对利润变动的影响。而且经营杠杆系数越高,利润变动越激烈,企业的经营风险就越强。于是,企业经营风险的大小和经营杠杆有重要关系。一般来说,经营杠杆系数将随固定成本的变化呈同方向变化,即在其他因素不变的情况下,固定成本越高,经营杠杆系数越大,经营风险越大;如果固定成本为零,则经营杠杆系数等于 1。

【例 3-13】 接【例 3-12】,当企业的销售额为 200 万元、150 万元时,其经营杠杆系数分别为

$$DOL_{(2)} = \frac{200-200\times60\%}{200-200\times60\%-60} = 4$$

$$DOL_{(3)} = \frac{150-150\times60\%}{150-150\times60\%-60} \rightarrow \infty$$

企业一般可以通过增加销售额,降低单位变动成本、降低固定成本比重等措施使经营杠杆系数下降,从而降低经营风险,但这往往要受到条件的制约。在实际工作中,企业要获得经营杠杆利益,需要承担由此引起的经营风险。因此,必须在经营杠杆利益与经营风险之间做出权衡。

二、财务杠杆

(一)财务杠杆的概念

市场经济条件下，负债经营已经成为企业取得较好经济效益的一种基本筹资方式。企业负债经营，不论利润多少，债务利息固定不变。于是，当利润增大时，企业固定财务费用负担就会相对减轻，从而给投资者带来更多的收益；反之，当利润减少时，企业固定财务费用负担就会相对加重，从而使投资者收益大幅度减少。这种由于负债而产生的固定财务费用的存在使投资者收益发生相应变动的现象，称为财务杠杆。

(二)财务杠杆的计算

只要企业负债经营，就会存在财务杠杆效应，但不同企业财务杠杆效应的大小不完全一致，因此，为了反映财务杠杆的作用程度，需要对财务杠杆进行计量，测算财务杠杆系数。

财务杠杆系数是指普通股每股税后利润变动率相当于息税前利润变动率的倍数。其计算公式为

$$DFL = \frac{\Delta EPS/EPS}{\Delta EBIT/EBIT}$$

式中 DFL——财务杠杆系数；

　　ΔEPS——普通股每股利润变动额；

　　EPS——变动前的普通股每股利润。

为了便于计算，可将上式变换如下：

$$EPS = (EBIT - I) \cdot (1 - T)/N$$

$$\Delta EPS = \Delta EBIT \cdot (1 - T)/N$$

$$DFL = \frac{EBIT}{EBIT - I}$$

式中 I——债务利息；

　　T——所得税率；

　　N——流通在外普通股股数。

【例3-14】 某公司全部资本为1 000万元，债务资本比率为40%，债务比率为10%，所得税率为33%，全部资金息税前利润为80万元，财务杠杆系数为

$$DFL = \frac{80}{80 - 1\,000 \times 40\% \times 10\%} = 2$$

财务杠杆系数的意义在于：当息税前利润增长1倍时，普通股每股利润将增长2倍；反之，当息税前利润下降1倍时，普通股每股利润将下降2倍。

(三)财务杠杆与财务风险

财务风险是指企业为取得财务杠杆利益而利用负债资金时，增加了破产机会或普通股大幅度变动的机会所带来的风险。企业为取得财务杠杆利益，就要增加负债，一旦企业息税前利润下降，不足以补偿固定利息支出，企业的每股利润就会下降得更快。现以表3-9分析说明。

表3-9　财务杠杆利益分析表

息税前利润	债务利息	所得税（33%）	税后利润
20	20	0	0
24	20	1.32	2.68
35	20	4.95	10.05
50	20	9.9	20.1

由表3-9可见，在资本结构一定，债务利息保持不变的条件下，随着息税前利润的增长，税后利润以更快的速度增长；反之，随着息税前利润的下降，税后利润下降的速度更快。

三、复合杠杆

1. 复合杠杆的概念

从前述经营杠杆、财务杠杆分析可知：经营杠杆是通过扩大销售影响息税前利润，而财务杠杆是通过扩大息税前利润影响每股利润。如果两种杠杆共同作用，那么销售额稍有变动，就会使每股利润产生更大的变动，同时总的风险也会更高。这种由于固定生产经营成本和固定财务费用的共同存在而导致的每股利润变动大于产销量变动的杠杆效应称为复合杠杆。

2. 复合杠杆的计算

只要企业同时存在固定的生产经营成本和固定的利息费用等财务支出，就会存在复合杠杆的作用。但在不同企业，复合杠杆作用的程度不完全一致。为了反映经营杠杆和财务杠杆的综合作用程度，需要测算复合杠杆系数。复合杠杆系数是每股利润变动率相当于销售额变动率的倍数，它是经营杠杆系数与财务杠杆系数的乘积。其计算公式为

$$DTL = DOL \times DFL$$

或

$$DTL = \frac{\Delta EPS/EPS}{\Delta S/S}$$

$$= \frac{Q(P-V)}{Q(P-V)-F-I}$$

式中　DTL——复合杠杆系数。

【例3-15】　当某企业的经营杠杆系数为1.6，同时财务杠杆系数为2，则复合杠杆系数为

$DTL = 1.6 \times 2 = 3.2$

复合杠杆系数的意义在于：销售额每增长1倍，每股收益增长3.2倍；反之，销售额每减少1倍，每股收益下降3.2倍。

3. 复合杠杆与企业风险

通过复合杠杆的计算，能够看到经营杠杆与财务杠杆之间的相互关系及两者共同作用给

企业带来的总的风险。在复合杠杆的作用下，当企业经济效益好时，每股利润会大幅度上升；当企业经济效益差时，每股利润会大幅度下降。由于复合杠杆作用使每股利润大幅度波动而造成的风险称为复合风险。在其他因素不变的情况下，复合杠杆系数越大，企业复合风险越大；复合杠杆系数越小，企业复合风险越小。

第五节　最佳资本结构决策

一、资本结构概述

(一)资本结构的含义

资本结构是指企业各种资金的构成及其比例关系。它有广义与狭义之分，广义的资本结构也称财务结构，是指企业全部资金的来源构成，包括长期资金和短期资金之间构成的比例。狭义的资本结构是指企业长期资金中长期负债与所有者权益之间构成的比例，也称资本结构。本书所讲的主要是狭义的资本结构。

企业的资金是从多方面以不同方式筹集来的，各种筹资方式不同的组合决定着企业的资本结构及其变化。但无论企业有多少筹资方式，企业的资金无非来源于所有者投入的自有资金和债权人借入的债务资金两个方面。资本结构表示的就是债务资金与权益资金的比例关系。因此，资本结构问题就是债务资金在资本结构中安排多大比例的问题。

(二)资本结构中债务资金的作用

在资本结构决策中，合理地利用债务筹资，安排债务资金的比例，对企业有重要影响。

(1)使用债务资金可以降低企业资本成本。一般情况下，债务利息率低于股票利息率，而且债务利息在所得税前支付，具有抵税作用，从而使债务资金成本明显低于权益资金的成本。因此在一定限度内合理提高债务资金的比例，就可降低企业的综合资本成本；反之，若降低债务资金的比例，综合资本成本就会上升。

(2)利用债务筹资可获取财务杠杆利益。如果企业全部资金利润率高于借入资金利息率时，借入资金越多，则所有者权益利润率就越高；反之，如果企业全部资金利润率低于借入资金利息率时，借入资金越多，则所有者权益利润率就越低。因此，利用债务资金可以发挥财务杠杆的作用，给企业所有者带来财务杠杆利益，但由于负债提高了所有者权益利润率的不确定性，增大了企业财务风险。因此，企业要合理安排借入资金的比例，在财务杠杆利益与财务风险中进行合理权衡。

二、最佳资本结构决策

(一)最佳资本结构的含义

最佳资本结构是指在一定时期内，使加权平均资本成本最低，企业价值最大时的资本结构。

从资本成本和财务杠杆的分析中可以看出，负债资金相对于权益资金，资本成本较低，并且能够给企业带来财务杠杆利益，但负债比例过大，企业的财务风险就会加大。因此，确定最佳资本结构，既要充分体现负债筹资的优点，又要避免风险。

（二）最佳资本结构决策

在资本结构决策中，确定最佳资本结构，通常可以运用比较资本成本法和每股利润无差别点法进行定量计算，同时结合有关影响因素进行定性分析。

1. 比较资本成本法

比较资本成本法是通过计算不同资本结构的加权平均资本成本，并以此为标准，选择其中加权平均资本成本最低的资本结构作为最佳资本结构。

运用比较资本成本法确定最佳资本结构的主要程序是：

（1）计算确定各方案的资本结构，即各种筹资额占筹资总额的比例；

（2）计算确定各方案不同筹资方式的资本成本；

（3）计算不同方案的加权平均资本成本；

（4）进行比较，选择加权平均资本成本最低的结构为最佳资本结构。

现举例说明：

【例3-16】 某企业计划筹资500万元，有三个方案可供选择，其资本结构和个别资本成本见表3-10。

表3-10　某企业资本结构和个别资本成本表　　　　　　　　单位：万元

筹资方式	方案一		方案二		方案三	
	筹资额	资本成本（%）	筹资额	资本成本（%）	筹资额	资本成本（%）
长期借款	60	6	40	7	80	7
长期债券	120	7	160	8	120	7.5
优先股	40	12	100	12	50	12
普通股	280	15	200	15	250	15
合计	500	—	500	—	500	—

试确定最佳资本结构。

解：根据上述资料计算确定各方案的加权平均资本成本为：

方案一：加权平均资本成本 $=60/500 \times 6\% + 120/500 \times 7\% + 40/500 \times 12\% + 280/500 \times 15\% = 11.76\%$

方案二：加权平均资本成本 $=40/500 \times 7\% + 160/500 \times 8\% + 100/500 \times 12\% + 200/500 \times 15\% = 11.52\%$

方案三：加权平均资本成本 $=80/500 \times 7\% + 120/500 \times 7.5\% + 50/500 \times 12\% + 250/500 \times 15\% = 11.62\%$

计算结果表明，方案二的加权平均资本成本最低，因此，方案二的资本结构最佳。

这种方法通俗易懂，计算过程也不是十分复杂，是确定资本结构的一种常用方法。但因所拟定的方案数量有限，故有把最优方案漏掉的可能。

2. 每股利润无差别点法

每股利润无差别点法，又称为息税前利润—每股利润分析法（EBIT—EPS 法）是利用每股利润无差别点来进行资本结构决策的方法。每股利润无差别点是指在两种筹资方式下普通股每股利润相等时的息税前利润点。利用每股利润无差别点，可以分析判断在什么情况下运用债务筹资来安排和调整资本结构。能提高每股利润的资本结构是合理的，反之则不够合理。

每股利润的无差别点可以通过计算得出：

$$EPS = \frac{(EBIT - I)(1 - T)}{N}$$

式中　EPS——每股利润；

　　　$EBIT$——息税前利润；

　　　I——债务利息；

　　　T——所得税率；

　　　N——流通在外的普通股股数。

根据定义可知，在每股利润无差别点上，无论采用负债筹资还是采用权益筹资，每股利润都是相等的。若以 EPS_1 表示负债筹资下的每股利润，EPS_2 表示权益筹资下的每股利润，则有：

$$EPS_1 = EPS_2$$

$$\frac{(EBIT_1 - I_1) \times (1 - T)}{N_1} = \frac{(EBIT_2 - I_2) \times (1 - T)}{N_2}$$

在每股利润无差别点上，$EBIT_1 = EBIT_2$，则：

$$\frac{(\overline{EBIT} - I_1) \times (1 - T)}{N_1} = \frac{(\overline{EBIT} - I_2) \times (1 - T)}{N_2}$$

凡能使上述条件成立的息税前利润为每股利润无差别点的息税前利润。

现举例说明这种方法的运用。

【例 3-17】　设某公司目前资产总额为 1 000 万元，其结构为：债务资金为 300 万元，权益资本为 700 万元。现拟增加筹资 200 万元，新增筹资可以利用发行普通股筹集，也可利用发行债券筹集。已知：

(1)增资前的负债利率为 10%，若采用负债筹资方案，则利率提高到 12%；

(2)公司所得税率为 40%；

(3)增资后息税前利润率可达 20%。

表 3-11 列示了原资本结构和新增筹资后的资本结构情况。试比较并选择两种方案。

将上述资料有关数据代入公式：

$$(\overline{EBIT} - 300 \times 10\%) \times (1 - 40\%)/(700 + 200)$$

$$= (\overline{EBIT} - 500 \times 12\%) \times (1 - 40\%)/700$$

得 $\overline{EBIT} = 165$（万元），将 165 万元代入上式，求得资本利润率为 9%。它表明：

(1)当息税前利润为 165 万元时，选择 A、B 两种方案均可；

（2）当息税前利润预计大于 165 万元时，则追加负债资金更有利；

（3）当息税前利润预计小于 165 万元时，则追加主权资本更有利。

表 3-11　某公司现行和增资后的资本结构表　　　　　单位：万元

项目	A 增加主权资本	B 增加负债资金
资本总额	1 200	1 200
其中：主权资本	700 + 200	700
负债	300	300 + 200
息税前利润	240	240
减：利息	30	60
税前利润	210	180
减：所得税	84	72
税后利润	126	108
税后资本利润率	14%	15.43%

确定资本结构的定量分析方法和定性分析方法各有优缺点，在实际工作中应结合起来加以运用，以便合理确定资本结构。

三、资本结构的调整

当企业现有资本结构与目标资本结构存在较大差异时，企业需要进行资本结构的调整。资本结构调整的方法有：

1. 存量调整

存量调整即在不改变现有资产规模的基础上，根据目标资本结构要求，对现有资本结构进行必要的调整。存量调整的方法有：①债转股、股转债；②增发新股偿还债务；③调整现有负债结构，如与债权人协商，将短期负债转为长期负债，或将长期负债列入短期负债；④调整权益资本结构，如优先股转换为普通股，以资本公积转增股本。

2. 增量调整

增量调整即通过追加筹资量，用增加总资产的方式来调整资本结构。其主要途径是从外部取得增量资本，如发行新债、举借新贷款、进行筹资租赁、发行新股票等。

3. 减量调整

减量调整即通过减少总资产的方式来调整资本结构。如提前归还借款、收回发行在外的可提前收回债券、股票回购减少公司股本、进行企业分立等。

同步训练

一、单项选择题

1. （　　）是企业资产运动的起点，是财务管理的重要内容。

　　A. 筹资　　　　　B. 投资　　　　　C. 资金运营　　　　D. 收益分配

2. 优先股和债券的相同点是(　　　)。

  A. 没有到期日　 B. 公司需向投资者支付固定报酬

  C. 不需要偿还本金　 D. 股利在税后支付

3. 当票面利率(　　)市场利率时，债券按折价发行。

  A. 大于　 B. 小于　 C. 等于　 D. 不确定

4. 融资租赁的期限一般为资产使用年限的(　　　)。

  A. 25%　 B. 50%　 C. 75%　 D. 100%

5. 出租人既出租某项资产，又以该项资产为担保借入资金的租赁方式为(　　　)。

  A. 直接租赁　 B. 售后租回　 C. 杠杆租赁　 D. 经营租赁

6. 国有独资公司的主要资金来源是(　　　)。

  A. 国家财政资金　 B. 银行信贷资金　 C. 其他企业资金　 D. 外商资金

7. 商业信用筹资的缺陷是(　　　)。

  A. 期限较短　 B. 筹资成本低　 C. 容易取得　 D. 限制性少

8. 资本成本的基础是(　　　)。

  A. 市场利率　 B. 银行利率

  C. 名义利率　 D. 资金的时间价值

9. 某企业发行债券100万元，筹资费用率为2%，债券的利息率为10%，所得税税率为33%，则企业债券的资本成本为(　　　)。

  A. 6.8%　 B. 5.6%　 C. 4.8%　 D. 7%

10. 在其他条件不变的情况下，借入资金比例越大，财务风险(　　　)。

  A. 越大　 B. 不变　 C. 越小　 D. 逐年上升

11. 每股利润无差别点是指在两种筹资方式下，普通股每股利润相等时的(　　　)。

  A. 资本结构　 B. 成本总额　 C. 直接费用　 D. 息税前利润

12. 下列各项中，不影响经营杠杆系数的是(　　　)。

  A. 产品销售数量　 B. 产品销售价格

  C. 固定成本　 D. 利息费用

13. 当财务杠杆系数为1时，下列表述正确的是(　　　)。

  A. 息税前利润增长率为零　 B. 息税前利润为零

  C. 利息和优先股股息为零　 D. 固定成本为零

14. 下列筹资活动不会加大财务杠杆作用的是(　　　)。

  A. 增发普通股　 B. 增发优先股

  C. 增发公司债券　 D. 增加银行借款

15. 企业在追加筹资和追加投资时必须考虑的资本成本是(　　　)。

  A. 个别资本成本　 B. 加权资本成本

  C. 综合资本成本　 D. 边际资本成本

16. 企业全部资金中，权益资本与债务资金各占50%，则企业(　　　)。

  A. 只存在经营风险　 B. 只存在财务风险

  C. 存在财务风险和经营风险　 D. 财务风险和经营风险可相互抵消

17. 一般而言，企业资本成本最高的筹资方式是( )。
    A. 发行债券   B. 长期借款   C. 发行普通股   D. 发行优先股

18. 财务杠杆影响企业的( )。
    A. 税前利润   B. 税后利润   C. 息税前利润   D. 财务费用

19. 某公司发行总面额为 500 万元的 10 年期债券，票面利率为 12%，发行费用率为 5%，公司所得税税率为 33%，该债券采用溢价发行，发行价格为 600 万元，该债券的资本成本为( )。
    A. 8.46%   B. 7.89%   C. 10.24%   D. 9.38%

20. 一般情况下，下列筹资方式中，资本成本最低的是( )。
    A. 发行股票   B. 发行债券   C. 长期借款   D. 留存收益

二、多项选择题

1. 下列属于企业筹资方式的有( )。
    A. 发行股票   B. 商业信用   C. 融资租赁   D. 国家财政资金

2. 企业筹集的资金，按性质可分为( )。
    A. 短期资金   B. 长期资金   C. 权益资金   D. 负债资金

3. 按股票的权利和义务的不同，股票可以分为( )。
    A. 普通股   B. 优先股   C. 记名股   D. 无记名股

4. 在我国上海、深圳交易所上市交易的股票是( )。
    A. A 股   B. B 股   C. H 股   D. N 股

5. 下列筹资方式中筹集资金属于企业负债的有( )。
    A. 银行借款   B. 发行债券   C. 融资租赁   D. 商业信用

6. 银行借款的信用条件一般包括( )。
    A. 借款期限   B. 信贷额度   C. 补偿性余额   D. 偿还条件

7. 决定债券发行价格的因素有( )。
    A. 面值   B. 票面利率   C. 市场利率   D. 债券期限

8. 融资租赁的形式有( )。
    A. 经营租赁   B. 直接租赁   C. 售后租回   D. 杠杆租赁

9. 融资租赁的租金由( )构成。
    A. 设备款   B. 租赁设备维护费
    C. 租赁期间利息   D. 租赁手续费

10. 优先股的"优先"权主要表现在( )。
    A. 优先分配股利   B. 优先分配剩余财产
    C. 管理权优先   D. 决策权优先

11. 企业投资者的出资方式有( )。
    A. 现金投资   B. 实物投资
    C. 工业产权投资   D. 土地使用权投资

12. 融资租赁期满时，设备的处置可以采用的方式有( )。
    A. 退还   B. 续租   C. 售后租回   D. 留购

13. 企业吸收直接投资时，投资主体可以是（　　）。
    A. 国家　　　　　　　B. 个人　　　　　　C. 法人　　　　　　D. 外商
14. 普通股的资本成本比债务资金高，主要原因是（　　）。
    A. 股利要从税后利润中支付　　　　B. 股东人数众多
    C. 发行费用较高　　　　　　　　　D. 股利支付率较高
15. 与股票筹资相比，银行借款筹资的优点包括（　　）。
    A. 筹资速度快　　　　　　　　　　B. 借款弹性大
    C. 使用限制少　　　　　　　　　　D. 筹资费用低
16. 下列属于筹资费用的是（　　）。
    A. 股票发行费用　　　　　　　　　B. 向债权人支付的利息
    C. 银行借款手续费　　　　　　　　D. 向股东支付的股利
17. 资本成本的内容包括（　　）。
    A. 利息　　　　　　　　　　　　　B. 资本利得
    C. 资金筹集费用　　　　　　　　　D. 资金使用费用
18. 在企业全部资本中，其中资本成本较高的有（　　）。
    A. 普通股　　　　　　　　　　　　B. 留存收益
    C. 债券　　　　　　　　　　　　　D. 银行借款
19. 债务比例（　　），财务杠杆系数（　　），财务风险（　　）。
    A. 越高　越大　越高　　　　　　　B. 越低　越小　越低
    C. 越高　越小　越高　　　　　　　D. 越低　越大　越低
20. 在计算个别资本成本时，不需要考虑所得税影响的是（　　）。
    A. 债券成本　　　　　　　　　　　B. 银行借款成本
    C. 普通股成本　　　　　　　　　　D. 优先股成本

三、判断题

1. 债券的面值是固定的，但价格是经常变化的。　　　　　　　　　　（　　）
2. 权益资本是企业的永久性资本，是一种高成本、低风险的资金来源。（　　）
3. 资本成本是指企业筹资付出的代价，一般用相对数表示，即资金占用费加上资金筹集费之和除以筹资总额。　　　　　　　　　　　　　　　　　　（　　）
4. 某企业的经营杠杆系数是1.5，财务杠杆系数也是1.5，则复合杠杆系数是3。
　　　　　　　　　　　　　　　　　　　　　　　　　　　　　　（　　）
5. 如果企业的资金来源全部为自有资金，且没有优先股存在，则财务杠杆系数等于1。
　　　　　　　　　　　　　　　　　　　　　　　　　　　　　　（　　）
6. 无论是经营杠杆系数还是财务杠杆系数变化，都可能导致复合杠杆系数变化。
　　　　　　　　　　　　　　　　　　　　　　　　　　　　　　（　　）
7. 最优资金结构是使企业筹资能力最强、财务风险最小的资金结构。（　　）
8. 企业在选择追加筹资方案时的依据是个别资金成本的高低。　　　（　　）
9. 按照所筹资金使用期限的长短，可以将筹资分为权益筹资和负债筹资。（　　）
10. 优先股的成本通常低于债券成本。　　　　　　　　　　　　　　（　　）

四、计算分析题

1. 甲企业信用条件为 1/20，N/30，乙企业信用条件为 1/10，N/30，作为买方企业应如何利用现金折扣决策？

2. 某公司拟采购一批零件，供应商报价如下：

(1)30 天内付款，价格为 9 750 元；

(2)31~60 天内付款，价格为 9 870 元；

(3)61~90 天内付款，价格为 10 000 元。

假设银行短期贷款利率为 15%，每年按 360 天计算。

要求：计算放弃现金折扣的成本(比率)，并确定对该公司最有利的付款日期和价格。

3. 某公司拟筹资 8 000 万元，其中发行面值为 2 000 万元的债券，发行价款 2 010 万元，票面利率为 10%，筹资费用率为 5%；发行优先股，票面总额 700 万元，股息率 12%，筹资费用率为 3%，溢价发行，筹资总额 970 万元；借款 1 000 万元，年利率 8%，期限 2 年，每年计息一次，到期还本付息，银行借款手续费率为 0.5%；发行普通股 3 500 万元，筹资费用率为 5%，预计第一年股利率为 13%，以后每年按 3% 递增；将留存收益 700 万元用于扩大再生产，所形成的新股权每年的股利率及增长率与普通股相同，所得税税率为 33%。

要求：

(1)计算该企业债券资本成本率；

(2)计算该企业借款资本成本率；

(3)计算该企业优先股资本成本率；

(4)计算该企业普通股资本成本率；

(5)计算该企业留存收益资本成本率；

(6)计算该企业综合资本成本率。

4. 某公司全部资本为 1 000 万元，债务资金比例为 40%，债务利率为 10%，所得税税率为 33%，息税前利润为 440 万元，该公司生产甲产品，若固定成本总额为 160 万元，变动成本率为 70%，企业销售额为 2 000 万元。要求：

(1)计算企业的经营杠杆系数，并说明其表示意义；

(2)计算企业的财务杠杆系数，并说明其表示意义；

(3)计算企业的复合杠杆系数，并说明其表示意义。

5. 某企业拟采取以下三种方式筹资，其筹资额及资本成本率如表 3-12 所示。

表 3-12

资金来源	资金来源结构				资本成本率
	A	B	C	D	
银行借款	30	40	45	50	8%
发行债券	30	40	25	20	8.5%
发行股票	40	20	30	30	10%

试采用比较分析法选择最佳资本结构。

6. 某公司目前发行在外普通股 100 万股(每股面值 1 元)，并发行利率为 10% 的债券

400万元。该公司打算为一个新的投资项目融资500万元，新项目投产后每年的息税前利润将增加到200万元。现有两个方案可供选择：方案一，按12%的利率发行债券500万元；方案二，按每股20元的价格发行新股，公司适用的所得税税率为33%。要求：

(1)计算两个方案的每股利润；

(2)计算两个方案的每股利润无差别点的息税前利润；

(3)计算两个方案的财务杠杆系数；

(4)判断哪个方案最佳。

五、简答题

1. 简述普通股筹资的优缺点。

2. 银行借款的信用条件有哪些？

3. 资本成本的含义及作用是什么？

4. 企业如何使用每股利润无差别点法进行最佳资本结构决策？

5. 资本结构中债务资金的作用是什么？

6. 最佳资本结构的调整方法有哪些？

六、参考案例

中国移动(香港)有限公司筹资案例

在2003年中央电视台的一期对话节目中，应邀嘉宾——中国移动(香港)公司的董事长兼总经理王晓初曾说，中国移动(香港)有限公司自成立以来，每年都采取了大规模的融资计划，利用多种多样的融资方式，为公司的业务发展和资本运作提供了充足的资金来源。

中国移动(香港)有限公司是中国移动通信集团下属的全资子公司，于1997年成立，注册地为香港。在1997年10月，中国移动(香港)有限公司在香港和纽约上市，融资42.2亿美元；在1999年11月，公司增发新股，又融资20亿美元。

2000年10月7日，中国移动(香港)有限公司通过其全资子公司中国移动(深圳)有限公司，与由中国建设银行和中国银行联合牵头的8家国内外银行签署了125亿元人民币的银团贷款协议。用于解决中国移动(香港)有限公司向其控股母公司中国移动通信集团公司收购内地7个省份移动通信资产的部分资金需要。此次银团贷款是迄今中国最大规模的人民币银团贷款，也是中国移动(香港)有限公司首次尝试国内融资，采用这种融资方式，主要是考虑到通过人民币融资不仅能降低资金综合成本，进一步优化公司资本结构，也能有效规避外汇风险，同时也借此加强与国内金融机构的合作。

2000年11月，中国移动(香港)有限公司在中国香港、纽约增发新股并发行可转换债券，筹集资金75.6亿美元。

2001年，中国移动(香港)有限公司通过其全资内地子公司中国移动(广东)有限公司发行50亿元人民币的10年期的浮动利率公司债券，创下了当时企业债券发行规模新纪录。董事会认为，本期债券的发行，能使中国移动(香港)有限公司拓宽融资渠道及投资者基础，有助于优化融资结构，降低资金成本及规避风险。

2002年，中国移动(香港)有限又通过其全资子公司中国移动(广东)有限公司公司发行80亿元人民币，期限分别为5年和15年的公司债券，在短短不到3个月内，中国移动(香港)有限公司就顺利完成了从债券发行到上市的过程，并受到投资者追捧。此次80亿元的中国移动债券是国内最大规模的一次发债行动，它具有双重担保，中国移动(香港)有限公司担保发行人中国移动(广东)有限公司、中国移动集团公司再次担保中国移动(香港)有限公司，这种方式在国内尚不多见。

思考与分析：

1. 中国移动(香港)有限公司成功运用了哪些筹资方式？这些筹资方式分别属于债权性筹资、股权性筹资还是混合性筹资？

2. 中国移动(香港)有限公司灵活运用各种筹资方式的意义何在？

3. 中国移动(香港)有限公司分别在哪几个地方筹集了资金？地域的不同对公司筹资有何影响？

4. 中国移动(香港)有限公司的筹资体现了哪些筹资原则？

第四章

项目投资管理

知识目标:

1. 了解项目投资的概念及其类型;

2. 理解项目计算期的构成和现金流量的概念及构成内容;

3. 掌握现金净流量的含义及计算方法;

4. 掌握项目投资决策指标的含义、特点及计算方法;

5. 掌握项目投资决策评价指标的应用。

技能目标:

1. 能够运用现金净流量的计算方法估算各项目投资方案的现金净流量;

2. 能够运用项目投资决策指标,进行项目投资方案的决策分析。

导语:

在充满投资机会的现代社会,如何确保投资获利?如何来衡量一个项目的投资可行性?本章将介绍一系列评价指标和方法,以便做出正确的项目投资决策。

第一节 项目投资概述

一、投资的含义和分类

投资,是指特定经济主体(包括国家、企业和个人)为了在未来可预见的时期内获得收益或是资金增值,在一定时期向一定领域的标的物投放足够数额的资金或实物等货币等价物的经济行为。从特定企业角度看,投资就是企业为获取收益而向一定对象投放资金的经济行为。

投资按不同标识可以分为以下类型：

(1)按照投资行为的介入程度，分为直接投资和间接投资。直接投资，是指由投资人直接介入投资行为，即将货币资金直接投入投资项目，形成实物资产或者购买现有企业资产的一种投资。其特点是，投资行为可以直接将投资者与投资对象联系在一起。间接投资，是指投资者以其资本购买公债、公司债券、金融债券或者公司股票等，以预期获取一定收益的投资，也称为证券投资。

(2)按照投入的领域不同，分为生产性投资和非生产性投资。生产性投资，是指将资金投入生产、建设等物质生产领域中，并能够形成生产能力或可以产出生产资料的一种投资，又称生产资料投资。这种投资的最终成果将形成各种生产性资产，包括固定资产投资、无形资产投资、其他资产投资和流动资金投资。其中，前三项属于垫支资本投资，后一项属于周转资本投资。非生产性投资，是指将资金投入非物质生产领域中，不能形成生产能力，但能形成社会消费或服务能力，满足人民物质文化生活需要的一种投资。

(3)按照投资的方式不同，分为对内投资和对外投资。从企业的角度来看，对内投资就是项目投资，是指企业将资金投放于为取得供本企业生产经营使用的固定资产、无形资产、其他资产和垫支流动资金而形成的一种投资。对外投资，是指企业为购买国家及其他企业发行的有价证券或其他金融产品(包括期货与期权、信托、保险)，或以货币资金、实物资产、无形资产向其他企业(如联营企业、子公司等)注入资金而发生的投资。

(4)按照投资的内容不同，分为固定资产投资、无形资产投资、其他资产投资、流动资产投资、房地产投资、有价证券投资、期货与期权投资、信托投资和保险投资等多种形式。

二、项目投资的含义及特点

(一)项目投资的定义

项目投资是一种以特定建设项目为对象，直接与新建项目或更新改造项目有关的长期投资行为。本章所介绍的工业企业投资项目主要包括新建项目(含单纯固定资产投资项目和完整工业投资项目)和更新改造项目两种类型。

(二)项目投资的特点

与其他形式的投资相比，项目投资具有投资内容独特(每个项目都至少涉及一项固定资产投资)、投资数额大、影响时间长(至少一年或一个营业周期以上)、发生频率低、变现能力差和投资风险大的特点。

三、项目计算期的构成

项目计算期，是指投资项目从投资建设开始到最终清理结束整个过程的全部时间，包括建设期和经营期(具体又包括投产期和达产期)。其中建设期是指从项目资金正式投入开始到项目建成投产为止所需要的时间，建设期的第一年初称为建设起点，建设期的最后一年称为投产日。在实践中，通常应参照项目建设的合理工期或项目的建设进度计划合理确定建设期。项目计算期的最后一年年末称为终结点，假定项目最终报废或清理均发生在终结点（但更新改造除外）。从投产日到终结点之间的时间间隔称为运营期，又包括试产期和达产期（完全达到设计生产能力）两个阶段。试产期是指项目投入生产，但生产能力尚未完全达到设计能力的过渡阶段。达产期是指生产运营达到设计预期水平后的时间。运营期一般应根据项目主要设备的经济适用寿命确定。

项目计算期、建设期和运营期之间有以下关系成立，即

项目计算期 = 建设期 + 经营期

例如，企业拟构建一项固定资产，预计使用寿命为 10 年。试求在以下两种情况下该项目的项目计算期分别为多长时间。

（1）在建设起点投资并投产。

（2）建设期为一年。

解答：

（1）项目计算期（n）= 0 + 10 = 10（年）

（2）项目计算期（n）= 1 + 10 = 11（年）

四、项目投资资金的投入方式

原始总投资的投入方式包括一次投入和分次投入两种形式。一次投入方式是指投资行为集中一次发生在项目计算期第一个年度的年初或年末；如果投资行为涉及两个或两个以上年度，或虽然只涉及一个年度但同时在该年的年初和年末发生，则属于分次投入方式。

【例 4-1】　A 企业拟新建一条生产线，需要在建设起点一次投入固定资产投资 200 万元，在建设期末投入无形资产投资 25 万元，建设期为 1 年，建设期资本化利息为 10 万元，全部计入固定资产原值。流动资金投资合计为 20 万元。

根据上述资料可计算该项目有关指标如下：

（1）固定资产原值 = 200 + 10 = 210（万元）

（2）建设投资 = 200 + 25 = 225（万元）

（3）原始投资 = 225 + 20 = 245（万元）

（4）项目总投资 = 245 + 10 = 255（万元）

原始总投资又称为初始投资，是反映项目所需现实资金水平的价值指标。从长期投资的角度看，原始总投资是企业为使项目完全达到设计生产能力、开展正常经营而投入的全部现实资金。包括建设投资和流动资金投资两项内容。

建设投资是指在建设期内按一定生产经营规模和建设内容进行的投资。流动资金投资是指项目投产前后分次或一次投放于流动资产项目的投资增加额，又称为营运资金投资。

投资总额是一个反映项目投资总体规模的价值指标，它等于原始总投资与建设期资本化利息之和。其中，建设期资本化利息是指在建设期发生的与购建项目所需的固定资产、无形资产等长期资产有关的借款利息。

第二节　项目投资现金流量分析

一、现金流量概述

（一）现金流量的定义

现金流量也称现金流动量。在项目投资决策中，现金流量是指投资项目在其计算期内因资本循环而可能或应该发生的各项现金流入量与现金流出量的统称。它是计算项目投资决策评价指标的主要根据和重要信息之一。必须注意的是，本书介绍的现金流量，与编制财务会计的现金流量表所使用的现金流量相比，无论是具体构成内容还是计算口径可能都存在较大的差异，不应该混为一谈。

（二）现金流量的作用

财务管理以现金流量作为项目投资的重要价值信息，主要出于以下考虑：

首先，现金流量信息所揭示的未来期间现实货币资金收支运动，可以序时动态地反映项目投资的流向与回收之间的投入产出关系，使决策者处于投资主体的立场上，便于更完整、准确、全面地评价具体投资项目的经济效益。

其次，利用现金流量指标代替利润指标作为反映项目效益的信息，可以摆脱在贯彻财务会计的权责发生制时必然面临的困境，即由于不同的投资项目可能采取不同的固定资产折旧方法、存货估价方法或费用摊配方法，从而导致不同方案的利润信息相关性差、透明度不高和可比性差。

再次，利用现金流量信息，排除了非现金收付内部周转的资本运动形式，从而简化了有关投资决策评价指标的计算过程。

最后，由于现金流量信息与项目计算期的各个时点密切结合，有助于在计算投资决策评价指标时，应用资金时间价值的形式进行动态投资效果的综合评价。

二、计算项目投资现金流量时应注意的问题和相关假设

在计算现金流量时，为防止多算或漏算有关内容，需要注意以下几点：①必须考虑现金流量的增量。②尽量利用现有的会计利润数据。③不能考虑沉没成本因素。④充分关注机会成本。⑤考虑项目对企业其他部门的影响。

为克服确定现金流量的困难，简化现金流量的计算过程，本章特做以下假设：

1. 投资项目的类型假设

假设投资项目只包括单纯固定资产投资项目、完整工业投资项目和更新改造投资项目三种类型。

2. 财务可行性分析假设

假设投资决策是从企业投资者的立场出发，投资决策者确定现金流量就是为了进行项目财务可行性研究，该项目已经具备技术可行性和国民经济可行性。

3. 项目投资假设(全投资假设)

假设在确定项目现金流量时,站在企业投资者的立场上,考虑全部投资的运动情况,而不具体区分自有资金和借入资金等具体形式的现金流量,即使实际存在借入资金也将其作为自有资金对待(但在计算固定资产原值和总投资时,还需考虑借款利息因素)。

4. 建设期投入全部资金假设

建设期投入全部资金假设即项目的原始投资不论是一次性投入还是分批投入,均假设它们是在建设期内投入的。

5. 经营期与折旧年限一致假设

假设项目主要固定资产的折旧年限或使用年限与经营期相同。

6. 时点指标假设

为便于利用货币时间价值的形势,不论现金流量具体内容所涉及的价值指标实际上是时点指标还是时期指标,均假设按照年初或年末的时点指标处理。其中,建设投资在建设期内有关年度的年初或年末发生。流动资金投资则在年初发生;经营期内各年的收入、成本、折旧、摊销、利润、税金等项目的确认均在年末发生;项目最终报废或清理均发生在终结点(但更新改造项目除外)。

在项目计算期数轴上,0表示第一年的年初,1既代表第一年的年末,又代表第二年的年初,以下依此类推。

7. 确定性因素假设

在本章中,假定与项目现金流量有关的价格、产销量、成本水平、所得税税率等因素均为已知常数。

8. 产销平衡假设

在项目投资决策中,假定运营期同一年的产量等于该年的销售量。在这个假设下,假定按成本项目计算的当年成本费用等于按要素计算的成本费用。

三、现金流量的估算

(一)现金流入量

一个投资项目的现金流入量,是指该项目引起的企业现金收入的增加额。一般情况下,一个投资项目会引起下列现金流入:

1. 营业现金收入

如果投资者的投资项目扩大了企业的生产能力,会使企业的营业收入增加,而企业新增的营业收入扣除有关的付现成本增量后的余额,就是该项目引起的一项现金流入。其公式为

$$营业净现金流入 = 营业收入 - 付现成本$$

其中,营业收入如果是在按总价法核算现金折扣和销售折让的情况下,应当不包括折扣和折让的净额,一般纳税人企业在确定营业收入时,应当按不含增值税的净价计算。除此之外,作为经营期现金流入项目,按道理应当按当期现销收入额与回收以前应收账款的合计数确定,但为了简化计算过程,人们一般假定正常经营年度内每期发生的赊销额与回收的应收账款大体相等,从而省略赊销额和应收账款的计算。

付现成本是指投资项目中每年需要现金支付的营业成本,而营业成本中不需要每年支付

现金的主要是折旧费，所以付现成本就是用营业成本减去折旧。

2. 回收固定资产余值

回收固定资产余值主要是指投资项目所形成的固定资产在终结点报废清理或中途变价转让处理时所回收的价值。

人们一般假设主要固定资产的折旧年限等于生产经营期，因此，对于建设项目而言，只要按主要固定资产的原值乘以其法定的净残值率即可估算出在终结点发生的回收固定资产余值，在生产经营期内提前回收的固定资产余值可以其预计净残值估算；对于更新改造项目，往往需要估算两次；第一次估算在建设起点发生的回收余值，可以根据提前变卖的旧设备的可变净现值（为扣除相关的营业税）来确认；第二次仿照建设项目的办法来估算在终结点发生的回收余值（即新设备的净残值）。

3. 回收流动资金

回收流动资金是指新建项目在项目计算其完全终止时（终结点）因不再发生新的替代投资而回收的原垫付的全部流动资金投资额。回收的固定资产余值和回收的流动资金余额统称为回收额。

估算回收的流动资金时，可以假定在经营期内不发生提前回收的流动资金，则在终结点一次回收的流动资金应等于各年垫支的流动资产投资额的合计数。

4. 其他现金流入量

其他现金流入量是指以上三项指标以外的现金流入项目。

(二)现金流出量

1. 建设投资的估算

固定资产投资是所有类型的项目投资在建设期必然会发生的现金流出量，应按项目规模和投资计划所确定的各项建筑工程费用、设备购置费用、安装工程费用和其他费用来估算。

无形资产投资和其他资产投资，应根据需要和可能，逐项按有关资产的评估方法和计价标准进行估算。

在估算构成固定资产原值的资本化利息时，可根据长期借款本金、建设期年数和借款利息率按复利计算，且假定建设期资本化利息只计入固定资产的原值。

2. 流动资金投资的估算

在项目投资决策中，流动资金是指在运营期内长期占用并周转使用的营运资金。流动资金投资的估算可按下式进行：

某年流动资金投资额（垫支数）＝本年流动资金需用数－截止上年的流动资金投资额

＝本年流动资金需用数－上年流动资金需用数

本年流动资金需用数＝该年流动资产需用数－该年流动负债可用数

上式中的流动资金只考虑存货、现实货币现金、应收账款和预付账款等项内容；流动负债只考虑应付账款和预收账款。

由于流动资金属于垫付周转金，因此在理论上，投产第一年所需的流动资金应在项目投产前安排，即最晚应发生在建设末期。

3. 经营成本

经营成本又称付现的营运成本（或简称付现成本），是指在运营期内为满足正常生产经营而动用现时货币资金支付的成本费用。经营成本是所有类型的投资项目在运营期都要发生的主要现金流出量，它与融资方案无关。

$$付现成本 = 总成本 - 非付现成本$$

4. 各项税款

各项税款主要是指项目投产后依法缴纳的、单独列出的各项税款，包括增值税和所得税等。虽然这些税金也是企业投资所生产价值的一部分，但是只有缴纳过税金之后的现金才是投资者掌握的，因此，税金支出是现金流量中的一项重要内容。在进行新建项目投资决策时，一般只计算所得税；更新改造项目还需要估算因变卖固定资产发生的增值税。需要指出的是，如果从国家投资的主体的角度出发，就不能将企业所得税作为现金流出量。只有从企业和法人投资主体的角度才将所得税列作现金流出。若在确定现金流入量时，已将增值税销项税与进项税额之差列入"其他现金流入量"项目，则本项内容中就要包括应交增值税，否则，不包括。

5. 其他现金流出

其他现金流出是指不包括在以上内容中的现金流出项目。估算时可根据具体情况进行。

(三)净现金流量

1. 净现金流量的含义

净现金流量又称现金净流量，是指在项目计期内由每年现金流入量与同年现金流出量之间的差额所形成的序列指标，它是计算项目投资决策评价指标的重要依据。

净现金流量具有以下两个特征：第一，无论是在经营期内还是在建设期内都存在净现金流量；第二，由于项目计算期不同阶段上的现金流入和现金流出发生的可能性不同，使得各阶段上的净现金流量在数量上表现出不同的特点；建设期内的净现金流量一般小于或等于零；在经营期内的净现金流量则多为正值。

根据净现金流量的定义，可将其理论计算公式归纳为

$$净现金流量 = 现金流入量 - 现金流出量$$

2. 净现金流量的简化计算公式

为简化净现金流量的计算，可以根据项目计算期不同阶段上的现金流入量和现金流出量具体内容，直接计算各阶段净现金流量。

(1)建设期净现金流量的简化计算公式。若原始投资均在建设期内投入，则建设期净现金流量可按以下简化公式计算：

$$建设期某年净现金流量 = -原始投资额$$

由上式可见，当建设期不为零时，建设期净现金流量的数量特征取决于其投资方式是分次投入还是一次投入。

(2)经营期净现金流量的简化计算公式。经营期净现金流量可按以下简化公式计算：

$$经营期某年净现金流量 = 该年利润 + 该年折旧 + 该年摊销额 + 该年利息费用 + 该年回收额$$

显然，若所得税为经营期现金流出量项目，则上述简化公式中的利润应当为净利润，若经营期现金流出项目中不包括所得税因素，则上述简化公式中的利润应当为营业利润。按我国现行制度规定，在财务可行性研究中，确定全投资现金流量时，应将所得税因素作为现金

流出项目处理。因此，在一般情况下，计算经营净现金流量的简化公式中的利润为净利润。

当回收额为零时的经营期内净现金流量又称为经营净现金流量。按照有关回收额均发生在终结点上(更新改造项目除外)的假设，经营期内回收额不为零时的净现金流量也称为终结点净现金流量；显然终结点净现金流量等于终结点那一年的经营净现金流量与回收额之和。

由于经营期净现金流量大多为正值，故也有人称之为净现金流入量。严格地说，这种说法不够科学，因为它混淆了现金流入量和净现金流量的界限。

第三节　项目投资决策评价指标及其计算

一、投资决策评价指标及其类型

投资决策评价指标，是指用于衡量和比较投资项目可行性，以便据以进行方案决策的定量化标准与尺度。从财务评价的角度，投资决策评价指标主要包含静态投资回收期、投资收益率、净现值、现值指数、内部收益率。

评价指标可以按以下标准进行分类：

(1)按照是否考虑资金时间价值分类，可分为静态评价指标和动态评价指标。前者是指在计算过程中不考虑资金时间价值因素的指标，又称为静态指标，包括投资收益率和静态投资回收期；后者是指在指标计算过程中充分考虑和利用资金时间价值的指标。

(2)按指标性质不同，可分为在一定范围内越大越好的正指标和越小越好的反指标两大类。只有静态投资回收期属于反指标。

(3)按指标在决策中的重要性分类，可分为主要指标、次要指标和辅助指标。净现值、内部收益率等为主要指标；静态投资回收期为次要指标；投资收益率为辅助指标。

二、贴现法指标

采用贴现法评估企业投资方案，主要的特征是所使用的经济指标均考虑了资金时间价值，因此这类方法也称为贴现现金流量分析技术，它主要包括净现值法、现值指数法、内含报酬率法三种方法。

(一)净现值法

净现值法是考虑了资金时间价值，把投资方案中未来现金流入量的总现值与现金流出量的总现值进行比较，求得净现值，借以比较确定投资方案优劣的一种投资方案评估方法。净现值，是指某一特定方案未来现金流入量的现值与未来现金流出量的现值之间的差额。按照这种方法，所有未来的现金流入和现金流出都要按照预定的贴现率折算为它们现在的价值，然而再计算它们之间的差额。如果净现值为正数，说明该投资项目的投资报酬率大于预定的贴现率；如果净现值为负数，说明该投资项目的投资报酬率小于预定的贴现率。其计算公式如下：

$$净现值 = \sum_{k=1}^{n} \frac{I_k}{(1+i)^k} - \sum_{k=1}^{n} \frac{O_k}{(1+i)^k}$$

式中　n——投资年限；

$\quad\quad I_k$——第 k 年的现金流入量；

$\quad\quad O_k$——第 k 年的现金流出量；

$\quad\quad i$——预定的贴现率。

【例4-2】　假定甲、乙、丙三个方案的贴现率为10%，有甲、乙、丙三个投资方案，有关资料如表4-1所示，请选择出最佳方案。

表4-1　某投资方案现金流量表　　　　　　　　　单位：元

期间	甲方案		乙方案		丙方案	
	净收益	现金净流量	净收益	现金净流量	净收益	现金净流量
0		(100 000)		(90 000)		(120 000)
1	10 000	30 000	10 000	40 000	25 000	90 000
2	15 000	40 000	10 000	40 000	5 000	60 000
3	5 000	60 000	10 000	40 000		
合计	30 000	30 000	30 000	30 000	30 000	30 000

甲方案净现值 = (30 000×0.909 1 + 40 000×0.826 4 + 60 000×0.751 3) - 100 000

$\quad\quad\quad\quad\quad\quad$ = 105 407 - 100 000 = 5 407（元）

乙方案净现值 = (40 000×0.909 1 + 40 000×0.826 4 + 40 000×0.751 3) - 90 000

$\quad\quad\quad\quad\quad\quad$ = 99 472 - 90 000 = 9 472（元）

丙方案净现值 = (90 000×0.909 1 + 60 000×0.826 4) - 120 000

$\quad\quad\quad\quad\quad\quad$ = 131 403 - 120 000

$\quad\quad\quad\quad\quad\quad$ = 11 403（元）

通过上述计算可以看出：甲、乙、丙三个投资方案的总收益均为30 000元，但是由于获得收益的数额和时间顺序不同，按照考虑资金时间价值计算的三个方案的净现值分别为：甲方案5 407元，乙方案9 472元，丙方案11 403元，三个方案的净现值都大于零，说明这三个方案都是有利方案，但是相比之下，丙方案的净现值最大，应该是最佳方案，这主要是因为丙方案在投资后的第一年就收回全部收益的75%，第二年又收回50%，回收投资快，投资风险小。

净现值法所依据的原理是，假设预计的现金流入在年末一定可以实现，并把原始投资看成是按预定贴现率借入的。当净现值为正数时，方案中所有的收益偿还本息后，仍然有剩余的收益；当净现值为零时，方案中所有收益正好用来偿还本息，没有剩余收益；当净现值为负数时，方案中所有收益不仅没有剩余收益，而且不够偿还本金。

在实际工作中，净现值法主要应该解决的是贴现率的确定问题。人们一般通过两种方法来确定贴现率：一种方法是根据资本成本率来确定；另一种是根据企业要求的最低资金利润率来确定。相比之下，根据资本成本率确定贴现率，资本成本的计算比较困难，应用范围有限；根据企业要求的最低资金利润率确定贴现率，比较简单易行。

（二）现值指数法

现值指数法，是指通过投资方案现金流入量的总现值同现金流出量的总现值之比，用以说明每一单位的现金流出，可以获得的现金流入量的现值是多少的一种投资方案的评价方法。如果把现金流出看作投资成本，把现金流入的现值看作收益，则现值指数也称为贴现后成本收益率，或称获利指数。

净现值是一个绝对值，由于不同投资方案的投资额不尽相同，因此用绝对值表现的净现值就不好比较。现值指数是一种反映投资回收能力的相对指标。简单地说，现值指数是未来现金流入现值与现金流出现值的比率，其计算公式如下：

$$现值指数（PI） = \frac{\sum\limits_{k=1}^{n} \dfrac{I_k}{(I+i)^k}}{\sum\limits_{k=1}^{n} \dfrac{O_k}{(I+i)^k}}$$

式中　n——投资年限；

　　　I_k——第 k 年的现金流入量；

　　　O_k——第 k 年的现金流出量；

　　　i——预定的贴现率。

现值指数法的一般规律是：现值指数大于1，说明以现值表示的现金流入量不仅能还本付息，而且还有剩余利益；如果现值指数等于1，说明以现值表示的现金流入量刚好够还本付息，没有剩余利益；如果现值指数小于1，说明以现值表示的现金流入量不仅没有剩余利益，而且不够还本付息。

继续按照表4-1有关资料计算如下：

$$甲方案的现值指数 = \frac{105\ 407}{100\ 000} = 1.054$$

$$乙方案的现值指数 = \frac{99\ 472}{90\ 000} = 1.105$$

$$丙方案的现值指数 = \frac{131\ 403}{120\ 000} = 1.095$$

通过上述计算可以看出：如果按照现值指数法评价甲、乙、丙三个方案，尽管三个方案的结果都能达到预期的投资报酬率，但相比之下，乙方案最优，丙方案次之，甲方案最差。这个结论与净现值法有所不同，就在于净现值法所使用的指标是绝对数指标，净现值额的大小反映不出投资额的多少，因而反映不出投资收益的高低。而现值指数法所使用的指标是相对数指标，即使投资方案中的投资额有所不同，也能客观地反映出不同投资方案的投资效益的高低。

净现值法和现值指数法虽然是两种不同的评价方法，两种方法所确定的指标所起的作用也有所不同，但都是投资方案的现金流入量现值和现金流出量现值比较的结果。净现值以绝对数表示投资方案的预期经济效益，现值指数仅表示投资方案的相对获利能力。尽管现值指数法考虑了资金时间价值，计算也比较方便，但缺点是只知道未来的投资报酬率大于或小于最低的投资报酬率，而不能知道各个投资方案的实际投资报酬率。

(三) 内含报酬率法

内含报酬率是指投资项目未来的现金流入量的现值等于项目的初始现金流出量时的贴现利率。内含报酬率法就是指对不同投资方案的现金流入量进行贴现，使所得的总现值恰好与现金流出量的总现值相等，净现值等于零，人们通过比较不同方案净现值等于零的贴现率大小，并以此为标准确定最佳方案的一种投资方案评价方法。内含报酬率一般用 IRR 来表示。如果初始现金流出量或成本发生在第 0 期，那么它可以用内含报酬率表示如下：

$$A_0 = \sum_{k=1}^{n} \frac{I_k}{(1+IRR)^k}$$

式中　n——计算期；

　　　A_0——初始现金流出量或原始投资额；

　　　I_k——第 k 年的现金流入量；

　　　IRR——内含报酬率。

当　　　　　　　　　　　　$A_0 = \sum_{k=1}^{n} I_k = A_0,$

则　　　　　　　　　　　　$1 + IRR = 1 \quad IRR = 0$

上述情况表明，在未来现金流入量的总现值和初始投资额相等的情况下，内含报酬率为零，投资者所作的投资没有取得任何盈利。

当　　　　　　　　　　　　$A_0 = \sum_{k=1}^{n} I_k > A_0,$

则　　　　　　　　　　　　$1 + IRR > 1 \quad IRR > 0$

上述情况表明，在未来现金流入量的总现值小于初始投资额的情况下，内含报酬率为负数，投资者所作的投资不仅没有盈利，而且原始投资额的一部分损失收不回来。

可以利用上述公式将表 4-1 的有关内容表示如下：

甲方案：$100\,000 = \dfrac{30\,000}{(1+IRR)^1} + \dfrac{40\,000}{(1+IRR)^2} + \dfrac{60\,000}{(1+IRR)^3}$

乙方案：$90\,000 = \dfrac{40\,000}{(1+IRR)^1} + \dfrac{40\,000}{(1+IRR)^2} + \dfrac{40\,000}{(1+IRR)^3}$

丙方案：$120\,000 = \dfrac{90\,000}{(1+IRR)^1} + \dfrac{60\,000}{(1+IRR)^2}$

内含报酬率的计算通常根据不同的情况分别采用插值法和逐次测试法。如果每期现金流入量相等，就直接采用插值法；如果每期现金流入量不相等，就需要采用逐次测试法通过测试加以确定。

例如，表 4-1 中的乙方案就可以通过插值法来计算。根据资料，可以求得该方案的现值系数为 $2.25(90\,000/40\,000)$。经查表：三年期现值系数为 2.25 的贴现率在 $15\% \sim 16\%$，采用插值法求得乙方案的内含报酬率为：

贴现率		年金现值系数	
15%	⎱	2.283 2	⎱
?% ⎱$x\%$⎰1%		2.25 ⎱0.033 2⎰0.037 3	
16%	⎰	2.245 9	⎰

$$\frac{x\%}{1\%} = \frac{0.033\ 2}{0.037\ 3}$$

$$x = 0.89$$

即

乙方案 $IRR = 15\% + 0.89\% = 15.89\%$；

或

乙方案 $IRR = 15\% + \dfrac{2.283\ 2 - 2.25}{2.283\ 2 - 2.245\ 9} \times (16\% - 15\%) = 15.89\%$。

表 4-1 中的甲方案和丙方案的每期现金流入量不相等，计算内含报酬率就比较复杂，需要采用逐次测试法进行测试，测试的一般程序是：先估算一个贴现率，将未来各年得现金流入量统一换算为现值，然后相加，求出现值总额，再把它与原投资额进行比较，如果净现值大于零，说明该投资方案可达到的内含报酬率比所测试得贴现率大，可找一个稍大的贴现率次进行测试，如果测试结果净现值还大于零，就继续找稍大一些的贴现率再进行测试；一直到测试结果出现负数，就可以断定出，该方案的内含报酬率介于最小的正数和最大的负数之间（因为内含报酬率的净现值为零），然后用插值法计算出最后的结果。测试过程可见表 4-2。

表 4-2　甲方案内含报酬率测试表

时间	每期现金流入量	12%		13%	
		现值系数	现值	现值系数	现值
0	−100 000	1.000	−100 000	1.000	−100 000
1	30 000	0.893	26 790	0.885	26 550
2	40 000	0.797	31 880	0.783	31 320
3	60 000	0.712	42 720	0.693	41 580
净现值			1 390		−550

第一次测试，用 12% 的贴现率计算，其净现值为 1 390，说明该方案的内含报酬率大于 12%。

第二次测试，用 13% 的贴现率计算，其净现值为 −550，说明该方案的内含报酬率小于 13%。

由此可以推定，该方案的内含报酬率在 12% ~ 13%。在此基础上进一步运用插值法就可以求得甲方案的内含报酬率为

贴现率　　　　　　　　　　　年金现值系数

$$\left.\begin{array}{l}12\% \\ ?\%\ \}x\% \\ 13\%\end{array}\right\}1\% \qquad \left.\begin{array}{l}1\ 390 \\ 0\ \}1\ 390 \\ -350\end{array}\right\}1\ 940$$

$$\frac{x\%}{1\%} = \frac{1\ 390}{1\ 940}$$

$$x = 0.72$$

即

甲方案 $IRR = 12\% + 0.72\% = 12.72\%$。

同样，可以求得丙方案的内含报酬率，有关资料见表4-3。

第一次测试，用16%的贴现率计算，其净现值为2 160，说明该方案的内含报酬率大于16%。

表4-3　丙方案内含报酬率测试表

时间	现金流入量	16%		17%		18%	
		现值系数	现值	现值系数	现值	现值系数	现值
0	-120 000	1.000	-120 000	1.000 0	-120 000	1.000	-120 000
1	90 000	0.862	77 580	0.855	76 950	0.847	76 230
2	60 000	0.743	44 580	0.731	43 860	0.718	43 080
净现值			2 160		810		-690

第二次测试，用17%的贴现率计算，其净现值为810，说明该方案的内含报酬率大于17%。

第三次测试，用18%的贴现率计算，其净现值为-690，说明该方案的内含报酬率小于18%。

由此可以推定，该方案的内含报酬率在17%~18%。进一步运用插值法，求得丙方案的内含报酬率为

$$丙方案\ IRR = 17\% + \frac{810 - 0}{810 - (-690)} \times (18\% - 17\%) = 17.54\%$$

根据计算结果，甲方案的内含报酬率为12.72%，乙方案为15.89%，丙方案为17.54%，用这种方法评价，最佳方案是丙方案。

内含报酬率反映的是方案本身的收益能力和获利水平。评价投资效益时，内含报酬率和一般的利率相比，如果内含报酬率大于一般利率，说明投资收入大于利息；内含报酬率和投资时的平均报酬率相比，大于或等于平均报酬率，投资方案就是可行的，反之，则不可行。

内含报酬率法和现值指数法既有相似之处也有区别。相似之处是：两者都是根据相对数来评价投资方案的。但在评价时一定要注意，相对数高的方案的绝对数不一定大，就和利润高不等于利润率大的道理一样。两者的区别是：现值指数法事先需要确定一个合适的贴现率，以便将现金流量折为现值，贴现率的高低将会影响投资方案的优先次序；而计算内含报酬率时不必事先确定贴现率，根据内含报酬率就可以排定独立投资的优先次序。

三、非贴现法指标

采用非贴现法评估企业投资方案，主要的特征是所用的经济指标均不考虑资金时间价值，它把不同时间的现金流量看成等值的，因此这类方法也称为非贴现现金流量分析技术，实际工作中经常采用的主要有投资报酬率法和投资回收期法两种方法。

（一）投资报酬率法

投资报酬率（记作 ROI），称作投资利润率，或称会计收益率，是指某投资项目生产经营

期正常年度利润额或各年平均利润额占投资总额的比率。其计算公式如下：

$$投资报酬率(ROI) = \frac{正常年度利润或年平均利润}{投资总额} \times 100\%$$

投资报酬率法的决策标准为：投资项目的投资报酬率越高越好，低于无风险投资利润率的方案为不可行方案。

仍以表4-1所给资料为例进行计算分析。

$$甲方案投资报酬率 = \frac{30\ 000 \div 3}{100\ 000} \times 100\% = 10\%$$

$$乙方案投资报酬率 = \frac{30\ 000 \div 3}{90\ 000} \times 100\% = 11.11\%$$

$$丙方案投资报酬率 = \frac{30\ 000 \div 2}{120\ 000} \times 100\% = 12.5\%$$

根据计算结果，三个投资方案由优到劣的排序为：丙方案、乙方案、甲方案。

投资报酬率法的优点是简单、明了、易于掌握、数据资料容易取得，评价方法不受建设期的长短、投资的方式、回收额的有无以及净现值流量大小等条件的影响，能够说明各投资方案的收益水平。该方法的缺点：一是没有考虑资金时间价值，不能正确反映建设期长短及投资方式不同对投资项目的影响；二是该方法所使用的指标，分子、分母时间特征不一致，分子是时期指标，分母是时点指标，因而在计算口径上可比性基础较差；三是该方法计算有关指标时依据的是会计数据，无法直接利用净现值流量等信息；四是没有考虑到现金流入和现金流出的时间性。

（二）投资回收期法

投资回收期法是通过计算比较不同方案的投资回收期，来分析评价投资决策方案的一种方法。

投资回收期是指由投资引起的现金流入量累计到与投资额相等所需要的时间。简单来说，就是收回原始投资所需要的时间，也就是投资项目经营现金流入量抵偿原始投资所需要的全部时间。投资回收期指标一般以年为单位，计算时往往计算两个指标：一个是项目计算期（建设期加生产经营期）的投资回收期，用 PP 表示；另一个是生产经营期（不包括建设期）的投资回收期，用 PP' 表示，由于建设期 $S = PP - PP'$，因此，PP 和 PP' 只要求得其中一种形式，就可以推算出另一种形式。一般情况下，投资回收期越短，投资方案越有利。

如果一项长期投资资金的投入均集中发生在建设期内，投产后每年现金流入量相等，投资回收期的计算方法就是：

$$投资回收期 = \frac{投资额}{年均\ NCF}$$

如果一项长期投资项目是分期建设的，一期工程完工后就开始投产，边生产边建设，投产后每年现金流入量不相等，这种情况计算投资回收期比较困难，一般是逐年累计各年现金流入量，一直累计到现金流入量总额与累计的投资额相等时为止。以表4-4所提供的资料进行分析计算，如表4-4所示。

表 4-4　甲方案投资回收情况表　　　　　　　　　　　单位：元

时期	现金流量	投资回收期	未回收额
0	-100 000		100 000
1	30 000	30 000	70 000
2	40 000	40 000	30 000
3	60 000	30 000	0

根据上述资料，该方案投资额为 100 000 元，投产后第一年收回 30 000 元，还有 70 000 元尚未收回，第二年收回 40 000 元，还有 30 000 元尚未收回，第三年可流入现金 60 000 元，因此，可以断定，投资回收期在两年以上，三年以内，由于第三年可流入现金 60 000 元，其中用 30 000 元就可以将剩余的尚未收回的投资额全部收回，也就是说，第三年只要用半年的时间就可以把剩余的投资全部收回（全年可收回 60 000 元）。即

$$甲方案\ PP = 2 + \frac{30\ 000}{60\ 000} = 2.5（年）$$

乙方案每年的现金流入量都是相等的，因此可以直接利用公式计算其投资回收期，计算过程如下：

$$乙方案\ PP = \frac{90\ 000}{40\ 000} = 2.25（年）$$

丙方案的投资回收期的计算方法和甲方案一样，具体资料见表 4-5。

表 4-5　丙方案投资回收情况表　　　　　　　　　　　单位：元

时期	现金流量	投资回收期	未回收额
0	-120 000		120 000
1	90 000	90 000	30 000
2	60 000	30 000	0

根据表 4-5 的有关资料，该方案投资额为 120 000 元，第一年收回 90 000 元，还有 30 000 元尚未收回，第二年将会有 60 000 元的现金流入量，这样可以断定，该方案的投资回收期在一年以上、两年之内。第二年 60 000 元的现金流入量中只用 30 000 元就可以把剩余的投资额收回，即

$$丙方案\ PP = 1 + \frac{30\ 000}{60\ 000} = 1.5（年）$$

投资回收期法的优点是可以直观地反映原始投资额的返本期限，计算简单，便于理解，是传统的应用比较广泛的投资方案决策评价方法。但是，由于没有考虑资金时间价值因素，又没有考虑回收期满后继续发生的现金流量的变化情况，这种方法也存在一定的局限性。

第四节　项目投资决策评价指标的运用

项目投资决策的关键，就是合理选择适当的决策方法，利用投资决策评价指标作为决策的标准，做出最终的投资决策。

一、独立方案财务可行性评价及投资决策

（一）独立方案的含义

在财务管理中，将一组互相分离、互不排斥的方案称为独立方案。在独立方案中，选择某一方案并不排斥选择另一方案。就一组完全独立的方案而言，其存在的前提条件是：①投资资金来源无限制；②投资资金无优先使用的排列；③各投资方案所需的人力、物力均能得到满足；④不考虑地区、行业之间的相互关系及其影响；⑤每一投资方案是否可行，仅取决于本方案的经济效益，与其他方案无关。

符合上述前提条件的方案即为独立方案。例如，某企业拟进行几项投资活动，这一组投资方案有：扩建某生产车间；购置一辆运输汽车；新建办公楼等。这一组投资方案中各个方案之间没有什么关联，互相独立，并不存在相互比较和选择的问题。企业既可以全部不接受，也可以接受其中一个、接受多个或全部接受。

（二）独立方案的财务可行性评价与投资决策的关系

对于独立方案而言，评价其财务可行性也就是对其做出最终决策的过程。因为对于一组独立方案中的任何一个方案，都存在着"接受"或"拒绝"的选择。只有完全具备或基本具备财务可行性的方案，才可以接受；完全不具备或基本不具备财务可行性的方案，只能选择"拒绝"，"拒绝"本身也是一种方案，一般称之为0方案。因此，任何一个独立方案都要与0方案进行比较决策。

（三）评价方案财务可行性的要点

评价方案财务可行性应掌握以下要点：

1. 判断方案是否完全具备财务可行性的条件

如果某一投资方案的所有评价指标均处于可行区间，即同时满足以下条件时，则可以断定该投资方案无论从哪个方面看都具备财务可行性，或完全具备可行性。这些条件是：①净现值 $NPV \geqslant 0$；②获利指数 $PI \geqslant 1$；③内部收益率 $IRR \geqslant$ 基准折现率 ic；④包括建设期的静态投资回收期 $PP \leqslant \dfrac{n}{2}$（即项目计算期的一半）；⑤不包括建设期的静态投资回收期 $PP' \leqslant \dfrac{n}{2}$（即运营期一半）；⑥投资收益率 $ROI \geqslant$ 基准投资收益率 i（事先给定）。

2. 判断方案是否完全不具备财务可行性的条件

如果某一投资项目的评价指标均处于不可行区间，即同时满足以下条件时，则可以断定该投资项目无论从哪个方面看都不具备财务可行性，或完全不可行性，应当彻底放弃该投资方案。这些条件是：①$NPV < 0$；②$PI < 1$；③$IRR < ic$；④$PP > \dfrac{n}{2}$；⑤$PP' > \dfrac{n}{2}$；⑥$ROI < ic$。

3. 判断方案是否基本具备财务可行性的条件

如果在评价过程中发现某项目的主要指标处于可行区间（如 $NPV \geqslant 0$, $PI \geqslant 1$, $IRR \geqslant ic$），但次要或辅助指标处于不可行区间（如 $PP > \frac{n}{2}$, $PP' > \frac{n}{2}$ 或 $ROI < i$），则可以判定该项目基本上具备财务可行性。

4. 判断方案是否基本不具备财务可行性的条件

如果在评价过程中发现某项目出现 $NPV < 0$, $PI < 1$, $IRR < ic$ 的情况，即使有 $PP \leqslant \frac{n}{2}$, $PP' \leqslant \frac{n}{2}$ 或 $ROI \geqslant i$ 发生，也可断定该项目基本上不具有财务可行性。

（四）其他应当注意的问题

在对独立方案进行财务可行性评价过程中，除了要熟练掌握和运用上述判定条件外，还必须明确以下两点：

第一，主要评价指标在评价财务可行性的过程中起主导作用。

在对独立项目进行财务可行性评价和投资决策过程中，当静态投资回收期（次要指标）或投资收益率（辅助指标）的评价结论与静态现值等主要指标的评价结论发生矛盾时，应当以主要指标的结论为准。

第二，利用动态指标对同一个投资项目进行评价和决策，会得到完全相同的结论。

在对同一个投资项目进行财务可行性评价时，净现值、获利指数和内部收益率指标的评价结论是一致的。

【例 4-3】　某固定资产项目只有一个方案，其原始投资为 1 000 万元，项目计算期为 11 年（其中生产经营期为 10 年），基准投资收益率为 9.5%，行业基准折现率为 10%。

有关投资决策评价指标如下：$ROI = 10\%$, $PP = 6$ 年, $PP' = 5$ 年, $NPV = +162.65$ 万元, $PI = 1.170\,4$, $IRR = 12.73\%$。

要求：评价该项目的财务可行性。

解：

$\because ROI = 10\% > i = 9.5\%$, $PP' = 5$ 年 $= \frac{n}{2}$, $NPV = +162.65$ 万元 > 0

$PI = 1.170\,4 > 1$, $IRR = 12.73\% > ic = 10\%$

该方案基本上具有财务可行性（尽管 $PP = 6$ 年 $> \frac{n}{2} = 5.5$ 年，超过基准回收期）

因为该方案各项主要评价指标均达到或超过相应标准，所以基本上具有财务可行性，只是包括建设期的投资回收期较长，有一定风险，如果条件允许，可实施投资。

二、多个互斥方案的比较决策

互斥方案是指互相关联、互相排斥的方案，即一组方案中的各个方案可以相互代替，采纳方案组中的某一方案，就会自动排斥这组方案中的其他方案。因此，互斥方案具有排他性。

多个互斥方案比较决策是指在每一个入选方案已具备财务可行性的前提下，利用具体决策方法比较各个方案的优劣,利用评价指标从各个备选方案中最终选出一个最优方案的过程。

项目投资多方案比较决策的方法是指利用特定评价指标作为决策标准或依据的各种方法的统称,主要包括净现值法、净现值率法、差额投资内部收益率法、年等额净回收额法和计算期统一法等具体方法。

(一)净现值法

净现值法,是指通过比较所有已具备财务可行性投资方案的净现值指标的大小来选择最优方案的方法。该法适用于原始投资相同且项目计算期相等的多方案比较决策。

运用净现值法时,净现值最大的方案为优。

【例4-4】 某个固定资产投资项目需要原始投资100万元,有A、B、C、D四个互相排斥的备选方案可供选择,各方案的净现值指标分别为228.914万元、117.194万元、206.020万元和162.648万元。

要求:(1)评价每一方案的财务可行性;

(2)按净现值法进行比较决策。

解答:(1)评价方案的财务可行性:

∵ A、B、C、D每个备选方案的NPV均大于零

这些方案均具有财务可行性

(2)按净现值法进行比较决策:

∵ 228.914 > 206.020 > 162.648 > 117.194

A方案最优,其次为C方案,再次为D方案,最差为B方案

(二)净现值率法

净现值率法,是指通过比较所有已具备财务可行性投资方案的净现值率指标的大小来选择最优方案的方法。运用净现值率法时,净现值率最大的方案为优。

在投资额相同的互斥方案比较决策中,采用净现值率法会与净现值法得到完全相同的结论;但投资额不相同时,情况有所不同。

【例4-5】 A项目与B项目为互斥方案,它们的项目计算期相同。A项目原始投资的现值为150万元,净现值为29.97万元;B项目原始投资的现值为100万元,净现值为24万元。要求:

(1)分别计算两个项目的净现值率指标(结果保留两位小数);

(2)讨论能否运用净现值法或净现值率法在A项目和B项目之间做出比较决策。

解:(1)计算净现值率:

A项目的净现值率 $= \dfrac{29.97}{150} \approx 0.20$

B项目的净现值率 $= \dfrac{24}{100} = 0.24$

(2)在净现值法下:

∵ 29.97 > 24

∴ A项目优于B项目

在按照净现值率法下

∵ 0.24 > 0.20

∴ B 项目优于 A 项目

由于两个项目的原始投资额不相同，导致两种方法的决策结论相互矛盾，似乎无法据此做出相应的比较决策。但前者在投资报酬率的基点是相对合理的资金成本，而后者在投资报酬率是基于一个相对较高的内含报酬(高于净现值法的资金成本)。考虑到两者在再投资报酬假设上的区别，净现值法将更具合理性。

(三)差额投资内部收益率法

差额投资内部收益率法，是指在两个原始投资额不同方案的差量净现金流量(记作 NCF')的基础上，计算出差额内部收益率(记作 IRR)并与行业基准折现率进行比较，进而判断方案孰优孰劣的方法。该法适用于两个原始投资不相同，但项目计算期相同的多方案比较决策。当差额内部收益率指标大于或等于基准折现率或设定折现率时，原始投资额大的方案较优；反之，则投资少的方案为优。

该法适用于两个原始投资不相同的多方案的比较决策。其原理如下：

假定有 A 和 B 两个投资方案，A 方案的投资额大，B 方案的投资额小。可以把 A 方案看成两个方案之和。第一个方案是 B 方案，即把 A 方案的投资用于 B 方案；第二个方案是 C 方案。用于 C 方案投资的是 A 方案投资额与 B 方案投资额之差。因为把 A 方案的投资用于 B 方案会因此而节约一定的投资，可以作为 C 方案的投资资金来源。

C 方案的净现金流量等于 A 方案的净现金流量减去 B 方案的净现金流量而形成的差量净现金流量 ΔNCF。根据 ΔNCF 计算出来的差额内部收益率 ΔIRR，其实质就是 C 方案的内部收益率。

在这种情况下，A 方案等于 B 方案与 C 方案之和；A 方案与 B 方案的比较，相当于 B 与 C 两个方案之和与 B 方案的比较。如果差额内部收益率 ΔIRR 大于基准折现率，则 C 方案具有财务可行性，这就意味着 A 方案优于 B 方案；如果差额内部收益率 ΔIRR 小于基准折现率，则 C 方案不具有财务可行性，这就意味着 B 方案优于 A 方案。

差额投资内部收益率法经常被用于更新改造项目的投资决策中，当该项目的差额内部收益率指标大于或等于基准折现率或设定折现率时，应当进行更新改造；反之，就不应当进行此项更新改造。

差额投资内部收益率 ΔIRR 的计算过程和计算技巧同内部收益率 IRR 完全一样，只是所依据的是 ΔNCF。

【例4-6】 仍按【例4-5】资料，A 项目原始投资的现值为 150 万元，1~10 年的净现值流量为 29.29 万元；B 项目的原始投资额为 100 万元，1~10 年的净现值流量为 20.18 万元。行业基准折现率为 10%。要求：

(1)计算差量净现金流量 ΔNCF；

(2)计算差额内部收益率 ΔIRR；

(3)用差额投资内部收益率法做出比较投资决策。

解： (1)差量净现值流量为

$$\Delta NCF_0 = -150 - (-100) = -50(万元)$$

$\Delta NCF_{1 \sim 10} = 29.29 - 20.18 = 9.11$（万元）

（2）差额内部收益率 ΔIRR 为

$$(P/A, \Delta IRR, 10) = \frac{50}{9.11} \approx 5.488\,5$$

$\because (PA/A, 12\%, 10) = 5.650\,2 > 5.488\,5$

$(PA/A, 14\%, 10) = 5.216\,1 < 5.488\,5$

$\therefore 12\% < \Delta IRR < 14\%$，应用内插法：

$$\Delta IRR = 12\% + \frac{5.650\,2 - 5.488\,5}{5.650\,2 - 5.216\,1} \times (14\% - 12\%) \approx 12.74\%$$

（3）用差额投资内部收益率法决策：

$\because \Delta IRR = 12.74\% > ic = 10\%$

$\therefore$ 应当投资 A 项目

（四）年等额净回收额法

年等额净回收额法，是指通过比较所有投资方案的年等额净回收额（记作 NA）指标的大小来选择最优方案的决策方法。该法适用于原始投资不相同、特别是项目计算期不同的多方案比较决策。运用年等额净回收额法时，年等额净回收额最大的方案为优。

某方案的年等额净回收额等于该方案净现值与相关回收系数（或年金现值系数倒数）的乘积。计算公式如下：

$$某方案年等额净回收额 = 该方案净现值 \times 回收系数$$

或 $$某方案年等额净回收额 = 该方案净现值 \times \frac{1}{年金现值系数}$$

【例 4-7】 某企业拟投资建设一条新生产线。现有三个方案可供选择：A 方案的原始投资为 1 250 万元，项目计算期为 11 年，净现值为 958.7 万元；B 方案的原始投资为 1 100 万元，项目计算期为 10 年，净现值为 920 万元；C 方案的净现值为 -12.5 万元。行业基准折现率为 10%。要求：

（1）判断每个方案的财务可行性；

（2）用年等额回收额法作出最终的投资决策（计算结果保留两位小数）。

解：（1）判断方案的财务可行性：

$\because$ A 方案 B 方案的净现值均大于零

$\therefore$ 这两个方案具有财务可行性

$\because$ C 方案的净现值小于零

$\therefore$ 该方案不具有财务可行性

（2）比较决策：

$$A 方案的年等额净回收额 = A 方案的净现值 \times \frac{1}{(P/A, 10\%, 11)}$$

$$= 958.7 \times \frac{1}{6.495\,06} = 147.6（万元）$$

$$B 方案的年等额净回收额 = B 方案的净现值 \times \frac{1}{(P/A, 10\%, 10)} = 920 \times \frac{1}{6.144\,57} =$$

149.7(万元)

∵ 149.7 > 147.6

∴ B 方案优于 A 方案

三、多方案组合排列投资决策

(一)组合或排队方案的含义

如果一组方案中既不属于相互独立,又不属于相互排斥,而是可以实现任意组合或排队,则这些方案被称作组合或排队方案,其中又包括先决方案、互补方案和不完全互斥方案等形式。在这种方案决策中,除了要求首先评价所有方案的财务可行性,淘汰不具备财务可行性的方案外,在接下来的决策中需要反复衡量和比较不同组合条件下有关评价指标的大小,从而做出最终决策。

(二)组合或排队方案决策的含义

这类决策分两种情况:①在资金总量不受限制的情况下,可按每一项目的净现值 NPV 大小排队,确定优先考虑的项目顺序。②在资金总量受到限制时,则需按净现值率 NPVR 或获利指数 PI 的大小、结合净现值 NPV 进行各种组合排队,从中选出能使 NPV 最大的最优组合。

(三)组合或排队方案决策的程序

具体程序如下:

第一,以各方案的净现值率高低为序,逐项计算累计投资额,并与限定投资总额进行比较。

第二,当截止到某项投资项目(假定为第 j 项)的累计投资额恰好达到限定的投资总额时,则第 1 至第 j 项的项目组合为最优的投资组合。

第三,若在排序过程中未能直接找到最优组合,必须按下列方法进行必要的修正。

首先,当排序中发现第 j 项的累计投资额首次超过限定投资额,而删除该项后,按顺延的项目计算的累计投资额却小于或等于限定投资额时,可将第 j 项与第 (j+1) 项交换位置,继续计算累计投资额。这种交换可连续进行。

其次,当排序中发现第 j 项的累计投资额首次超过限定投资额,又无法与下一项进行交换,第 (j-1) 项的原始投资大于第 j 项原始投资时,可将第 j 项与第 (j-1) 项交换位置,继续计算累计投资额。这种交换也可连续进行。

最后,若经过反复交换,已不能再进行交换,仍未找到能使累计投资额恰好等于限定投资额的项目组合时,可按最后一次交换后的项目组合作为最优组合。

总之,在主要考虑投资效益的条件下,多方案比较决策的主要依据,就是能否保证在充分利用资金的前提下,获得尽可能多的净现值总量。

【例 4-8】 A、B、C、D、E 五个投资项目为非互斥方案,有关原始投资额、净现值、净现值率和内部收益率数据如表 4-6 所示。

表4-6 数据资料

项目	原始投资(万元)	净现值(万元)	净现值率	内部收益率
A	300	120	0.4	18%
B	200	40	0.2	21%
C	200	100	0.5	40%
D	100	22	0.22	19%
E	100	30	0.3	35%

分别就以下不相关情况做出多方案组合决策：

(1)投资总额不受限制；

(2)投资总额受到限制，分别为 200、300、400、450、500、600、700、800 和 900 万元。

解答：按各方案净现值率的大小排序，并计算累计原始投资和累计净现值数据。其结果如表4-7 所示。

表4-7 计算结果   金额单位：万元

顺序	项目	原始投资	累计原始投资	净现值	累计净现值
1	C	200	200	100	100
2	A	300	500	120	220
3	E	100	600	30	250
4	D	100	700	22	272
5	B	200	900	40	312

根据表4-7 数据按投资组合决策原则做如下决策：

(1)当投资总额不受限制或限额大于或等于900 万元时，最优投资组合方案为 A + C + B + E + D。

(2)当限定投资总额为 200 万元时，只能上 C 项目，可获 100 万元净现值，比另一组合 E + D 的净现值合计 52 万元多。

(3)当限定投资总额为 300 万元时，最优投资组合为 C + E(因为 A 和 E 可以进行交换)，净现值为 130 万元，大于其他组合：A、C + D、E + B 和 D + B。

(4)当限定投资总额为 400 万元时，最优投资组合为 C + E + D(这里 A 与 E、D 分别交换一次)。

在这一组合下可获净现值 152 万元，大于以下组合：A + E、A + D、C + B、E + D + B。

(5)当限定投资总额分别为 500、600 和 700 万元时，最优的投资组合分别为 C + A、C + A + E、C + A + E + D。

(6)当限定投资总额为 800 万元时，最优的投资组合为 C + A + E + B(这里 D 与 B 交换一次)，获得净现值 290 万元，大于 C + A + E + D 组合的净现值 272 万元。

(7)当限定投资总额为 450 万元时，最优组合仍为 C + E + D，此时累计投资总额为 400 万元(200 + 100 + 100)小于 450 万元，但实现的净现值仍比所有其他组合多。

同步训练

一、单项选择题

1. 在财务管理中，将企业为使项目完全达到设计生产能力、开展正常经营而投入的全部现实资金称为（　　）。

    A. 投资总额　　　　　B. 现金流量　　　　　C. 建设投资　　　　　D. 原始总投资

2. 项目投资决策中，完整的项目计算期是指（　　）。

    A. 建设期　　　　　　　　　　　　B. 经营期

    C. 建设期和达产期　　　　　　　　D. 建设期和经营期

3. 一个投资方案年营业收入 300 万元，年营业成本 210 万元，其中折旧 85 万元，所得税税率为 40%，则该方案年现金净流量为（　　）万元。

    Λ. 90　　　　　　　B. 139　　　　　　　C. 175　　　　　　　D. 54

4. 下列各项中，属于长期投资决策静态评价指标的是（　　）。

    A. 投资利润率　　　B. 获利指数　　　　C. 净现值　　　　　D. 内含报酬率

5. 下列评价指标中，其数值越小越好的指标是（　　）。

    A. 现值指数　　　　　　　　　　　B. 投资回收期

    C. 内含报酬率　　　　　　　　　　D. 投资利润率

6. 公司拟投资一固定资产项目 10 万元，投产后年营业收入 48 000 元，付现成本 13 000 元，预计有效期 5 年，按直线法计提折旧，无残值，所得税税率为 33%，则该项目（　　）。

    A. 回收期 2.86 年　　　　　　　　B. 回收期 3.33 年

    C. 回收期 3.2 年　　　　　　　　　D. 回收期 4.56 年

7. 当某方案的净现值大于零时，其内含报酬率（　　）。

    A. 可能小于零　　　　　　　　　　B. 一定小于零

    C. 一定大于设定的折现率　　　　　D. 不确定

8. 在单一方案决策过程中，与净现值评价结论可能发生矛盾的评价指标是（　　）。

    A. 现值指数　　　B. 投资回收期　　　C. 内含报酬率　　　D. 净现值率

9. 在投资项目评价指标中，不受建设期长短、投资方式、回收额的有无以及净现金流量大小影响的评价指标是（　　）。

    A. 投资回收期　　　B. 获利指数　　　C. 内含报酬率　　　D. 净现值率

10. 某投资方案，当折现率为 16% 时，其净现值为 338 元，当折现率为 18%，其净现值为 -22 元。则利用内插法计算该方案的内含报酬率为（　　）。

    A. 18.88%　　　　B. 16.12%　　　　C. 17.88%　　　　D. 18.14%

二、多项选择题

1. 当新建项目的建设期不为 0 时，建设期内各年的净现金流量可能（　　）。

    A. 小于 0　　　B. 等于 0　　　C. 大于 0　　　D. 大于 1

2. 下列项目中，属于经营期现金流入项目的有（　　）。

    A. 营业收入　　　　　　　　　　　B. 回收流动资金

    C. 回收固定资产余值　　　　　　　D. 其他现金流入

3. 下列各项中，既属于原始投资额，又构成项目投资总额的有(　　)。

    A. 固定资产投资　　　　　　　　　　B. 无形资产投资

    C. 资本化利息　　　　　　　　　　　D. 垫支的流动资金

4. A 企业拟新建一条生产线，需要在建设起点一次投入固定资产投资 200 万元，在建设期末投入无形资产投资 25 万元。建设期为 1 年，建设期资本化利息为 10 万元，全部计入固定资产原值。流动资金投资合计为 20 万元。根据上述资料计算正确的是(　　)。

    A. 固定资产原值 210 万元　　　　　　B. 建设投资 225 万元

    C. 原始投资 245 万元　　　　　　　　D. 项目总投资 255 万元

5. 某投资项目终结点年度的息税前利润为 100 万元，所得税税率为 30%，折旧 10 万元，回收流动资金 30 万元，固定资产净残值收入 10 万元。下列表述正确的有(　　)。

    A. 回收额为 40 万元　　　　　　　　B. 经营净现金流量为 80 万元

    C. 终结点税后净现金流量为 120 万元　D. 终结点税前净现金流量为 150 万元

6. 下列指标中，属于动态指标的有(　　)。

    A. 投资利润率　　　B. 获利指数　　　C. 净现值　　　　D. 内含报酬率

7. 在建设期不为 0 的完整工业投资项目中，分次投入的垫支流动资金的实际投资时间可以发生在(　　)。

    A. 建设起点　　　　B. 建设期末　　　C. 试产期内　　　D. 终结点

8. 下列长期投资决策评价指标中，其数值越大越好的指标是(　　)。

    A. 净现值　　　　　B. 投资回收期　　C. 内含报酬率　　D. 投资报酬率

9. 影响项目内含报酬率的因素包括(　　)。

    A. 投资项目的有效年限　　　　　　　B. 投资项目的现金流量

    C. 企业要求的最低投资报酬率　　　　D. 银行贷款利率

10. 判断方案是否完全不具备投资决策的可行性的标准是(　　)。

    A. 如果净现值 $NPV<0$，则说明未来现金流入的现值小于未来现金流出的现值，该投资项目的报酬率小于预定的折现率，不具备投资决策的可行性

    B. 如果现值指数 $PI<1$，说明投资项目未来报酬的现值合计小于原始投资的现值合计，不具备投资决策的可行性

    C. 如果内含报酬率＜基准收益率或资金成本，则说明投资项目未来报酬的现值小于要求的收益率或小于资金成本，不具备投资决策的可行性

    D. 如果内含报酬率＞基准收益率或资金成本，则说明投资项目未来报酬的现值大于要求的收益率或大于资金成本，不具备投资决策的可行性

三、判断题

1. 如果某一项目的净现值大于 0，则其获利指数必然大于 1。　　　　　　　　(　　)

2. 现金净流量是指一定期间现金流入量和现金流出量的差额。　　　　　　　(　　)

3. 一般情况下，使某投资方案的净现值小于零的折现率，一定小于该投资方案的内含报酬率。　　　　　　　　　　　　　　　　　　　　　　　　　　　　　(　　)

4. 投资利润率和投资回收期这两个静态指标的优点是计算简单，容易掌握，且均考虑了现金流量。　　　　　　　　　　　　　　　　　　　　　　　　　　　　(　　)

5. 投资项目评价的现值指数法和内含报酬率法都是根据相对比率来评价投资方案，因此都可以用于独立投资方案获利能力的比较，两种方法的评价结论也是相同的。　　（　　）

四、计算分析题

1. 航运公司准备购入一设备以扩充生产能力。现有甲、乙两个方案可供选择，甲方案需投资 20 000 元，使用寿命为 5 年，采用直线法计提折旧，5 年后设备无残值。5 年中每年销售收入 8 000 元，每年的付现成本为 3 000 元。乙方案需投资 24 000 元，使用寿命为 5 年，采用直线法计提折旧，5 年后有残值收入 4 000 元。5 年中每年销售收入 10 000 元。付现成本，第一年为 4 000 元，以后逐年增加修理费 200 元，另垫支营运资金 3 000 元。假设所得税率为 40%。要求计算两方案每年的现金净流量。

2. 某公司有一投资项目，需要投资 6 000 元（5 400 元用于购置设备，600 元用于追加流动资金）。预期该项目可使企业销售收入增加：第一年为 2 000 元，第二年为 3 000 元，第三年为 5 000 元。第三年末结束项目，收回流动资金 600 元，假设公司所得税率为 40%，固定资产按直线法在 3 年内计提折旧并不计残值。该公司要求的最低报酬率为 10%。要求：

（1）计算确定每年的现金净流量；

（2）计算该项目的净现值；

（3）计算该项目的投资回收期；

（4）判断该项目是否可行。

3. 某公司计划购入一套生产设备，成本为 11 000 元，设备投产后，第一年至第十年的预计现金流量均为 2 400 元，资本成本为 10%。要求计算该方案的净现值、内含报酬率和投资回收期。

4. 光华公司两个投资项目的现金流量如表 4-8 所示，该企业的资本成本为 10%。

表 4-8　光华公司现金流量表　　　　　　　　　单位：元

	0	1	2	3	4	5
甲方案 固定资产投资 营业现金流量	-6 000	2 200	2 200	2 200	2 200	2 200
合计	-6 000	2 200	2 200	2 200	2 200	2 200
乙方案 固定资产投资 流动资产垫支 营业现金流量 固定资产残值 营运资金回收	-8 000 -2 000	2 800	2 500	2 200	1 900	1 600 2 000 2 000
合计	-10 000	2 800	2 500	2 200	1 900	5 600

要求：

（1）分别计算两个方案的净现值；

（2）分别计算两个方案的获利指数；

（3）分别计算两个方案的投资回收期；

（4）分别计算两个方案的投资报酬率。

五、简答题

1. 投资的定义及其特点分别是什么？

2. 项目计算期的构成情况如何？

3. 原始总投资、建设投资、流动资金投资之间的关系如何？

4. 什么是现金流量？在长期投资决策过程中，为什么采用现金流量而不是采用会计利润作为评价的基础？

5. 长期投资决策用到哪些指标？利用长期投资决策的不同指标进行投资决策时，为什么会得出不同的投资结果？

六、参考案例

"伟达相机"新建项目投资决策

伟达相机制造厂是生产相机的中型企业，该厂生产的相机质量优良，价格合理，长期以来供不应求。为扩大生产能力，厂家准备新建一条生产线。负责这项投资决策工作的总会计师经过调查研究后，得到如下有关资料：

1. 该生产线的原始投资为12.5万元，分两年投入。第一年初投入10万元，第二年初投入2.5万元。第二年末项目完工可正式投产使用。投产后每年可生产相机1 000部，每部销售价格为300元，每年可获得销售收入30万元，投资项目可使用五年，五年后残值可忽略不计。在投资项目经营期间要垫支流动资金2.5万元，这笔资金在项目结束时可全部收回。

2. 该项目生产的产品总成本的构成如下：

材料费用　　20万元　　　　制造费用　　2万元

人工费用　　3万元　　　　　折旧费用　　2万元

总会计师通过对各种资金来源进行分析，得出该厂加权平均的资金成本为10%。

同时还计算出该项目的营业现金流量、现金流量、净现值，并根据其计算的净现值，认为该项目可行。有关数据见表4-9、表4-10和表4-11。

表4-9　投资项目营业现金流量计算表

伟达相机制造厂　　　　　　　　　　　　　　　　　　　　　　　　　　　　　　单位：元

项目	第1年	第2年	第3年	第4年	第5年
销售收入	300 000	300 000	300 000	300 000	300 000
现付成本	250 000	250 000	250 000	250 000	250 000
其中：材料费用	200 000	200 000	200 000	200 000	200 000
人工费用	30 000	30 000	30 000	30 000	30 000
制造费用	20 000	20 000	20 000	20 000	20 000
折旧费用	20 000	20 000	20 000	20 000	20 000
税前利润	30 000	30 000	30 000	30 000	30 000
所得税(33%)	9 900	9 900	9 900	9 900	9 900
税后利润	20 100	20 100	20 100	20 100	20 100
现金流量	40 100	40 100	40 100	40 100	40 100

表 4-10 投资项目现金流量计算表

伟达相机制造厂   单位：元

项目	投资建设期		生产期				
	第1年	第2年	第1年	第2年	第3年	第4年	第5年
初始投资	100 000	25 000					
流动资金垫支		25 000					
营业现金流量			40 100	40 100	40 100	40 100	40 100
设备残值							25 000
流动资金收回							25 000
现金流动合计	100 000	50 000	40 100	40 100	40 100	40 100	90 100

表 4-11 投资项目现金流量计算表

伟达相机制造厂   单位：元

时间	现金流量	10%贴现系数	净现值
−1	−100 000	1.000	−100 000
0	−50 000	0.909 1	−45 455
1	40 100	0.826 4	33 138.64
2	40 100	0.751 3	30 127.13
3	40 100	0.683 0	27 388.3
4	40 100	0.620 9	24 898.09
5	90 100	0.564 5	50 861.45
净现值			20 958.61

3. 厂部中层干部意见

(1)经营副总经理认为，在项目投资和使用期间，通货膨胀率大约在10%，将对投资项目各有关方面产生影响。

(2)基建处长认为，由于受物价变动的影响，初始投资将增长10%，投资项目终结后，设备残值也将增加到 37 500 元。

(3)生产处长认为，由于物价变动的影响，材料费用每年将增加 14%，人工费用也将增加 10%。

(4)财务处长认为，产品销售价格预计每年可增加 10%。

思考与分析：

(1)分析、确定影响伟达相机投资项目决策的各因素；

(2)根据影响伟达相机投资项目决策的各因素，重新计算投资项目的现金流量、净现值等；

(3)根据分析，计算结果，确定伟达相机项目投资决策。

第五章

证券投资管理

知识目标：

1. 了解证券投资的种类、目的及评价的主要依据；
2. 理解证券投资组合的策略和方法；
3. 掌握债券和股票的价值决策及风险分析。

技能目标：

1. 能够解释证券投资的风险与原因；
2. 能够运用债券的价值决策及风险理论进行债券投资分析；
3. 能够运用股票的价值决策及风险理论进行股票投资分析。

导语：

你想买债券或股票吗？你听说过"不要把鸡蛋全放在一个篮子里"的名言吗？本章将介绍股票和债券的估价模型，股票和债券投资收益率的计算方法，以及分散投资的方法。

第一节　证券投资概述

一、证券投资的目的与特点

（一）证券投资的目的

证券投资是指投资者将资金投资于股票、债券、基金及衍生证券等资产，从而获得收益的一种投资行为。

企业进行证券投资的目的主要有以下几个方面：

（1）暂时存放闲置资金。证券投资在多数情况下都是出于预防的动机，以替代较大量的非营利的现金余额。

（2）与筹集长期资金相配合。处于成长期或扩张期的公司一般每隔一段时间就会发行长期证券，所获得的资金往往不会一次用完，企业可将暂时闲置的资金投资于有价证券，以获得一定的收益。

（3）满足未来的财务需求。企业根据未来对资金的需求，可以将现金投资于期限和流动性较为恰当的证券，在满足未来需求的同时获得证券带来的收益。

（4）满足季节性经营对现金的需求。从事季节性经营的公司在资金有剩余的月份可以投资证券，而在资金短缺的季节将证券变现。

（5）获得对相关企业的控制权。通过购入相关企业的股票可实现对该企业的控制。

（二）证券投资的特点

相对于实物投资而言，证券投资具有如下特点：

（1）流动性强。证券资产的流动性明显地高于实物资产。

（2）价格不稳定。证券相对于实物资产来说，受人为因素的影响较大，且没有相应的实物作为保证，其价值受政治、经济环境等各种因素的影响较大，具有价值不稳定、投资风险较大的特点。

（3）交易成本低。证券交易过程快速、简捷、成本较低。

二、证券的分类

证券按照不同的标志有不同的分类。证券分类的主要标志有：发行证券的主体、证券投资的时间、证券的收益情况等。

（一）按发行证券的主体分类

按照发行证券的主体进行分类，证券可以分为政府证券、金融证券和企业证券。政府证券是指中央政府和地方政府发行的证券，如我国的国债债券、特种债券等；金融证券是指金融机构发行的证券，如金融债券和可转让存单等；企业证券也称公司证券，是指由企业发行的证券，如企业债券、企业股票等。相对来说，政府证券的风险最小，投资报酬率低；企业证券的风险最大，投资报酬率最高。

（二）按证券投资的时间长短分类

按照证券投资的时间长短进行分类，证券可以分为长期证券和短期证券。长期证券是指到期日在一年以上的证券，如国债债券、股票、企业债券等；短期证券是指到期日在一年以内的证券，如商业票据、可转让存单和商业承兑汇票等。一般来说长期证券的风险比较大，个别长期证券的变现能力差，投资报酬率相对比较高；而短期证券的风险比较小，变现能力强，投资报酬率相对比较低。

（三）按证券的收益状况不同进行分类

按照证券的收益状况不同进行分类，证券可以分为固定收益证券和变动收益证券。固定收益证券是指证券的票面上规定有固有收益的证券，如债券的票面就规定有固定的利息率，优先股股票面规定有固定的股息率，商业票据的票面规定有固定的贴现率。变动收益证券是指证券的票面不标有固定的收益率，证券投资的收益随着企业的经营状况而变动的证券。如普通股的收益就是与企业的经营业绩有关，经营业绩越好，投资者的收益就高，反之，经营业绩差，投资者的收益就低，如果发生亏损，投资者除得不到投资的收益外，还要相应的承担亏损责任。一般来说，固定收益证券的投资风险较小，投资报酬率也较低，变动收益证券的投资风险最大，投资报酬也较高。

三、证券投资评价的主要依据

证券投资是企业获得投资收益、分散风险的主要投资形式。按照一般的原理，收益高，风险就大；反之，收益低，风险就小。因此，企业在进行证券投资决策时，必须对证券投资方案进行评价，以选择最佳的证券投资方案。评价证券投资方案的依据主要包括证券的安全性、证券的流动性、证券期限的长短和证券的收益性。

（一）证券的安全性

证券的安全性是指要尽可能保证证券投资的本金不受损失，并获得预期的投资收益。不同性质证券的安全程度是不同的，相对而言，国债债券和金融债券的安全性比较高。企业债券和优先股股票根据发行企业的资金实力、经营状况和担保情况判断其安全程度。特别是普通股股票的风险是随着股市行情和公司的获利能力变化的，安全程度较低。一般的规律是：证券的安全程度与其报酬率是反方向的，证券越安全，报酬率越低。企业在选择证券投资时，必须在报酬与风险之间进行权衡。

（二）证券的流动性

证券的流动性是指证券转让的难易程度，包括办理转让手续时间的长短和转让价格的高低。一般情况下，经营良好、信誉可靠、经济效益较好的企业所发行的证券在转让时，比较容易出手，因而转让时间短，转让价格高，证券的流动性就强，反之，经营管理不善、信誉度差、经济效益低下的企业所发行的证券在转让时，则不易出手，因而转让时间长，转让价格低，证券的流动性就弱。

（三）证券期限的长短

证券期限是指企业所持有的有价证券的偿还期限。在有价证券这个大家族里，除股票之外，其余的证券均有明确的偿还期限。一般的规律是：证券期限的长短与报酬率同方向，期限越长，风险越大，报酬率越高；反之，期限越短，风险越小，报酬率越低。如果企业所持有的资金没有比较理想的投资项目，企业就应该选择期限较短的证券进行投资，一方面将资金投入证券市场获取收益，另一方面等待有利时机进行高收益的投资。

（四）证券的收益性

证券的收益性是指所得税后利息、股利和资本增值数额的大小。债权证券的收益主要表现为时间和数额均为已知的利息收入，所有权证券的收益主要表现在收益时间和数额均难确定的股利收入和价差收入。收益的大小和风险的高低是相关的，企业在进行证券投资时，应该根据各种证券的收益能力及风险程度进行投资组合。

四、证券投资的基本程序

(一)选择投资的对象

企业进行证券投资首先要选择合适的投资对象，即选择投资于何种证券，投资于哪家企业的证券。投资对象的选择是证券投资最关键的一步，它关系到投资的成败，投资对象选择得好，可以更好地实现投资的目标，投资对象选择得不好，就有可能使投资者蒙受损失。

(二)开户与委托

投资者在进行证券买卖之前，首先要到证券营业部或证券登记机构开立证券账户。证券账户用来记载投资者进行证券买卖和拥有证券的数额和品种的情况。投资者在开户并选择好投资于何种证券后，就可以选择合适的证券经纪人，委托其买卖证券。

(三)交割与清算

投资者委托证券经纪人买卖各种证券之后，就要及时办理证券交割。证券交割，是指买入证券方交付价款领取证券，卖出方交出证券收取价款的收交活动。证券清算，是指在证券交易所中清算客户买卖差额的活动。

(四)过户

证券过户就是投资者从交易市场买进证券后，到证券的发行公司办理变更持有人姓名的手续。证券过户一般只限于记名股票。办理过户的目的是保障投资者的权益。只有及时办理过户手续，才能成为新股东，享有应有的权利。

第二节　债券投资

一、债券投资的目的与特点

企业进行短期债券投资的目的主要是合理利用暂时闲置的资金，调节现金余额，获得收益。当企业现金余额太多时，便投资于债券，使现金余额降低；反之，当现金余额太少时，则出售原来投资的债券，收回现金，使现金余额提高。企业进行长期债券投资的目的主要是获得稳定的收益。

债券投资具有以下特点：

(一)投资期限方面

不论长期债券投资，还是短期债券投资，都有到期日，债券到期应当收回本金，投资应考虑期限的影响。

(二)权利义务方面

从投资权利来说，在各种投资方式中，债券投资者的权利最小，无权参与被投资企业的经营管理，只有按约定取得利息，到期收回本金的权利。

(三)收益与风险方面

债券投资收益通常是事前约定的，收益率通常不及股票高，但具有较强的稳定性，投资风险较小。

二、债券的认购方式

如果企业决定进行债券投资，就要考虑如何认购债券。企业可以在一级市场上直接购买债券发行者的原始债券，也可以在二级市场上间接购买已上市流通的债券，其认购方式主要有三种：

1. 面值认购

面值认购就是投资者按照债券的面值认购债券，即债券的认购价格等于债券面值。当债券的票面利率等于市场利率时，债券的发行价格就等于债券面值。债券的投资者可以按照债券的面值乘以票面利率计算取得的利息，到期还可以按照面值收回本金。

2. 溢价认购

溢价认购就是投资者按照高于债券面值的价格认购债券。当债券的票面利率高于市场利率时，债券发行者可以按照高于面值的价格发行债券，债券投资者就要按照高于面值的市场价格认购债券，但是投资者的收益只能按照面值乘以票面利率来进行计算，并在债券到期日按照面值收回本金。

3. 折价认购

折价认购就是投资者按照低于债券面值的价格认购债券。当债券的票面利率低于市场利率时，债券发行者可以按照低于面值的价格发行债券，债券投资者就可以按照低于面值的市场价格认购债券，虽然债券价格低于票面价值，投资者仍可按照面值乘以票面利率来计算投资收益，并按照面值收回本金。

在债券二级市场上认购债券，其认购价格除了取决于债券利率与市场利率差别以外，还取决于债券的到期日。越是接近到期日的债券风险越小，价格相对较高；到期日越远的债券，风险越大，价格相对较低。

三、债券投资收益的评价

(一)债券的价值决策

债券的估价是对债券在某一时点的价值量的估算，是债券评价的一项重要内容。对于新发行的债券而言，估价模型计算结果反映了债券的发行价格。

1. 债券估价的基本模型

债券估价的基本模型是指对典型债券所使用的估价模型。此处所称典型债券是指票面利率固定。每年末计算并支付当年利息、到期偿还本金的债券。这种情况下新发行债券的价值可采用如下模型进行评定：

$$V = \frac{I_1}{(1+i)^1} + \frac{I_2}{(1+i)^2} + \cdots + \frac{I_n}{(1+i)^n} + \frac{M}{(1+i)^n}$$

式中　V——债券价值；

I——每年的利息；

M——到期的本金；

I——当时的市场利率或投资人要求的最低报酬率确定的贴现率。

【例5-1】 宏发公司拟于 2012 年 2 月 1 日发行面额为 1 000 元的债券，其票面利率为 8%，每年 2 月 1 日计算并支付一次利息，并于 5 年后的 1 月 31 日到期。同等风险投资的必要报酬率为 10%。要求计算债券的价值。

解：
$$V = 80 \times (P/A, 10\%, 5) + 1\ 000 \times (P/F, 10\%, 5)$$
$$= 80 \times 3.791 + 1\ 000 \times 0.621$$
$$= 924.28 (元)$$

通过该模型可以看出，影响债券定价的因素有必要报酬率、利息率、计息期和到期时间。

2. 到期一次还本付息的债券估价模型

到期一次还本付息的债券估价模型是指用于估算到期一次还本付息债券价格的模型，用公式表示为

$$V = \frac{M + M \cdot i \cdot n}{(1 + i)^n}$$

式中符号含义与基本模型相同。

（二）债券到期收益率的计算

债券到期收益率是指自企业购进债券后一直至到期日可获得的收益率。债券到期收益率是按复利计算的投资收益率，它实际上是指能使未来现金流入现值等于债券买入价格的贴现率，是净现值等于零的贴现率。其计算公式如下：

$$V = \frac{I_1}{(1+i)^1} + \frac{I_2}{(1+i)^2} + \cdots + \frac{I_n}{(1+i)^n} + \frac{M}{(1+i)^n}$$

式中   V——债券价值；

I——每年的利息；

M——到期的本金；

i——债券到期的收益率；

n——债券到期前的年数。

在这个公式中，由于前提条件是现金流出等于现金流入，因此 V、I、M、n 均为已知，因此可以采用逐步测试法求得结果。

【例5-2】 某公司 2010 年 7 月 1 日用平价购得一份面额为 100 万元、票面利率为 6%、期限为三年的债券，每年 7 月 1 日计算并支付一次利息，请根据上述资料计算确定该公司从购买日至到期日的到期收益率。

根据上述资料，我们知道：$P = 100$，$I = 6$，$M = 100$，$n = 3$，据此我们要求得净现值等于零的到期收益率可以建立下列方程式：

$$100 = 6 \times (P/A, i, 3) + 100 \times (P/F, i, 3)$$

可以采用逐步测试法进行测试如下：

用 $i = 6\%$ 计算：

等式右边 $=6 \times (P/A, 6\%, 3) + 100 \times (P/F, 6\%, 3)$

$\qquad = 6 \times 2.673 + 100 \times 0.840$

$\qquad = 100.04(万元)$

由上述计算结果可见，平价发行的每年支付一次利息的债券，其到期收益率正好等于票面利率。

如果债券的市场价格高于或低于债券面值，情况就有所不同。假设市场价格为105万元，则所建立的方程式为：

$105 = 6 \times (P/A, i, 3) + 100 \times (P/F, i, 3)$

我们知道，当 $i=6\%$ 时，$V=100$ 万元，现在要使 $P=105$ 万元，到期收益率一定低于 6%，我们可以降低贴现率进一步计算，先假设贴现率为 $i=5\%$，则：

$V = 6 \times (P/A, 5\%, 3) + 100 \times (P/F, 5\%, 3)$

$\quad = 6 \times 2.723 + 100 \times 0.864$

$\quad = 102.74(万元)$

由于计算结果小于105万元，这就应该降低贴现率进一步进行计算，再假设贴现率为 $i=4\%$，则：

$V = 6 \times (P/A, 4\%, 3) + 100 \times (P/F, 4\%, 3)$

$\quad = 6 \times 2.775 + 100 \times 0.889$

$\quad = 105.55(万元)$

由于计算结果大于105万元，因此可以断定到期收益率在 $4\% \sim 5\%$，我们可以采用插值法来求得：

$$到期收益率 = 4\% + \frac{105.55 - 105}{105.55 - 102.74} \times (5\% - 4\%) = 4.20\%$$

还可以通过简便计算法求得近似值：

$$到期收益率 = \frac{I + (M - P) \div n}{(M + P) \div 2}$$

式中　I——每年的利息；

$\qquad M$——到期归还的本金；

$\qquad P$——债券的市场价格；

$\qquad n$——年数。

如果将前例的有关的数字代入：

$$到期收益率 = \frac{6 + (100 - 105) \div 3}{(100 + 105) \div 2} = 4.23\%$$

由上述计算可以看出，如果债券的市场价格和债券面值不等，则债券的到期收益率和债券的票面利率就不同。

应该注意的是，如果债券所采用的不是定期计算支付利息，而是到期一次还本付息，或采用其他方式付息，则即使是平价发行到期收益率与票面利率也可能不同。

到期收益率可以反映债券投资的真实报酬，因此，它是指导投资者选购债券的主要标准，当它高于投资者要求的投资报酬率时，就可以买进；反之，则要放弃。

四、债券投资风险评价

1. 违约风险

违约风险是指由于债务人无力支付债券利息或无力偿还本金而导致的风险。如果债务人破产，投资者就可能按比例收回一部分资金。

2. 利率风险

利率风险是由于银行利率（或市场利率）变动而使投资者遭受的风险。不同时期的利率在不断变动，已上市债券的价值会随着市场利率的变化而高于或低于面值。由于银行或市场利率的变动而使债券持有人因此发生损失的风险，称为债券的利率风险。债券离到期时间越长，投资者需要承受的利率风险就越大。

3. 购买力风险

由于通货膨胀而使债券到期或出售时所获得的货币资金的购买力降低的风险，称为购买力风险。

4. 变现能力风险

当投资人想抽回资金时，无法在短期内按合理的价格卖掉其手持债券，只好折价出卖。例如，投资购得的是一种冷门债券，在想变现时，无法按有利的价格出售而造成折价损失。

5. 再投资风险

购买短期债券后，如一年期债券，遇到第二年银行（或市场）利率下调，其他债券的票面利率也会下调，投资者就无法再以同样的价格购得上年那种收益率的债券；而如果上年购入的是五年期长期债券，则尽管在利率下调，投资者仍可按票面利率领取债券利息。因而对短期债券持有者来说就失去了再投资的机会。

第三节　股票投资

一、股票投资的目的

企业进行股票投资的目的主要有两种：一是获利，即作为一般的证券投资，获取股利收入及股票买卖差价；二是控股，即通过购买某一企业的大量股票达到控制该企业的目的。

二、股票投资的特点

股票投资和债券投资都属于证券投资。证券投资与其他投资相比，总的说来都具有高风险、高收益、易于变现的特点。但股票投资相对于债券投资而言又具有以下特点：

1. 股票投资是权益性投资

股票投资与债券投资虽然都是证券投资，但投资的性质不同：股票投资是权益性投资，股票是代表所有权的凭证，持有人作为发行公司的股东，有权参与公司的经营决策。

2. 股票投资的收益率高

由于投资的高风险性，股票作为一种收益不固定的证券，其收益率一般高于债券。

3. 股票投资的收益不稳定

股票投资的收益主要是公司发放的股利和股票转让的价差受益，相对于债券而言，其稳定性较差。

4. 股票价格的波动性大

股票价格既受发行公司经营状况影响，又受股市投机等因素的影响，波动性极大。

5. 股票投资的风险大

投资者购买股票后，不能要求股份公司偿还本金，只能在证券市场上转让。因此股票投资者至少面临两方面的风险：一是股票发行公司经营不善所形成的风险；二是股票市场价格变动所形成的价差损失风险。

三、股票投资的相关概念

为了准确地评价股票投资方案的优劣，精确计算股票的投资报酬和投资风险，就需要研究股票价值、股票价格、股利和股票的预期报酬率等概念。

(一)股票价值

股票价值，也称股票的内在价值，是指股票预期的未来现金流入的现值。企业进行股票投资可以在预期的未来获得现金流入，包括每期预期股利和出售股票得到的收入。股票价值与股票的市价是有区别的，股票的市价是股票出手交易时的价格，而股票价值则是股票预期未来现金流入的现值，它是股票的真实价值，也称理论价值，一般用 V 来表示。

(二)股票价格

股票作为一种有价证券，是一种特殊的商品，它可以给投资者带来收益。股份有限公司在第一次发行时，要规定发行总额和每股金额，股票上市后，股票价格就与原来的面值分离。在股票市场上，股票的价格要受供求关系、预期股利和市场利率等来决定，股利的资本化价值决定了股票的价值。同时，股票价格还会受到政治经济形势、发行公司的经营状况、投资者心理因素等的影响。

股市上股票的价格分为开盘价、收盘价、最高价和最低价等，投资者在进行股票评价时主要使用收盘价。人们一般用 p_0 来表示目前的股市价格，用 p_t 来表示第 t 年的价格，用 g 表示股票价格的预期增长率。

(三)股利

股利是股票股息和红利的总称。股利是股份有限公司按一定份额从税后利润中分配给股东的报酬。股利是股东的所有权在分配上的体现，股份有限公司的分配问题主要是股利分配。

可以用 D 代表股利，D_0 代表最近刚支付的股利，D_t 代表股东预期在第 t 年底收到的股利。

(四)股票的预期报酬率

股票的预期报酬率是指预期股利收益率和预期资本利得收益率之和。预期股利收益率是指投资者预期的股票利息和红利与收入股票价格的比率，即 $\dfrac{D_n}{P_0}$；预期资本利得收益率是指预期投资者在股市上所赚取的差价收入与股票买入价格的比率，即 $\dfrac{P_n - P_0}{P_0}$。

评价股票价值使用的报酬率是预期的未来的报酬率，而不是过去的实际报酬率。预期报酬率一般用 R 来表示。即

$$R = 预期股利收益率 + 预期资本利得收益率$$

也就是说：$R = \dfrac{D_n}{P_0} + \dfrac{P_n - P_0}{P_0}$

如果企业没有其他的战略性考虑，一般情况下只有股票的预期报酬率高于投资者要求的最低报酬率时，则投资才是有利的。最低报酬率是该项投资的机会成本，通常用市场利率来计算，一般用 K 来表示。

四、股票价值评估

普通股的内在价值是由普通股带来的未来现金流量的现值决定的，股票给持有者带来的未来现金流入包括两部分：股利收入和出售时的收入。其基本计算公式是

$$V = \sum_{t=1}^{n} \frac{R_t}{(1 + K)^t}$$

式中　V——股票价值；

R_t——股票第 t 年带来现金流入量（包括股利收入、卖出股票的收入）；

K——折现率（股票的必要报酬率）；

n——持有年限。

这是股票估价的一般模型，无论 R_t 的具体形态如何（递增、递减、固定或随机变动），此模型均有效。

(一)股利固定模型(零成长股票的模型)

如果长期持有股票，且各年股利固定，其支付过程是一个永续年金，股票价值计算公式为

$$V = \frac{D}{K}$$

式中，D 为各年收到的固定股息，其他符号的含义与基本公式相同。

【例5-3】　某公司股票每年分配股利2元，若投资者要求最低报酬率为16%，要求计算该股票的价值。

解：$V = 2 \div 16\% = 12.5(元)$

这就是说，该股票每年给你带来2元的收益，在市场利率为16%的条件下，它相当于12.5元资本的收益，所以其价值是12.5元。当然，市场上股价不一定就是12.5元，还要看投资人对风险的态度，可能高于或低于12.5元。

如果当时的市价不等于股票价值，例如市价为12元，每年固定股利2元，则其预期报酬率为

$K = 2 \div 12 \times 100\% = 16.67\%$

可见，市价低于股票价值时，预期报酬率高于最低报酬率。

【例5-4】 某公司股票面值为10元/股，年股利率为10%，必要报酬率为12.5%，要求计算该股票的内在价值。

解： $V = \dfrac{10 \times 10\%}{12.5\%} = 8(元)$

假设股票市价也为8元，则：

股利收益率＝年股利额/股票市价＝(10×10%)/8＝12.5%

若股票市价低于8元，则可获得高于12.5%的收益。

(二)股利固定增长模型

从理论上看，企业的股利不应当是固定不变的，而应当不断增长。假定企业长期持有股票，且各年股利按照固定比例增长，则股票价值计算公式为

$$V = \frac{D_0 \times (1+g)}{K-g} = \frac{D_1}{K-g}$$

式中　D_0——评价时的股利；

　　　g——股利每年增长率；其他符号含义与基本公式相同。

当预期报酬率与必要报酬率相等时，有 $K = \dfrac{D_1}{V} + g$，这就是著名的戈登模型，常用于普通股资本成本的计算。

【例5-5】 假设某公司本年每股将派发股利0.2元，以后每年的股利按4%递增，预期投资报酬率为9%，要求计算该公司股票的内在价值。

解： $V = \dfrac{0.2 \times (1+4\%)}{9\% - 4\%} = 4.16(元/股)$

预期报酬率 $= \dfrac{0.2}{4.16} + 4\% = 4.81\% + 4\% = 8.81\%$

因为股利逐年增加，股票价值也同比例上升，故投资者每年可获得4%的资本利得，即预期报酬率(内含报酬率)等于当年的股利收益率与股利预计增长率之和。

【例5-6】 国安公司准备投资购买东方信托公司的股票，该股票上年每股股利为2元，预计以后每年以4%的增长率增长，国安公司经过分析后，认为必须得到10%的报酬率才能购买该公司的股票。要求计算该种股票的内在价值。

解： $V = 2 \times (1+4\%)/(10\% - 4\%) = 34.67(元)$

即东方信托公司的股票价格在34.67元以下时，国安公司才能购买。

(三)三阶段模型

在现实生活中，很多公司的股利可能既不是一成不变，也不一定按照固定比率持续增长，而是出现不规则变化，如预计未来一段时间内股利高速增长，接下来的时间正常固定增长或固定不变，则可以分别计算高速增长、正常固定增长、固定不变等各阶段未来收益的现值，各阶段现值之和就是非固定增长股利的股票价值。

$V = $ 股利高速增长阶段现值 ＋ 固定增长阶段现值 ＋ 固定不变阶段现值

【例5-7】 某公司预期以20%的增长率发展5年，然后转为正常增长，年递增率为4%，公司最近支付的股利为1元/股，股票的必要报酬率为10%。计算该股票的内在价值。

（1）计算高速增长期间股利的现值。

表5-1 高速增长期间股利现值计算表

年次	股利（元）	现值系数	股利现值
1	1.2	0.909	1.09
2	1.44	0.826	1.19
3	1.728	0.751	1.30
4	2.079	0.683	1.42
5	2.489	0.621	1.55
合计	—	—	6.55

（2）计算正常增长期间股利的现值即高速增长末期股票价值的现值。

①计算高速增长期末即第5年年末股票的价值：

由 $V_5 = \dfrac{D_1}{K-g}$

得：$V_5 = \dfrac{D_6}{K-g} = \dfrac{D_5 \times (1+g)}{K-g}$

即 $V_5 = \dfrac{2.489 \times (1+4\%)}{10\% - 4\%} \approx 43.14（元）$

②计算第5年年末股票的现值：

$43.14 \times (1+10\%)^{-5} \approx 26.79（元/股）$

③计算该股票的内在价值：

$6.55 + 26.79 = 33.34（元/股）$

五、股票投资的风险分析

股票是一种高收益、高风险的投资。风险按照内容可分为市场风险、利率风险、通货膨胀风险、经营风险以及政治风险、经济风险等；按其性质，可分为不可避免风险和可避免风险两种。

不可避免风险，也称系统风险或非偶然风险，它是指多种股票经营所不可避免的风险，主要是由国内外政治经济形式发生变化而引起市场波动形成的，因而是企业自身不能抵御或回避的风险。如国家信贷政策的调整、利率的变动或通货膨胀的发生等，都是企业自身不能回避的风险。

可避免风险是指各家上市公司自身可能发生的风险，如经营风险、财务风险、破产倒闭风险等。作为上市公司方来说，可以通过加强管理、高效经营来避免；作为持有其股份的投资者来说，可以通过投资的有效组合和多角度投资来分散风险。故该风险也称为非系统风险或偶然风险。

一个投资者如果持有多种股票，就能减少偶然性因素，按照西方财务管理的经验，投资者只要持有 10~15 种股票，就能减少一大部分偶然性风险。要是股票投资组合安排得当，偶然性风险就可能趋近于零。所以说偶然性风险是各家上市公司所特有的风险，它们同一般经济、政治形式和影响所有各种证券的其他非偶然因素无关。

综上所述，投资者进行股票投资的风险包括如下两部分：

$$总风险 = 不可避免风险 + 可避免风险$$

降低股票投资风险的途径很多，其中最普遍、最有效的方法就是把投资分散化，即选择若干种证券进行搭配，建立证券组合，通过不同证券风险与收益的互补关系，使证券组合在保持特定收益水平的条件下尽可能地受益最大化，达到分散、降低风险，稳定收益的目的。

证券组合的分析可以分为定性分析和定量分析两种。

（一）证券组合的定性分析

证券组合的定性分析是从投资者对证券投资的目标出发，研究如何进行证券组合，才能实现投资者的投资目标的一种分析方法。

1. 投资目标的确定

作为投资者，尽管证券投资的目标都是高报酬、低风险，但具体到每个投资者，其投资目标还是有所不同。

有些投资者由于财源有限，需要依靠投资收入支付必要的费用，他们把取得当前的投资收入看得比资本回收更重要，要求当前收入的稳定性和可靠性，因此他们的投资目标是按时取得债息和股票收入（包括资本增值或损失）等经常性收入，这种目标决定了他们选择安全的投资对象，而不是前景看好而当前收入不稳定的证券，在这样的出发点支配下，他们选择的投资目标是债券和一些股利支付比较稳定、资信好的大公司和公用事业类股票。

有些财力雄厚的投资者，他们不依靠投资的经常收入来支持当前的运营，其投资目标不是当前的收入，而是长期的资本增长，他们可以选择不断积累投资所得进行再投资，使资本增加的价值越来越多，也可以选择增长性股票，通过股息和股价的不断增长而提高资本的价值，前者风险小，后者风险大，投资者要能在经济上和心理上承受股价的大幅涨跌，这就要求投资者对投资进行长期安排，追逐短期利益对长期的资本增长不利。

还有一些投资者的投资目标是两者兼顾，这就要选择不同的投资对象，分别做出安排。也有些投资者还有另外的投资目标，如为了利用短期闲置资金，就应选择流动性强、变现能力强的短期投资。无论选择什么样的投资目标，保证投资安全是其实现的前提。

2. 选择证券

投资者确定了投资目标以后，就应该选择若干证券，进行证券组合，以实现投资的目标。

不同的证券，风险有大小，期限有长短，收益有高低，要做到优化组合，必须首先了解每种证券的特点。其次，根据自身承受风险的能力大小，确定证券组合的风险水平。在实践中一般有三种组合类型：第一种是高风险组合，应该选择科技含量高、销路好、预期报酬率超过平均收益的公司股票，如高科技、电力等；第二种是中等风险组合，应该选择债券和公用事业或成熟工业的股票，如汽车、化工和钢铁等；第三种是低风险组合，应该选择政府债券和一些质量较高的股票，受益不高但可靠。最后，按照分散化原则选定具体证券品种。分散化的方式有：种类的分散，如债券和股票搭配；投资期限的分散，如债券的到期日要安排在不同的年份，以分散利率风险；部门和行业的分散，如行业的搭配，工业与金融、旅游、公用事业的搭配，新兴产业与成熟产业的搭配；公司的分散，如热门股与冷门股的搭配。

证券的选择是一项比较复杂的工作，必须根据投资者的投资目标反复比较，才能最后确定，并要根据具体情况进行适当的调整。一般来说，投资者选择了 5~10 种证券就可以达到分散风险的目的，组合的证券种类越多，投资风险越小，但同时的预期报酬率越低。

(二)证券组合的定量分析

投资者投资于任何项目，都会首先对风险与收益进行衡量，在收益高于风险还是风险高于收益间反复衡量。既然风险和收益是相对的，要求高收益者就会面临高风险。为了在投资决策时将风险考虑在内，人们对收益率的要求往往也相应提高。换句话说，预期收益率中应包括风险收益率，或称风险补偿率。由此推出，投资者预期收益率的理论公式应该是

$$预期收益率 = 无风险收益率 + 风险收益率$$

前已述及，投资组合能够分散非系统风险，因此，绝大多数法人投资者都同时投资多种证券。即使个人投资者，一般也持有证券的投资组合而不是只投资某一个证券。

资本资产定价模型(CAPM)是反映预期收益率和风险之间关系的模型，它说明某种股票的必要收益率应该等于无风险报酬率加上风险收益率，其中风险收益率与该种股票的风险程度成正比。其公式如下：

$$R_i = R_F + \beta(R_M - R_F)$$

式中　R_i——第 i 种股票的预期收益率；

　　　R_F——无风险收益率；

　　　β——第 i 种股票的 β 系数；

　　　R_M——平均风险股票的必要收益率。

【例5-8】　某批国债的收益率为 8%，平均风险收益的必要收益为 10%，市场风险报酬率等于 2%(10% −8%)。若甲股票的 β 系数等于 2，则该股票的风险收益率等于 4%(2% × 2)。甲股票的预期收益率为

$$R = 8\% + 2 \times (10\% - 8\%) = 12\%$$

如果假定甲股票为固定成长股票，股利的年增长率为 6%，预期一年后的股利为每股 3 元，甲股票的价值为

$$v = \frac{3}{12\% - 6\%} = 50(元)$$

【例5-9】　某投资者持有甲、乙、丙三种股票共 200 万元，其中，甲股票 100 万元，β 系数为 1.5；乙股票 70 万元，β 系数为 1；丙股票 30 万元，β 系数为 2。则甲、乙、丙三种股票的综合 β 系数为

$$\beta = 50\% \times 1.5 + 35\% \times 1 + 15\% \times 2 = 1.4$$

如果将其中的 100 万元的甲股票出手，同时买进相同金额的丁股票，其 β 系数为 1，则乙、丙、丁三种股票的综合 β 系数为

$$\beta = 35\% \times 1 + 15\% \times 2 + 50\% \times 1 = 1.15$$

可见，构成组合的个别股票（例中甲股票换手为丁股票）的 β 系数减小，则组合的综合 β 系数降低，使组合的投资风险减少；反之，风险增加。究竟如何确定综合风险水平，投资报酬率必然降低。投资组合的预期收益率也可以根据个别证券的预期收益率加权平均计算。其计算公式如下：

$$R = W_1R_1 + W_2R_2 + \cdots + W_nR_n$$
$$= \sum_{n=1}^{n} W_nR_n$$

式中　R_n——个别证券的预期收益率；

　　　W_n——个别证券在投资组合中投资额的比重；

　　　N——投资组合中的证券的种类。

例如，上例甲、乙、丙、丁 4 种股票的预期收益率分别为：甲股票为 16%，乙股票为 12%，丙股票为 18%，丁股票为 14%，则甲、乙、丙股票组合的平均预期收益率为

$$R = 16\% \times 50\% + 12\% \times 35\% + 18\% \times 15\% = 14.9\%$$

而乙、丙、丁股票组合的平均预期收益率为

$$R = 12\% \times 35\% + 18\% \times 15\% + 14\% \times 50\% = 13.9\%$$

计算出各种组合的平均预期收益率以后，投资者可以根据必要的投资收益率进行分析，以确定最优的组合方案。总之，预期收益率高，投资风险就大；反之，投资风险小，预期收益率必然低。投资者就需要在不提高风险的条件下使预期收益率最高，或在一定的预期收益率条件下，优化证券组合，使风险最低。

同步训练

一、单项选择题

1. 按照证券的收益可将证券分为（　　）。
   A. 凭证证券和有价证券　　　　　　B. 所有权证券和债权证券
   C. 原生证券和衍生证券　　　　　　D. 固定收益证券和变动收益证券
2. 长期债券投资的目的是（　　）。
   A. 合理利用暂时闲置的资金　　　　B. 调节现金余额
   C. 获得稳定收益　　　　　　　　　D. 获得企业的控制权
3. 证券投资者购买证券时，可以接受的最高价格是证券（　　）。
   A. 票面价格　　　　B. 到期价格　　　　C. 市场价格　　　　D. 内在价值
4. 在证券投资中，证券发行人无法按期支付利息或本金的风险称为（　　）。
   A. 利率风险　　　　B. 违约风险　　　　C. 购买力风险　　　D. 流动性风险
5. 影响证券投资的主要因素是（　　）。
   A. 安全性　　　　　B. 收益性　　　　　C. 流动性　　　　　D. 期限性
6. 某公司发行 5 年期债券，债券的面值为 1 000 元，票面利率 5%，每年付息一次，到期还本，投资者要求的必要收益率为 6%。则该债券的价值为（　　）元。
   A. 784.67　　　　　B. 769　　　　　　　C. 1 000　　　　　　D. 957.92

7. 一张面额100元的长期股票，每年可获利10元，如果折现率为8%，则其估价为（　　）。

  A. 100元   B. 125元   C. 110元   D. 80元

8. 企业以债券对外投资，从其产权关系看属于（　　）。

  A. 债权投资 B. 股权投资 C. 证券投资 D. 实物投资

9. 投资组合能分散（　　）。

  A. 所有风险   B. 系统性风险

  C. 非系统性风险   D. 市场风险

10. 当投资必要收益率等于无风险收益率时，风险系数应（　　）。

  A. 大于1   B. 等于1   C. 小于1   D. 等于0

二、多项选择题

1. 相对于实物投资而言，证券投资（　　）。

  A. 流动性强   B. 价值不稳定

  C. 投资风险较大   D. 交易成本低

2. 证券投资的目的包括（　　）。

  A. 暂时存放闲置资金   B. 与筹集长期资金相配合

  C. 满足季节性经营对现金的需求 D. 获得对相关企业的控制权

3. 由影响所有公司的因素引起的风险，可称为（　　）。

  A. 可分散风险   B. 市场风险

  C. 不可分散风险   D. 系统风险

4. 下列证券中属于固定收益证券的是（　　）。

  A. 公司债券   B. 金融债券

  C. 优先股股票   D. 普通股股票

5. 股票投资的优点有（　　）。

  A. 投资收益高   B. 收入稳定性强

  C. 购买力风险低   D. 拥有经营控制权

6. 按照资本资产定价模型，影响特定股票预期收益率的因素有（　　）。

  A. 无风险的收益率   B. 平均风险股票的必要收益率

  C. 特定股票β系数   D. 财务杠杆系数

7. 证券投资的收益包括（　　）。

  A. 价差收益   B. 股利收益

  C. 债券利息收益   D. 出售收入

8. 证券投资组合的策略主要有（　　）。

  A. 保守型策略   B. 冒险型策略

  C. 适中型策略   D. 稳健型策略

9. 证券投资的风险主要有（　　）。

  A. 违约风险   B. 利息率风险

  C. 购买力风险   D. 经营风险

10. 股票投资的缺点有(　　)。

    A. 购买力风险高　　　　　　　　　B. 求偿权居后

    C. 价格不稳定　　　　　　　　　　D. 收入稳定性强

三、判断题

1. 按照证券所体现的权益关系，可以把证券分为所有权证券和债权证券，所有权证券比债权证券承担的风险要小。　　　　　　　　　　　　　　　　　　　　　　　(　　)

2. 证券投资的流动性与风险性成正比。　　　　　　　　　　　　　　　　　(　　)

3. 与债券投资相比，股票投资具有收益稳定性差、价格波动大、收益率低等缺点。

(　　)

4. 短期证券是指到期日在一年以内的证券。短期证券风险小、变现能力强，但收益率相对较高。　　　　　　　　　　　　　　　　　　　　　　　　　　　　　　　(　　)

5. 企业进行股票投资的目的主要有两种：一是获取稳定的收益；二是控股。　(　　)

6. 通货膨胀情况下，债券比股票能更好地避免购买力风险。　　　　　　　　(　　)

7. 在计算长期证券收益率时，应考虑资金时间价值因素。　　　　　　　　　(　　)

8. 就风险而言，从大到小的排列顺序为：金融证券、公司证券、政府证券。　(　　)

9. 当 β 系数等于零时，表明投资无风险，必要收益率等于市场平均收益率。　(　　)

10. 任何证券都可能存在违约风险。　　　　　　　　　　　　　　　　　　　(　　)

四、计算分析题

1. 某公司于 2010 年 5 月购买了一张面值 1 000 元的债券，其票面利率为 8%，每年 5 月 1 日计算并支付一次利息。该债券于 5 年后的 4 月 30 日到期。试计算在市场利率为 6%、8%、10% 三种条件下债券的价值。

2. 某公司在 2000 年 1 月平价发行新债券，每张面值 1 000 元，票面利率 10%，5 年到期，每年 12 月 31 日付息。要求：

(1)2000 年 1 月 1 日的到期收益率是多少？

(2)假定 2004 年 1 月 1 日的市场利率下降到 8%，那么此时该债券的价值是多少？

(3)假定 2004 年 1 月 1 日的市价为 900 元，此时购买该债券的到期收益率是多少？

(4)假定 2002 年 1 月 1 日的市场利率为 12%，债券市价为 950 元，你是否购买该债券？

3. 某企业所持有的甲种股票，每股每年可获股利 15 元，预计 3 年后每股售价可达 180 元，企业要求的最低预期收益率为 20%。

要求：如果甲种股票现在的实际交易价格为 138 元，该企业是否应持有甲种股票。

4. 某煤矿由于矿藏逐渐枯竭，因此公司的收益和股利以每年 15% 的比率减少。若该煤矿上年支付的股利为 15 元/股，投资人要求的最低预期收益率为 12%，那么该煤矿股票售价应为多少时投资人才会购买？

五、简答题

1. 什么是证券？证券的分类方法有几种？

2. 债券投资收益如何进行评价？

3. 债券投资的风险有哪些？

4. 股票投资的特点是什么？常用的股票估价方法有哪些？

5. 股票投资的收益如何计算？

六、参考案例

"常胜"公司股票投资决策

"常胜"公司是我国从事金融投资业务最早的企业之一。这里的经营者个个都精明能干，经济效益直线上升，所以人们称它为"常胜"公司。

最近，"常胜"公司又把投资目标转向股票市场。公司通过市场调查发现：有两家公司规模相当，都是从事高科技产品和其他价值较高资产出租业务，认为这两家公司有可能成为其投资对象。随后便收集了这两家公司的有关资料，具体资料如表5-1和表5-2所示。假设其他会计信息都已分析过。

表5-1　东方租赁公司现金流量表　　　　　　　　　　　　单位：万元

项　　目	2000 年	1999 年
营业活动：		
营业利润	37 000	74 000
加(减)非现金项目		
营业活动净现金流入	14 000	−4 000
合计	51 000	70 000
投资活动：		
购买固定资产	−13 000	−3 000
出售固定资产	86 000	79 000
出售长期投资	13 000	—
投资活动净现金流入	86 000	76 000
筹资活动：		
签发短期应付票据	73 000	19 000
签发长期应付票据	31 000	42 000
偿还短期应付票据	−181 000	−148 000
偿还长期应付票据	−55 000	−32 000
筹资活动净现值流出	−132 000	−119 000
现金增加(减少)	5 000	27 000
资产负债表的现金余额：		
年初现金余额	31 000	4 000
年内现金余额	5 000	27 000
年末现金余额	36 000	31 000

表5-2　南方租赁公司现金流量表　　　　　　　单位：万元

项　目	2000 年	1999 年
营业活动：		
营业利润	79 000	71 000
加(减)非现金项目		
营业活动净现金流入	19 000	—
合计	98 000	71 000
投资活动：		
购买固定资产	−121 000	−91 000
出售固定资产	13 000	18 000
投资活动净现金流出	−108 000	−73 000
筹资活动：		
签发长期应付票据	46 000	43 000
签发短期应付票据	−15 000	−40 000
支付现金股利	−12 000	−9 000
筹资活动净现金流入（流出）	19 000	−6 000
现金增加(减少)		
资产负债表的现金余额：	9 000	8 000
年初现金余额	72 000	80 000
年内增加(减少)现金	9 000	−8 000
年末现金余额	81 000	72 000

思考与分析：

(1)根据"常胜"公司所掌握的现金流量表的有关数据资料，计算每个公司的优势和劣势。

(2)比较计算结果，进行"常胜"公司的股票投资最后决策。

第六章

营运资金管理

★学习目标

知识目标:

1. 了解营运资金的含义及营运资金管理的基本要求;
2. 了解企业持有现金的目的及产生应收账款的原因;
3. 了解存货成本及存货管理方法;
4. 掌握最佳现金持有量的存货模式分析;
5. 掌握应收账款信用条件的定性定量分析;
6. 掌握存货控制的经济批量模型及数量折扣模型。

技能目标:

1. 能够运用现金存货模式确定最佳现金持有量;
2. 能够运用信用政策的定量定性分析制定较优的信用政策;
3. 能够按照存货控制的经济批量模型确定存货的经济订货批量。

导语:

资金投入企业有一个周转和营运的过程,如果不加强营运过程中资金的管理,就会降低资金的使用效率。例如,现金是越多越好还是越少越好?企业存储大量的存货是不是一件好事?只有经过计算,我们才会心中有数。

第一节 营运资金的含义与特点

一、营运资金的含义

营运资金又称营运资本,是指流动资产减去流动负债后的余额。这里所说的流动资产是指在一年或者超过一年的一个营业周期内变现或耗用的资产，主要包括现金、有价证券、应收账款和存货等。这里所说的流动负债是指将在一年或者超过一年的一个营业周期内必须清偿的债务，主要包括短期借款、应付账款、应付票据、预收账款、应计费用等。

二、营运资金的特点

营运资金的特点需从流动资产和流动负债两个方面予以说明。

(一)流动资产的特点

与固定资产投资相比，流动资产投资具有如下特点：

(1)投资回收期短。投资于流动资产的资金一般在一年或超过一年的一个营业周期内收回，对企业影响的时间比较短。因此流动资产投资需要的资金一般可通过商业信用、短期银行借款等加以解决。

(2)流动性强。流动资产在循环周转过程中，经过供产销三个阶段，其占用形态不断变化，即按现金→材料→在产品→产成品→应收账款→现金的顺序转化。这种转化循环往复。流动资产的流动性与其变现能力相关，如遇意外情况，可迅速变卖流动资产，以获取现金。这对于财务上满足临时性资金需求具有重要意义。

(3)具有并存性。在流动资产的周转过程中，每天不断有资金流入，也有资金流出，流入和流出总要占用一定的时间，从供产销的某一瞬间看，各种不同形态的流动资产同时存在。因此合理地配置流动资产各项目的比例，是保证流动资产得以顺利周转的必要条件。

(4)具有波动性。占用在流动资产上的资金并非一个常数，随着供产销的变化，其资金占用时高时低，起伏不定，季节性企业如此，非季节性企业也如此。随着流动资产占用量的变动，流动负债的数量也会相应变化。

(二)流动负债的特点

与长期负债筹资相比，流动负债筹资具有如下特点：

(1)速度快。申请短期借款往往比申请长期借款更容易、更便捷，通常在较短的时间内便可获得。长期借款的借贷时间长，贷方风险大，贷款人需要对企业的财务状况评估后方能做出决定。因此，当企业急需资金时，往往首先寻求短期借款。

(2)弹性大。与长期债务相比，短期贷款给债务人更大的灵活性。长期债务债权人为了保护自己的利益，往往要在债务契约中对债务人的行为加以种种限制。而短期借款契约中的限制条款比较少，使企业有更大的行动自由。对于季节性企业，短期借款比长期借款具有更大的灵活性。

(3)成本低。在正常情况下，短期负债筹资所发生的利息支出低于长期负债筹资的息支出。而某些"自然融资"(如应付账款、应计费用等)则没有利息负担。

(4)风险大。尽管短期债务的成本低于长期债务，但其风险却大于长期债务。这主要表现在两个方面：一是长期债务的利息相对比较稳定，即在相当长一段时间内保持不变。而短期债务的借款利率则随市场利率的变化而变化，时高时低，使企业难以适应。另一方面，如果企业过多筹措短期债务，当债务到期时，企业不得不在短期内筹措大量资金还债，这极易导致企业财务状况恶化，甚至会因无法及时还债而破产。

三、营运资金管理的基本要求

营运资金因其较强的流动性而成为企业日常生产经营活动的润滑剂和基础，在客观存在现金流入量与流出量不同步和不确定的现实情况下，企业持有一定量营运资金十分重要。企业应控制营运资金的持有数量，既要防止营运资金不足，也要避免营运资金过多。这是因为企业营运资金越大，风险越小，但收益率也越低；营运资金越小，风险越大，但收益率也越高。企业需要在风险和收益率之间进行权衡，从而将营运资金的数量控制在一定范围之内。

前已述及，营运资金是流动资产与流动负债的差额，有关流动负债管理的内容已在本书"筹资方式"中述及，故本章重点介绍流动资产的管理。

第二节 现金管理

一、现金的持有动机与成本

现金有广义、狭义之分。广义的现金包括企业库存现金、银行存款和其他货币资金，是指在生产过程中暂时停留在货币形态的资金；狭义的现金仅指库存现金。本书所讲的现金是指广义现金。

现金是变现能力最强的资产，可以用来满足生产经营开支的各种需要，也是还本付息和履行纳税义务的保证。因此，拥有足够的现金对于降低企业的风险，增强企业资产的流动性和债务的可清偿性有着重要的意义。但是，现金又是一种非营利性资产，即使是银行存款，其利率也非常低。现金持有量过多，势必给企业造成较大的机会损失，降低资产的获利能力。因此，企业必须合理确定现金持有量，使现金收支在数量上、在时间上相互衔接，以便保证企业经营活动所需现金，尽量减少企业闲置的现金数量，提高资金收益率，这也是企业现金管理的基本目标。

（一）现金的持有动机

企业持有一定数量的现金，主要基于以下三个方面的动机。

1. 交易动机

交易动机即企业在正常生产经营秩序下应当保持一定的现金支付能力。企业为了组织日常生产经营活动，必须保持一定数额的现金余额，用于购买原材料、支付工资、缴纳税款、偿付到期债务、派发现金股利等。一般来说，企业为满足交易动机所持有的现金余额主要取决于企业销售水平。企业销售扩大，销售额增加，所需现金余额也随之增加。

2. 预防动机

预防动机即企业为应付紧急情况而需要保持的现金支付能力。企业预计的现金需求一般指正常情况下的现金需要量，但有许多意外事件会影响企业的现金收入和支出，如自然灾害、主要顾客拖欠货款等，会打破企业的现金收支平衡，因此，企业必须保持比日常交易所需现金更多的现金余额。

3. 投机动机

投机动机即企业为了抓住各种瞬息即逝的市场机会，获取较大的利益而准备的现金余额。如利用证券市价大幅度跌落购入有价证券，以期在价格反弹时卖出证券获取高额价差收入等。投机动机只是企业确定现金余额时所需考虑的次要因素之一，其持有量的大小往往与企业在金融市场的投资机会及企业对待风险的态度有关。

（二）现金的成本

现金的成本通常由以下三个部分组成。

1. 持有成本

现金的持有成本是指企业因保留一定现金余额而增加的管理费用及丧失的再投资收益。

企业保留现金，对现金进行管理，会发生一定的管理费用，如管理人员工资等。这部分费用具有固定成本的性质，它在一定范围内与现金持有量的多少关系不大。

再投资收益是企业不能同时用该现金进行有价证券投资所产生的机会成本，这种成本在数额上等同于资金成本。它与现金持有量呈正比例关系。

2. 转换成本

转换成本是指企业用现金购入有价证券以及转让有价证券换取现金时付出的交易费用，即现金同有价证券之间相互转换的成本，如委托买卖佣金、委托手续费、证券过户费等。严格地讲，转换成本并不都是固定费用，有的具有变动成本的性质，如委托买卖佣金或手续费。这些费用通常都是按照委托成交金额计算的。在证券总额既定的条件下，无论变现次数怎样变动，所需支付的委托成交金额是相同的。因此，那些依据委托成交额计算的转换成本与证券变现次数关系不大，属于决策无关成本。这样，与证券变现次数密切相关的转换成本便只包括其中的固定性交易费用。固定性转换成本与现金持有量呈反比例关系。

3. 短缺成本

现金的短缺成本是指在现金持有量不足而又无法及时通过有价证券变现加以补充而给企业造成的损失。现金的短缺成本与现金持有量呈反方向变动关系。

二、最佳现金持有量的确定

通过现金相关成本的分析，在现金需求总量一定的前提下，现金持有量越多，持有成本就越大，但由于证券转换次数减少，转换成本就越小。减少现金持有量，尽管可以降低现金的持有成本，但转换成本却会随着证券转换次数的增加而相应增加，转换成本和持有成本与现金持有量之间的反方向变动趋势要求企业必须对现金与有价证券的分割比例进行合理安排，从而使持有成本与转换成本保持最低的组合水平。因此，所谓最佳现金持有量就是使企业持有现金的总成本，即持有成本和转换成本之和最低的现金持有量。

设 T 为一个周期内现金总需求量，F 为每次转换有价证券的固定成本，Q 为最佳现金持有量（每次证券变现的数量），K 为有价证券利息率（机会成本），TC 为现金管理总成本。则

现金管理的相关总成本 = 持有机会成本 + 固定性转换成本

即
$$TC = \frac{Q}{2} \times K + \frac{T}{Q} \times F \tag{6-1}$$

从公式中可以看出现金管理的相关总成本与现金持有量呈凹形曲线关系。持有现金的机会成本与证券变现的交易成本相等时，现金管理的相关总成本最低，此时的现金持有量为最佳现金持有量，即

$$Q = \sqrt{\frac{2TF}{K}} \qquad (6\text{-}2)$$

将式(6-2)代入公式(6-1)，得

$$\text{最低现金管理相关总成本} \quad TC = \sqrt{2TFK} \qquad (6\text{-}3)$$

可以计算出证券转换次数 C：

$$C = \frac{T}{Q} \qquad (6\text{-}4)$$

【例6-1】 最佳现金持有量测算。

某企业现金收支情况比较稳定，预计全年(按360天计算)需要现金60 000元，现金与有价证券的转换成本为每次100元，有价证券的利息率为12%，请确定最佳现金持有量、证券转换次数和最佳现金管理成本。

最佳现金持有量：

$$Q = \sqrt{\frac{2 \times 60\,000 \times 100}{12\%}} = 10\,000(\text{元})$$

证券转换次数：

$$C = \frac{60\,000}{10\,000} = 6(\text{次})$$

最佳现金管理成本：

$$TC = \sqrt{2 \times 60\,000 \times 100 \times 12\%} = 1\,200(\text{元})$$

三、现金日常管理

企业在确定了最佳现金持有量后，还应采取各种措施，加强现金的日常管理，以保证现金的安全、完整，最大限度地发挥其效用。现金日常管理的基本内容包括以下几个方面。

(一)加速现金的回收

企业的现金收入主要来自销货，对现金回收的管理关键是加速现金收入的兑现。一般来说，企业销货后账款的回收包括三个阶段：客户开出支票、企业收到支票、银行清算支票。企业账款回收的时间包括支票邮寄时间、支票在企业停留时间以及支票结算时间。前两个阶段所需时间的长短不但与客户、企业、银行之间的距离有关，而且与收款的效率有关。下面介绍国外两种加速现金回收的常见方法。

1. 邮政信箱法

邮政信箱法又称锁箱法，就是通过承租多个邮政信箱，由邮政信箱收取汇款，然后划转公司总部，这是企业加速现金回收的一种常用方法。具体做法是：①企业可以在业务比较集中的各主要城市租用专门的邮政信箱。②公司通知顾客把货款邮寄到指定的邮政信箱，并授权公司邮政信箱所在地的当地银行每日开启信箱，在取得客户支票后立即予以结算。③当地银行通过电汇再将货款转给企业所在地银行。

在邮政信箱法下，客户将支票直接寄给客户所在地的邮箱而不是企业总部，不但缩短了支票邮寄时间，还缩短了公司办理收款、存储手续的时间，因而缩短了支票邮寄以及在企业的停留时间。但采用这种方法时成本较高，因为被授权开启邮政信箱的当地银行除了要求扣除相应的补偿性余额外，还要收取办理额外服务的劳务费。这种费用支出一般与支票存入张数呈同方向变化。因此，平均汇款数额较小时，采用此法一般不利。企业是否采用邮政信箱法，需要根据现金产生的收益与增加的成本的大小来确定。

2. 银行业务集中收账法

银行业务集中收账法是一种通过设立多个收款中心来加速现金回收的方法，其目的是缩短从顾客寄出付款支票到货币资金收入企业账户这一过程的时间。具体做法是：①企业指定一个主要开户行（通常是总部所在地）为集中银行，并在收款较集中的地区设立若干个收款中心。②公司通知客户将货款直接汇给当地收款中心而不必送到总部，由收款中心将每天收到的货款立即存入当地银行。③当地银行在进行票据交换后立即划转给企业总部所在地的集中银行。

银行业务集中收账法缩短了账单和货款的邮寄时间，缩短了支票兑现时间。但采用这种方法使每个收款中心的当地银行都要求有一定的补偿性余额；除此之外，设立收款中心也需要一定的人力和物力。因此，财务主管在决定是否采用银行集中收账法时，一定要注意，采用此法增加的可用资金的投资收益必须大于因设立收款中心而增加的费用和补偿性余额；反之，不可采用此法。

（二）严格控制现金的支出

与现金收入的管理相反，现金支出管理的主要手段是通过尽可能延缓现金的支出时间来达到提高货币资金利用效率的目的。这种做法在对企业有利的时候，也往往造成其他企业的不利，容易破坏本企业的信誉，损害与其他企业的关系。所以这种延缓必须是合理、合法的，否则企业延期支付账款所得到的收益将远远低于由此而遭受的损失。

（1）合理利用浮游量。现金的浮游量是指企业账户上的现金余额与银行账户上显示的存款余额之间的差额。有时，企业账户上的现金余额已为零或负数，而银行账上的该企业的现金余额还有很多，这是因为有些企业已经开出的付款票据还处在传递中，银行尚未付款出账。如果能正确预测浮游量并加以利用，可节约大量现金。

（2）推迟支付应付款。企业可在不影响信誉的情况下，尽可能推迟应付款的支付期。

（3）采用汇票汇款。在使用支票付款时，只要受票人将支票存入银行，付款人就要无条件地付款。但汇票不是"见票即付"的付款方式，在受票人将汇票送达银行后，银行要将汇票送交付款人承兑，并由付款人将一笔相当于汇票金额的资金存入银行，银行才会付款给受票人，这样就有可能合法地延期付款。

（4）改进工资支付方式。有的企业在银行单独开设一个账户专供支付职工工资。为了最大限度地减少这一存款金额，企业可预先估计出开出支付工资支票到银行兑现的具体时间。例如，某企业在每月5日支付工资，根据经验，5日、6日、7日及7日以后的兑现率分别为20%、25%、30%和25%。这样，企业就不需在5日存足支付全部工资所需要的工资额，而可将节余下的部分现金用于其他投资。

（三）闲置现金投资管理

企业在筹资和经营时，会取得大量的现金，这些现金在用于资本投资或其他业务活动之前，通常会闲置一段时间。这些现金头寸可用于短期证券投资以获取利息收入或资本利得，如果管理得当，可为企业增加相当可观的净收益。

第三节　应收账款管理

应收账款是企业因对外赊销产品、材料、供应劳务等而应向购货或接受劳务的单位收取的款项。

一、应收账款的功能与成本

（一）应收账款的功能

应收账款的功能是指它在企业生产经营中所具有的作用。应收账款的主要功能包括以下两个。

1. 促进销售

企业销售产品时可以采取两种基本方式，即现销方式与赊销方式。现销方式最大的优点是能及时地将收回的款项投入再增值过程，又能有效地避免呆坏账损失，因而是企业最期望的一种销售结算方式。然而，在竞争激烈的市场经济条件下，完全依赖现销方式往往是不现实的。赊销成为促进销售的一种重要方式。例如，有甲、乙两个供应商，甲的条件是全部付现，乙的条件是现付20%，一个月后付80%，在质量相同的情况下，采购商肯定愿意购买乙的商品，因为赊销方式下，企业在销售产品的同时，向买方提供了可以在一定期限内无偿使用的资金，即商业信用资金，如果有现金折扣，则又给顾客减少了开支，所以赊销是一种重要的促销手段，对于企业销售产品、开拓并占领市场具有重要意义。

2. 减少存货

赊销可以加速产品销售的实现，加快产成品向销售收入的转化速度，从而对降低存货中的产成品数额有着积极的影响。企业对存货进行管理，就得开支管理费、仓储费及保险费等；若将存货转化为应收账款，则无需上述支出。因此，当产成品存货较多时，企业可以采用较为优惠的信用条件进行赊销，尽快地实现存货向销售收入的转化，变持有存货为持有应收账款，可以节约各项存货管理支出。

（二）应收账款的成本

企业在采取赊销方式促进销售的同时，会因持有应收账款而付出一定的代价，这种代价，即为应收账款的成本。其内容包括以下几方面。

1. 机会成本

应收账款的机会成本是指因资金投放在应收账款上而丧失的其他收入，如投资于有价证券便会产生利息收入。这一成本的大小通常与企业维持赊销业务所需要的资金（即应收账款

投资额)、资金成本率有关。其计算公式为

$$应收账款机会成本 = 维持赊销业务所需要的资金 \times 资金成本率 \qquad (6\text{-}5)$$

维持赊销业务所需要的资金可按下列步骤计算：

(1)计算应收账款周转率：

$$应收账款周转率 = \frac{360}{平均收账天数} \qquad (6\text{-}6)$$

(2)计算应收账款平均余额：

$$应收账款平均余额 = \frac{赊销收入净额}{应收账款周转率} \qquad (6\text{-}7)$$

即

$$应收账款平均余额 = 平均每日赊销额 \times 平均收账天数$$

(3)计算赊销业务所需的资金：

$$维持赊销业务所需要的资金 = 应收账款平均余额 \times \frac{变动成本}{销售收入}$$

$$= 应收账款平均余额 \times 变动成本率 \qquad (6\text{-}8)$$

(4)计算应收账款的机会成本。

在上述分析中，假设企业的成本水平保持不变，即单位变动成本不变，固定成本总额不变，因此随着赊销业务的扩大，只有变动成本随之上升。

【例6-2】 假设某企业预测的年度赊销收入净额为 1 200 000 元，应收账款周转期为 60 天，变动成本率为 40%，资金成本率为 7%，则应收账款的机会成本为多少？

$$应收账款周转率 = \frac{360}{60} = 6(次)$$

$$应收账款平均余额 = \frac{1\ 200\ 000}{6} = 200\ 000(元)$$

$$维持赊销业务所需资金 = 200\ 000 \times 40\% = 80\ 000(元)$$

$$应收账款机会成本 = 80\ 000 \times 7\% = 5\ 600(元)$$

通过上述计算可以看出，企业投放 80 000 元的资金可以维持 1 200 000 元的赊销业务，相当于垫支资金的 20 多倍。这一较高的倍数在很大程度上取决于应收账款周转率。在正常情况下，应收账款机会成本在很大程度上取决于维持赊销业务所需要的资金。应收账款周转率越低，维持相同赊销额所需要的资金就越大。因此，降低机会成本的常见方法是尽量缩短应收账款的回收时间。

2. 管理成本

应收账款的管理成本是指企业对应收账款进行管理而耗费的开支，主要包括对顾客信用状况进行调查的费用、收集各种信息的费用、收账费用等。

3. 坏账成本

应收账款基于商业信用而产生，存在无法收回的可能性，由此而给应收账款持有企业带来的损失，即坏账成本。这一成本一般与应收账款数量呈同方向变动，即应收账款越多，坏账成本也越多。

(三)应收账款管理的目标

从某种意义上讲,赊销可以增加企业竞争能力,扩大销售,增加收益,降低存货管理成本等,但同时也存在着应收账款投资成本,即机会成本、管理成本、坏账成本等。应收账款投资收益与风险并存的客观现实,要求企业必须对增加应收账款增加的收益与增加的成本加以全面权衡。应收账款管理的目标是在发挥应收账款强化竞争、扩大销售功能的同时,尽可能降低投资的机会成本、坏账成本与管理成本,最大限度地提高应收账款投资的收益。

二、信用政策

信用政策即应收账款的管理政策,是指企业对应收账款投资进行规划与控制而确立的基本原则与行为规范,包括信用标准、信用条件和收账政策三部分内容。

(一)信用标准

信用标准是客户获得企业商业信用所应具备的最低条件,通常以预期的坏账损失率表示。如果企业把信用标准定得过高,将使许多客户因信用品质达不到所设的标准而被企业拒之门外,其结果尽管有利于降低违约风险及收账费用,但不利于企业市场竞争能力的提高和销售收入的扩大。如果企业接受较低的信用标准,虽然有利于企业扩大销售,提高市场竞争力和占有率,但同时也会导致坏账损失风险加大和收账费用增加。

信用标准的确定,主要依据客户信用状况即"5C"来确定。"5C"是指:

1. 信用品质(Character)

信用品质指顾客愿意履行其付款义务的可能性。这一因素在信用评估中是最重要的因素。主要通过了解客户过去的偿债记录进行分析评价,从而对客户的履约品德做到心中有数。

2. 偿付能力(Capacity)

偿付能力指顾客偿还货款的能力。因为偿还到期债务依赖企业流动资产中的速动资产,所以应重点了解客户的流动资产的数量、质量以及流动负债的性质,进而综合分析客户的流动比率和速动比率。只有流动比率和速动比率都保持在较为理想的状态(即流动比率大约为2,速动比率大约为1),我们才认为其偿还债务的物质保证雄厚。

3. 资本(Capital)

资本是指客户拥有的资本金,反映了客户的经济实力和财务状况优劣,是客户偿还债务的最终保证。

4. 抵押品(Security)

抵押品是指客户提供的作为履约保证的资产,作为信用担保的抵押财产,必须是客户所实际拥有并且应具有较高的变现能力,客户提供的抵押品越充足,信用的安全保障就越大。

5. 经济状况(Conditions)

经济状况是指社会经济环境发生变化时,对客户经济状况和偿债能力的影响,对此,应了解客户在以往发生财务困难时的应变能力。

上述五种信用状况,可通过直接查阅客户的财务报表或通过银行提供的客户信用资料取得,也可通过专门信用评估机构评估发布的资料取得。

（二）信用条件

信用标准解决是否接受客户信用订单的问题，企业一旦决定给予客户信用销售，就需要考虑具体的信用条件问题。信用条件就是指企业接受客户信用订单时所提出的付款要求，主要包括信用期限、折扣期限及现金折扣率。信用条件表示为 2/10、1/20、$n/30$ 等形式，其含义为：给予客户 30 天的信用期限，客户若能在开票后的 10 天之内付款，便可以得到 2% 的现金折扣，超过 10 日而能在 20 日内付款时，也可以得到 1% 的现金折扣，否则，只能全额支付账面款项。这里，2%、1% 为现金折扣，10 天、20 天为折扣期限，30 天为信用期限，也就是企业要求客户支付货款的宽限期限。

1. 信用期限

信用期限是指企业允许客户从购货到支付货款的时间间隔。企业产品销售量与信用期限之间存在着一定的依存关系。通常，延长信用期限，可以在一定程度上扩大销售量，从而增加毛利。但不适当地延长信用期限，会给企业带来不良后果：一是使平均收账期延长，占用在应收账款上的资金相应增加，引起机会成本增加；二是引起坏账损失和收账费用的增加。因此，从理论上讲，只要延长信用期限增加的收入大于相应增加的成本，就可以延长信用期限。

2. 现金折扣和折扣期限

延长信用期限会增加应收账款占用的时间和金额。许多企业为了加速资金周转，及时收回货款，减少坏账损失，往往在延长信用期限的同时，采用一定的优惠措施，即在规定的时间内提前偿付货款的客户可按销售收入的一定比率享受折扣。现金折扣实际上是对现金收入的扣减，企业决定是否提供以及提供多大程度的现金折扣，着重考虑的是提供折扣后所得的收益是否大于现金折扣的成本。现金折扣方式会加速应收账款的收回，如果加速收款带来的机会收益能够绰绰有余地补偿现金折扣成本，企业就可以采取现金折扣或进一步改变当前的折扣方针；如果加速收款的机会收益不能补偿现金折扣成本的话，现金优惠条件便被认为是不恰当的。

3. 信用条件备选方案的评价

虽然企业在信用管理政策中，已对可接受的信用风险水平做了规定，但当企业的生产经营环境发生变化时，就需要对信用管理政策中的某些规定进行修改和调整，并对改变条件的各种备选方案进行认真评价。

【例 6-3】 信用期限决策。

某企业预测的 2002 年度赊销额为 3 600 万元，其信用条件是 $n/30$，变动成本率为 50%，资金成本率（或有价证券利息率）为 10%。假设企业收账政策不变，固定成本总额不变。该企业准备了三个信用条件的备选方案：

A：维持 $n/30$ 的信用条件；

B：将信用条件放宽到 $n/60$；

C：将信用条件放宽到 $n/90$。

为各种备选方案估计的赊销水平、坏账百分比和收账费用等有关数据见表 6-1，根据表 6-2 中的资料可知，在这三种方案中，B 方案（$n/60$）的获利最大，它比 A 方案（$n/30$）增加收益 91.2 万元；比 C 方案（$n/90$）增加收益 116.7 万元。因此，在其他条件不变的情况下，应选择 B 方案。

【例6-4】 现金折扣率的选择。

仍按【例6-3】所列资料为例，如果企业选择了 B 方案，但为了加速应收账款的回收，决定将赊销条件改为 2/10、1/20、$n/60$（D 方案），估计约有 60% 的客户（按赊销额计算）会利用 2% 的折扣；15% 的客户将利用 1% 的折扣。坏账损失率降为 2%，收账费用降为 30 万元。根据上述资料，有关指标可计算如下：

应收账款平均收账天数 $= 60\% \times 10 + 15\% \times 20 + (1 - 60\% - 15\%) \times 60 = 24$（天）

应收账款平均余额 $= 3\,960 \div 360 \times 24 = 264$（万元）

维持赊销业务所需要的资金 $= 264 \times 50\% = 132$（万元）

应收账款机会成本 $= 132 \times 10\% = 13.2$（万元）

坏账损失 $= 3\,960 \times 2\% = 79.2$（万元）

现金折扣 $= 3\,960 \times (2\% \times 60\% + 1\% \times 15\%) = 53.46$（万元）

根据以上资料可编制表6-1。

表 6-1　信用条件备选方案　　　　　　　　　单位：万元

项目　　　信用条件　　方案	A $n/30$	B $n/60$	C $n/90$
年赊销额	3 600	3 960	4 200
应收账款平均收账天数	30	60	90
应收账款平均余额	$3\,600 \div 360 \times 30 = 300$	$3\,960 \div 360 \times 60 = 660$	$4\,200 \div 360 \times 90 = 1\,050$
维持赊销业务所需要的资金	$300 \times 50\% = 150$	$660 \times 50\% = 330$	$1\,050 \times 50\% = 525$
坏账损失/年赊销额	2%	3%	6%
坏账损失	$3\,600 \times 2\% = 72$	$3\,960 \times 3\% = 118.8$	$4\,200 \times 6\% = 252$
收账费用	36	60	144

根据以上材料，可计算如下指标，见表6-2。

表 6-2　信用条件分析评价表　　　　　　　　单位：万元

项目　　　信用条件　　方案	A $n/30$	B $n/60$	C $n/90$
年赊销额	3 600	3 960	4 200
变动成本	1 800	1 980	2 100
信用成本前收益	1 800	1 980	2 100
信用成本			
应收账款机会成本	$150 \times 10\% = 15.0$	$330 \times 10\% = 33.0$	$525 \times 10\% = 52.5$
坏账损失	72	118.8	252
收账费用	36	60	144
小计	123	211.8	448.5
信用成本后收益	1 677	1 768.2	1 651.5

表6-3　信用条件分析评价表　　　　　　　　　　　单位：万元

项目＼方案（信用条件）	B（n/60）	D（2/10，1/20，n/60）
年赊销额	3 960	3 960
减：现金折扣	—	53.46
年赊销净额	3 960	3 906.54
减：变动成本	1 980	1 980
信用成本前收益	1 980	1 926.54
减：信用成本		
应收账款机会成本	330×10%＝33.0	13.2
坏账损失	118.8	79.2
收账费用	60	30
小计	211.8	122.4
信用成本后收益	1 768.2	1 804.14

计算结果表明，实行现金折扣以后，企业的收益增加35.94万元，因此，企业改变信用条件的决策是正确的。

（三）收账政策

收账政策是指企业针对客户违反信用条件，拖欠甚至拒付账款所采取的收账策略与措施。

通常步骤是：当账款被客户拖欠或拒付时，企业应当首先分析现有的信用标准及信用审批制度是否存在纰漏；然后重新对违约客户的资信等级进行调查、评价。将信用品质恶劣的客户从信用名单中删除，对其所拖欠的款项可先通过信函、电讯或者派员前往等方式进行催收，态度可以渐加强硬，并提出警告。当这些措施无效时，可考虑通过法院裁决。对于信用记录一向正常的客户，不妨派人与客户直接协商，彼此沟通意见，达成谅解妥协，既可密切相互间的关系，又有助于较为理想地解决账款拖欠问题。

企业对拖欠的应收账款，无论采用何种方式进行催收，都需要付出一定的代价，即收账费用。如收款所花的邮电通信费、派专人收款的差旅费等。

一般而言，企业加强收账管理，及早收回货款，可以减少坏账损失，减少应收账款上的资金占用，但会增加收账费用。因此，制定收账政策就是要在增加收账费用与减少坏账损失、减少应收账款机会成本之间进行权衡，若前者小于后者，说明制定的收账政策是可取的。

三、应收账款日常管理

对于已经发生的应收账款，企业还应进一步强化日常管理工作，采取有力措施进行分析控制，及时发现问题，提前采取对策。这些措施主要包括应收账款追踪分析、应收账款账龄分析、应收账款收现保证率分析。

（一）应收账款追踪分析

应收账款追踪分析是指卖方企业在应收账款发生以后对买方企业的销售情况进行的追踪分析。大多数企业都不愿以损失市场信誉为代价而拖欠赊销企业账款，但是一旦出现商品积压、现金匮乏的情况，企业正是从自身利益考虑出发，势必会出现拖欠或拒付货款的情况。因此，赊销企业要按期足额收回账款，就有必要在收账之前，对该项应收账款的运行过程进行追踪分析。当然，赊销企业不可能也没必要对全部的应收账款都实施追踪分析。一般来讲，赊销企业主要应把那些金额大或信用品质较差的客户作为考察的重点。

（二）应收账款账龄分析

应收账款账龄分析是指企业财务管理人员针对企业应收账款账龄长短的不同，编制应收账款账龄分析表。通过对应收账款账龄分析，企业财务管理人员根据具体情况，制定相应的收账政策以及依据有关规定进行坏账处理。账龄是指从应收账款发生到进行应收账款账龄分析的时间。企业已发生的应收账款时间长短不一，有的尚未超过信用期，有些则已逾期拖欠。从理论上讲，应收账款逾期拖欠时间越长，账款催收的难度越大，成为坏账的可能性也就越高。因此，应进行账龄分析，密切注意应收账款的回收情况，及时制定有效的收账措施，以提高对应收账款的管理能力。

【例6-5】　某企业2005年12月31日应收账款的资料见表6-4。

表6-4　应收账款账龄分析表

2005年12月31日

账龄	金额（元）	占应收账款的权重（%）
信用期内	142 000	71
超过信用期1~30天	28 000	14
超过信用期31~60天	12 000	6
超过信用期60天以上	18 000	9
合计	200 000	100

通过应收账款账龄分析表，可以了解到该企业应收账款的占用情况。其中，71%的应收账款在信用期内，对于这部分款项，应密切关注其回收情况，尽量防止拖欠出现。超过信用期限一到两个月的应收账款占20%，对于这部分款项，财务管理人员应在分析拖欠原因的基础上，有针对性地制定收账政策及催讨方案。超过信用期60天以上的应收账款占9%，对于这部分款项，需要引起足够的重视，应在认真分析的基础上进行决策，对能收回的应尽量设法收回，对于确实无法收回的应收账款，依据有关规定列作坏账损失处理。

（三）应收账款收现保证率分析

应收账款收现保证率是反映有效收现的账款占全部应收账款的比重。应收账款发生以后，由于种种原因，总有一部分不能按期如数收回，但是企业必须在当期用现金支付与赊销收入有关的增值税、所得税以及弥补应收账款收现额之间经常存在着非对称性矛盾。为了解决这一矛盾，企业对应收账款当期最低收现额做了规定，并要求企业在对应收账款进行管理中把它作为控制应收账款收现水平的依据，如果实际收现情况达不到这一标准，就会影响企业预期经营目标的实现和信誉地位的提高。因此，企业财务管理人员应以应收账款收现保证率为收现水平控制依据，认真制订或完善收账政策及催讨方法，从而采取有效的措施加速应收账款的回收。

其计算公式为

$$应收账款收现保证率 = \frac{当期必要现金支付总额 - 当期其他稳定可靠的现金流入总额}{当期应收账款总计金额}$$

$$(6-9)$$

公式中的其他稳定可靠的现金流入总额，是指从应收账款收现以外的途径可以取得的各种稳定可靠的现金流入数额，包括短期有价证券变现净额、可随时取得的银行贷款额等。

第四节　存货管理

存货是指企业在日常生产经营过程中为生产或销售而储备的物资。

一、存货的功能与成本

企业持有充足的存货，不仅有利于生产过程的顺利进行，节约采购费用与生产时间，而且能够迅速地满足客户各种订货的需要，从而为企业的生产与销售提供较大的机动性，避免因存货不足带来的机会损失。然而存货的增加必然要占用更多的资金，将使企业付出更大的持有成本（即存货的机会成本），而且存货的储存和管理费用也会增加，影响企业获利能力的提高。进行存货管理的主要目的是控制存货水平，在存货的功能与成本之间权衡利弊，在充分发挥存货功能的同时，尽可能降低存货成本，增加收益。

（一）存货的功能

存货的功能是指存货在企业生产经营过程中所具有的作用，主要表现在以下几方面。

1. 防止停工待料

储存必要的原材料存货和在产品、半成品存货是企业生产正常进行的前提与保障。就企业外部而言，供货方的生产和销售可能会因某些原因暂停或推迟，从而影响企业材料的及时采购、入库和投产。就企业内部而言，也可能会由于某些原因影响企业材料的及时采购、入库和投产。所以，有适量的原材料和半成品等的储备，就能使各生产环节调度更加合理、各生产工序更为协调、联系更为紧密，避免因等待半成品等而停产。可见，适量的存货能有效地防止停工待料，保证生产的正常进行。

2. 保持销售的连续进行

企业储备适量的产成品存货，能够及时供应市场，满足客户的需要。若企业产成品库存不足，会错失许多销售良机，从而影响到企业的利润水平。

3. 降低进货成本

很多企业为扩大销售规模，对购货方提供较优惠的商业折扣待遇，即购货达到一定数量时，便在价格上给予相应的折扣优惠。企业采取批量集中进货，可获得较多的商业折扣。此外，通过增加每次购货数量，减少购货次数，可以降低采购费用支出。

4. 维持均衡生产

有的企业的生产属于季节性生产，或者说有的企业的产品需求很不稳定，如果根据市场需求，产量时高时低地进行生产，有时生产能力会被闲置，有时又会出现超负荷生产，这都会使生产成本提高。为了降低生产成本，最好的办法就是实行均衡生产，这必然会产生一定的产成品存货。

（二）存货成本

为充分发挥存货的功能，企业必须储备一定的存货，但也会由此而发生各项支出，这就是存货成本。具体包括以下内容。

1. 购置成本

购置成本即存货进价，是指存货本身的价值，等于采购单价与采购数量的乘积。假设物价不变且无采购数量折扣，在一定时期进货总量既定的条件下，无论企业采购次数如何变动，存货的进价成本通常是保持相对稳定的，因而属于决策无关成本。

2. 订货成本

订货成本是指企业每次组织进货而需要开支的各项进货费用，如手续费、办公费、邮资、差旅费、运输费、检验费、入库搬运费等支出。进货费用有一部分与订货次数有关，如邮资、差旅费、运输费等费用与进货次数呈正比例变动。这类变动性进货费用属于决策的相关成本。另一部分与订货次数无关，如专设采购机构的基本开支等，这类固定性进货费用则属于决策的无关成本。

3. 储存成本

企业为持有存货而发生的费用即为存货的储存成本，主要包括存货资金占用费（以贷款购买存货的利息成本）、仓储费用、存货残损霉变损失等。储存成本按照与储存数额的关系分为固定性储存成本和变动性储存成本两类。固定性储存成本与存货储存数额的多少没有直接的联系，如仓库折旧费、仓库职工的月工资等，这类成本属于决策的无关成本；而变动性储存成本则随着存货储存数额的增减呈正比例关系，如存货资金的应计利息等，这类成本属于决策的相关成本。

4. 缺货成本

缺货成本是指因存货不足，导致生产经营中断，而给企业造成的损失。包括原材料供应中断造成的停工损失或临时高价采购而发生的损失，产成品储备不足造成的丧失掉销售机会的损失以及延期发货的信誉损失。缺货成本一般不易计量，它与存货储备量反向相关。

二、存货经济批量模型

经济进货批量是指能够使一定时期存货的相关总成本达到最低点的进货数量。从前面的分析可知，与存货经济批量相关的总成本包括变动性订货成本（简称订货成本）、变动性储存成本（简称储存成本）和允许缺货情况下的缺货成本。即

$$存货总成本 = 订货成本 + 储存成本 + 缺货成本$$

以此为依据，建立经济批量的基本模型。

（一）经济进货批量基本模式

建立经济批量模型的前提条件：①企业全年存货的需要量已知；②存货的耗用（或销售）均衡发生；③存货的价格稳定且不存在价格折扣；④不存在市场短缺，且存货能够及时补充；⑤不允许出现缺货。

由于不允许出现缺货，所以不存在缺货成本，因此，基本经济批量相关的存货成本只有订货成本和储存成本，并且两者与订货批量呈方向相反的变动关系，即订货批量大，储存成本就高，但全年订货的次数就少，订货成本就低；订货批量小，储存成本低，但全年订货次数就多，订货成本高。经济订货批量就是找出使储存成本与订货成本之和最低的每次订货数量。

假设，Q 为经济进货批量，A 为某种存货年度计划进货总量，B 为平均每次进货费用，C 为单位存货年度单位储存成本，P 为进货单价。则

$$经济进货批量(Q) = \sqrt{\frac{2AB}{C}} \tag{6-9}$$

$$经济进货批量的存货相关总成本(TC) = \sqrt{2ABC} \tag{6-10}$$

$$经济进货批量平均占用资金(W) = \frac{PQ}{2} = P\sqrt{\frac{AB}{2C}} \tag{6-11}$$

$$年度最佳进货批次(N) = \frac{A}{Q} = \sqrt{\frac{AC}{2B}} \tag{6-12}$$

【例6-6】 某企业全年需要甲材料1 200千克，每一次的订货成本为400元，单位储存成本6元，材料单价为20元/千克。

则经济订货批量：

$$Q = \sqrt{\frac{2AB}{C}} = \sqrt{\frac{2 \times 1\,200 \times 400}{6}} = 400(千克)$$

经济订货批量下的存货总成本：

$$TC = \sqrt{2ABC} = \sqrt{2 \times 1\,200 \times 400 \times 6} = 2\,400(元)$$

全年最佳订货批次：

$$N = \frac{A}{Q} = \frac{1\,200}{400} = 3(次)$$

平均占用资金：

$$W = \frac{400 \times 20}{2} = 4\,000(元)$$

（二）实行数量折扣的经济进货批量模式

在基本经济批量分析中，是以假定不存在价格折扣为前提，而现实中，许多企业为扩大销售，对大批量采购在价格上都会给予一定的优惠，在这种情况下，购置成本也成为决策的相关成本，即

$$总成本 = 储存成本 + 订货成本 + 购置成本$$

计算的基本步骤是：先假设不存在价格折扣，计算基本经济批量，然后加进不同批量的购置成本，通过比较，确定出总成本最低的订货批量，即有数量折扣时的经济订货批量。

【例6-7】 某企业甲材料的年需要量为 16 000 千克，每千克标准价为 20 元。销售企业规定：客户每批购买量不足 1 000 千克的，按照标准价格计算；每批购买量 1 000 千克以上，2 000 千克以下的，价格优惠 2%；每批购买量 2 000 千克以上的，价格优惠 3%。已知每批进货费用 600 元，单位材料的年储存成本 30 元。

按经济进货批量基本模式确定的经济进货批量为

$$Q = \sqrt{\frac{2 \times 16\,000 \times 600}{30}} = 800\,(千克)$$

每次进货 800 千克时的存货相关总成本为

存货相关总成本 $= 16\,000 \times 20 + 16\,000/800 \times 600 + 800/2 \times 30 = 344\,000\,(元)$

每次进货 1 000 千克时的存货相关总成本为

存货相关总成本 $= 16\,000 \times 20 \times (1 - 2\%) + 16\,000/1\,000 \times 600 + 1\,000/2 \times 30 = 338\,200\,(元)$

每次进货 2 000 千克时的存货相关总成本为

存货相关总成本 $= 16\,000 \times 20 \times (1 - 3\%) + 16\,000/2\,000 \times 600 + 2\,000/2 \times 30 = 345\,200\,(元)$

通过比较发现，每次进货为 1 000 千克时的存货相关总成本最低，所以此时最佳经济进货批量为 1 000 千克。

三、存货日常管理

存货日常管理的目标是在保证企业生产经营正常进行的前提下尽量减少库存，防止积压。本书介绍两种行之有效的管理方法：存货存储期控制法和存货 ABC 分类管理法。

(一)存货存储期控制法

无论是商品流通企业还是生产制造企业，其商品产品一旦入库，便面临着如何尽快销售出去的问题。即使不考虑未来市场供求关系的不确定性，仅是存货储存本身就要求企业付出一定的资金占用费和仓储管理费。因此，尽力缩短存货储存时间，加速存货周转，是节约资金占用、降低成本费用、提高企业获利水平的重要保证。

按照存货储存期长短与存货投资所发生的费用支出的关系，可以把存货储存费用分为固定储存费用和变动储存费用两类。固定储存费用数额的大小与存货储存期的长短无直接联系，如各项进货费用、管理费用等。变动储存费用数额的大小随着存货储存期的延长或缩短而发生增减变化，如存货资金占用费、存货仓储管理费等。

根据量本利的平衡关系可知：

利润 = 毛利 – 固定储存费 – 销售税金及附加 – 每日变动储存费 × 储存天数　　(6-13)

上式稍做变形便可得出存货保本储存天数(利润为零)和存货保利储存天数(利润为目标利润)的计算公式：

$$存货保本储存天数 = \frac{毛利 - 固定储存费 - 销售税金及附加}{每日变动储存费} \quad (6-14)$$

$$存货保利储存天数 = \frac{毛利 - 固定储存费 - 销售税金及附加 - 目标利润}{每日变动储存费} \quad (6-15)$$

其中

$$日变动储存费 = 日利息 + 日保管费 + 日仓储损耗$$

可见，存货的储存成本之所以会不断增加，主要是变动储存费随着存货储存期的延长而不断增加的结果，所以利润与费用之间此增彼减的关系实际上是利润与变动储存费之间此增彼减的关系。这样，随着存货存储期的延长，利润将日渐减少。当毛利扣除固定储存费和销售税金及附加后的差额完全被变动储存费抵消时，便意味着存货已经到了保本期。当毛利扣除固定储存费、销售税金及附加和变动储存费恰好等于企业目标利润时，表明存货在保利期。无疑，存货如果能够在保利期内售出，所获得的利润便会超过目标利润。反之将难以实现既定的目标利润。倘若存货不能在保本期内售出的话，企业便会蒙受损失。

一般而言，凡超过保本期的存货大多属于积压滞销存货，此时企业应当采取相应措施减少库存降低损失。对于介于保利期和保本期之间的存货，企业应在查明原因的基础上尽早采取措施。对于尚未超过保利期的存货企业应当密切关注，严格控制，以防遭受过期损失。

（二）存货 ABC 分类管理法

ABC 分类管理法就是把企业的全部存货按照占用资金的大小和品种数量的多少划分为 A、B、C 三类，然后采用不同的方法进行管理的一种存货管理方法。

1. 存货 ABC 分类的标准

分类标准有两个，一是金额标准，二是品种数量标准，其中最主要的是金额标准。A 类存货的特点是品种数量较少但占用资金数额较大。对于此类存货，应进行重点控制，可以按照每一个品种进行管理。B 类存货的特点是品种数量及占用资金数额相对居中。对于此类存货，企业通常没有能力对每一具体品种进行控制，因此可以通过划分类别的方式进行管理。C 类存货尽管品种数量繁多，但其所占金额却很小，对此，企业只要把握一个总金额就完全可以了。一般而言，三类存货的金额比重大致为 A:B:C=0.7:0.2:0.1，而品种数量比例大致为 A:B:C=0.1:0.2:0.7。

2. A、B、C 三类存货的具体过程

具体过程可以分为三个步骤（有条件的可通过计算机进行）：

(1)列示企业全部存货的明细表，并计算出每种存货的价值总额及占全部存货金额的百分比。

(2)按照金额标志由大到小进行排序并累加金额百分比。

(3)当金额百分比累加到 70% 左右时，以上存货视为 A 类存货；百分比介于 70% ~ 90% 之间的存货作为 B 类存货，其余则为 C 类存货。

例如，某公司共有 18 种材料，共占有资金 2 000 000 元，根据存货 ABC 分类标准将 18 种材料划分为三类进行管理，见表 6-5。

表 6-5　存货 ABC 分类表

材料品种编号	占用资金数额（元）	类别	存货数量（种）	存货数量比重（%）	存货数量数额（元）	存货金额比重（%）
1 2	1 000 000 500 000	A	2	11.11	1 500 000	75

续表

材料品种编号	占用资金数额（元）	类别	存货数量（种）	存货数量比重（%）	存货数量数额（元）	存货金额比重（%）
3	200 000					
4	100 000					
5	50 000	B	5	27.8	400 000	20
6	30 000					
7	20 000					
8	17 000					
9	15 000					
10	13 000					
11	12 000					
12	11 000					
13	10 000	C	11	61.1	100 000	5
14	8 000					
15	5 000					
16	4 000					
17	3 000					
18	2 000					
合计	2 000 000		18	100	2 000 000	100

通过对该公司存货进行 ABC 分类，可以使企业分清主次，采用相应的对策管理、控制。这种方法一般对于企业存货数量多且企业管理能力有限的情况较适用。

同步训练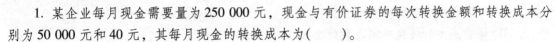

一、单项选择题

1. 某企业每月现金需要量为 250 000 元，现金与有价证券的每次转换金额和转换成本分别为 50 000 元和 40 元，其每月现金的转换成本为（　　）。

　　A. 200 元　　　　　　B. 1 250 元　　　　　　C. 40 元　　　　　　　D. 5 000 元

2. 企业在进行应收账款管理时，除了要合理确定信用标准和信用条件外，还要合理确定（　　）。

　　A. 现金折扣期间　　　　　　　　　B. 现金折扣比率

　　C. 信用期间　　　　　　　　　　　D. 收账政策

3. 控制现金支出的有效措施是（　　）。

　　A. 运用坐支　　　　　　　　　　　B. 运用透支

　　C. 提前支付账　　　　　　　　　　D. 运用浮游量

4. 某企业全年需用 A 材料 2 400 吨，每次订货成本为 400 元，每吨材料年储备成本 12 元，则每年最佳订货次数为（　　）次。

　　A. 12　　　　　　B. 6　　　　　　C. 3　　　　　　　D. 4

5. 现金作为一种资产，它的(　　)。

    A. 流动性强，盈利性差　　　　　　　　B. 流动性强，盈利性也强

    C. 流动性差，盈利性强　　　　　　　　D. 流动性差，盈利性也差

6. 若企业预测的年度赊销收入净额为 600 万元，应收账款平均收账天数为 30 天，则该企业的应收账款平均余额为(　　)。

    A. 20 万元　　　　B. 30 万元　　　　C. 40 万元　　　　D. 50 万元

7. 下列各项中不属于现金的是(　　)。

    A. 库存现金　　　B. 银行汇票　　　C. 商业汇票　　　D. 银行本票

8. 企业持有现金的原因主要是为了满足(　　)。

    A. 交易性、预防性和收益性需要　　　　B. 交易性、预防性和投机性需要

    C. 投机性、预防性和收益性需要　　　　D. 交易性、投机性和收益性需要

9. 应收账款收现保证率与下列因素无关的是(　　)。

    A. 当期坏账损失率　　　　　　　　　　B. 当期必要现金支付总额

    C. 当期其他稳定可靠的现金流入总额　　D. 当期应收账款总计金额

10. 存货 ABC 分类的标准中，(　　)是最基本的。

    A. 金额标准　　　　　　　　　　　　　B. 数量标准

    C. 金额标准和数量标准　　　　　　　　D. 体积标准

11. A 类存货是指(　　)。

    A. 金额占企业全部存货金额的 90% 以上而数量占 10% 以下的存货

    B. 金额占企业全部存货金额的 70% 以上而数量占 20% 以上的存货

    C. 金额占企业全部存货金额的 70% 以上而数量占 20% 以下的存货

    D. 金额占企业全部存货金额的 90% 以上而数量占 10% 以上的存货

12. 在确定现金持有量的存货模式中现金最佳持有量是指(　　)的存量。

    A. 持有机会成本和固定转换成本之和最小时

    B. 持有成本大于转换成本

    C. 持有成本小于转换成本

    D. 短缺成本和转换成本之和最小时

13. 信用期限、现金折扣和折扣期限三者构成(　　)。

    A. 信用标准　　　B. 信用政策　　　C. 收账政策　　　D. 信用条件

14. 利用邮政信箱法和银行业务集中法进行现金回收管理的共同优点是(　　)。

    A. 可以缩短支票邮寄时间　　　　　　　B. 可以降低现金管理成本

    C. 可以减少收账人员　　　　　　　　　D. 可以缩短发票邮寄时间

15. 下列各项中，不属于应收账款成本构成要素的是(　　)。

    A. 机会成本　　　　　　　　　　　　　B. 管理成本

    C. 坏账成本　　　　　　　　　　　　　D. 短缺成本

16. 企业在进行现金管理时，可利用的现金浮游量是指(　　)。

    A. 企业账户所记存款余额

    B. 银行账户所记企业存款余额

C. 企业账户与银行账户所记存款余额之差

D. 企业实际现金余额超过最佳现金持有量之差

17. 在对存货实行 ABC 分类管理的情况下，ABC 三类存货的品种数量比重大致为(　　)。

A. 0.7 : 0.2 : 0.1

B. 0.1 : 0.2 : 0.7

C. 0.5 : 0.3 : 0.2

D. 0.2 : 0.3 : 0.5

18. 下列各项中，属于应收账款机会成本的是(　　)。

A. 应收账款占用资金的应计利息

B. 客户资信调查费用

C. 坏账损失

D. 收账费用

19. 采用 ABC 法对存货进行控制时，应当重点控制的是(　　)。

A. 数量较多的存货

B. 占用资金较多的存货

C. 品种较多的存货

D. 库存时间较长的存货

20. 持有过量现金可能导致的不良后果是(　　)。

A. 财务风险加大

B. 收益水平下降

C. 偿债能力下降

D. 资产流动性下降

二、多项选择题

1. 企业持有现金的动机有(　　)。

A. 交易动机

B. 预防动机

C. 投机动机

D. 维持补偿性余额

2. 信用条件的组成要素有(　　)。

A. 信用期限

B. 现金折扣期

C. 现金折扣率

D. 商业折扣

3. 为了提高现金使用效率，企业应当(　　)。

A. 加速收款并尽可能推迟付款

B. 尽可能使用汇票付款

C. 使用现金浮游量

D. 用现金支付工人工资

4. 在存货管理的 ABC 法中，对存货进行分类的标准包括(　　)。

A. 数量标准

B. 质量标准

C. 重量标准

D. 金额标准

5. 现金的成本通常包括(　　)。

A. 持有成本

B. 机会成本

C. 转换成本

D. 短缺成本

E. 现金的管理费用

6. 应收账款的成本包括(　　)。

A. 机会成本

B. 短缺成本

C. 管理成本

D. 坏账成本

7. 客户资信程度的高低通常取决于(　　)。

A. 信用品质

B. 偿付能力

C. 资本

D. 抵押品

8. 信用政策包括(　　)。

A. 信用标准

B. 信用期限

C. 信用条件

D. 现金折扣和折扣期限

9. 存货在企业的生产经营过程中的功能主要有(　　)。

A. 防止停工待料

B. 适应市场变化

C. 降低进货成本

D. 维持均衡生产

10. 下列说法正确的是(　　)。

    A. A类存货应按品种管理　　　　　　B. B类存货应按类别管理

    C. C类存货应按品种管理　　　　　　D. C类存货应按总额灵活管理

三、判断题

1. 企业现金持有量过多会降低企业的收益水平。　　　　　　　　　　　(　　)

2. 企业持有的现金总额就是各种动机所需的现金余额之和。　　　　　　(　　)

3. 现金与有价证券的变动性转换成本与证券交易次数有关，属于决策相关成本。
　　　　　　　　　　　　　　　　　　　　　　　　　　　　　　　　(　　)

4. 增加收账费用，就会减少坏账损失，当收账费用增加到一定程度时，就不会发生坏账损失。　　　　　　　　　　　　　　　　　　　　　　　　　　　(　　)

5. 企业通过信用调查和严格信用审批制度，可以解决账款遭到拖欠甚至拒付的问题。
　　　　　　　　　　　　　　　　　　　　　　　　　　　　　　　　(　　)

6. 存货具有降低进货成本的功能。　　　　　　　　　　　　　　　　　(　　)

7. 企业营运资金余额越大，说明企业风险越小，收益率越高。　　　　　(　　)

8. 在有数量折扣的经济进货批量模式下，需要考虑的相关成本包括变动性进货费用和变动性储存成本。　　　　　　　　　　　　　　　　　　　　　　　(　　)

9. 信用条件是客户获得企业商业信用所应具备的最低条件，通常以预期的坏账损失率表示。　　　　　　　　　　　　　　　　　　　　　　　　　　　　　(　　)

10. 企业现金管理的目的首先是使得现金获得最大的收益，其次是保证日常生产经营业务的现金需求。　　　　　　　　　　　　　　　　　　　　　　　　　(　　)

四、计算分析题

1. A公司现金收支平稳，预计全年(按360天计算)现金需要量为250 000元，现金与有价证券的转换成本为每次500元，有价证券年利率为10%。计算：

(1)最佳现金持有量；

(2)最低现金管理总成本、转换成本、持有机会成本；

(3)有价证券交易次数、有价证券交易间隔期。

2. 某公司年度赊销收入预测值为450万元，信用条件为5/20、n/60，估计约有50%的客户(按赊销额计算)会利用5%的折扣，变动成本率为70%，资金成本率为12%。试计算应收账款的机会成本。

3. 某公司预计年耗用乙材料6 000千克，单位采购成本为15元，单位储存成本为9元，平均每次进货费用为30元，假设该材料不存在短缺情况，试计算：

(1)乙材料的经济进货批量；

(2)经济进货批量下的总成本；

(3)经济进货批量的平均占用资金；

(4)年度最佳进货批次。

五、简答题

1. 企业持有现金的动机有哪些？现金管理的目的是什么？

2. 现金的日常控制工作应如何进行？

3. 应收账款的管理目标是什么？信用政策的内容有哪些？在制定信用政策时企业应考虑哪些因素？

4. 应收账款的成本包括哪些内容？

5. 储备的存货成本都有哪些？

六、参考案例

海尔的"三个零"

创立于 1984 年的海尔集团，多年来持续稳定发展，已成为在海内外享有较高美誉的大型国际化企业集团。海尔集团坚持全面实施国际化战略，已建立起具有国际竞争力的全球设计网络、制造网络、营销与服务网络。

为应对网络经济和加入 WTO 的挑战，海尔从 1998 年开始实施以市场为纽带的业务流程再造，以订单信息流为中心带动物流、资金流的运动，加快了产品零库存、与用户零距离和零营运资本"三个零"目标的实现。

零库存，就是三个 JIT（适时生产），即 JIT 采购、JIT 送料、JIT 配送。这使得海尔能实现零库存。这里，海尔的仓库已经不叫仓库了，它只是一个配送中心。它是为了下道工序配送而暂存的一个地方。零库存不仅意味着没有大量的物资积压，不会因为这些物资积压形成呆滞物资，最重要的在于可以为零缺陷铺平道路。就是说，这些物资都是采购最好的、最新鲜的，它可以使质量保证有非常牢靠的基础。

零距离，就是拿到客户的订单后，以最快的速度满足客户的需求。包括生产过程，也是柔性的生产线，都是根据订单来进行的生产的。海尔在全国有多个配送中心，这些配送中心可以及时地将产品送到用户手中去。通过这种做法，可以实现零距离。零距离对企业来讲，不仅仅是意味着产品不需要积压，赶快送到用户手中，还有更深的一层意思，就是说，企业可以在市场当中不断地获取新的市场，创造新的市场。就像美国的管理大师德鲁克所说的："好的公司是满足需求，伟大的公司是创造市场。"

零营运资本，就是零流动资金占用。海尔因为有了前面的两个零，即零库存和零距离，因此也可以做到零营运资本。也就是说，在给分供方的付款期到来之前，可以先把用户欠的货款收回来。因为海尔可以做到现款现货，它是根据客户的订单来生产的，所以这个产品一到用户手里，用户就可以把贷款付给企业，这就使得海尔顺利进入良性运作的过程。

物流带给海尔的就是这三个零，但最重要的是，它可以使海尔寻求和获得核心竞争力。海尔的 CEO 张瑞敏认为，一只手抓住了用户的需求，另一只手抓住了可以满足用户需求的全球的供应链，把这两种能力结合在一起，这就是企业的核心竞争力。到目前为止，海尔通过业务流程的再造，建立现代物流，最后获得的就是在全世界都有能力进行竞争的核心竞争力，最终成为世界名牌，成为一个真正的世界 500 强的国际化企业。

思考与分析：

1. 从本案例可以看出"三个零"给海尔集团带来了什么？

2. 海尔的零库存模式需要什么样的条件？

3. 你从本案例得到什么启发？

第七章

利润分配管理

★学习目标

知识目标:

1. 了解利润构成及其分配原则;

2. 理解利润分配的一般程序和影响因素;

3. 掌握各种股利分配政策的基本原理、优缺点和适用范围。

技能目标:

1. 能够对比分析现金股利与股票股利两者的不同;

2. 能够按照股利政策理论分析某一企业的股利政策。

导语:

企业是否将税后利润全部分配给股东?股东大会或董事会如何决定利润的分配的顺序及数量?本章将介绍股份制公司有可能采取的各种股利分配政策,并分析采取这些股利分配政策的动机所在。

第一节 利润分配管理概述

一、利润的含义及构成

(一)利润概述

利润是企业在一定时期内生产经营成果的最终体现,在数额上表现为各项收入与支出相抵后的余额,是衡量企业经营管理水平的最重要的指标。

利润根据其构成的不同，可以表述为以下几个不同层次的含义：

1. 毛利润

毛利润是企业销售收入与销售成本的差额，它是一切利润的基础和源泉。毛利润的多少，决定了企业的财务基础和竞争地位。

2. 息税前利润

息税前利润是毛利润与经营费用之差，反映了公司的经营效果和盈利水平，也称为经营利润。它反映了不同企业间的不同资本结构、不同税率及其他有关因素的影响，较准确地对企业的经营管理水平进行定位。

3. 税前利润

税前利润是企业利润总额扣除应扣款项后的余额，是企业所得税的计税依据。

4. 税后利润

税后利润是企业税前利润扣除所得税后的余额，也称净利润，是公司股东权益的净增加额。

5. 普通股股东收益

普通股股东收益是公司税后利润减去优先股股息后的余额，它是决定公司股票价格最重要的因素，也是公司利润管理的重要内容。

（二）利润总额

利润总额是企业在一定时期内实现盈亏的总额，是企业最终的财务成果，正数表示盈利，负数表示亏损。利润总额集中反映企业生产经营活动的成果，是衡量企业生产经营管理的重要综合指标。企业利润总额包括销售利润、投资收益（减投资损失）以及营业外收支净额。其计算公式如下：

$$利润总额 = 销售利润 + 投资净收益 + 营业外收入 - 营业外支出$$

（三）销售利润

销售利润是利润的主要组成部分，是企业提供商品和劳务等营业活动所取得的净收益。企业在生产经营期间发生的管理费用和财务费用，属于期间费用，应当在当期得到抵补。因此，一定期间实现的产品销售利润和其他销售利润，应共同负担期间费用。产品销售利润和其他销售利润扣减管理费用和财务费用后的余额，就是销售利润。其计算公式如下：

$$销售利润 = 产品销售利润 + 其他销售利润 - 管理费用 - 财务费用$$

（四）产品销售利润和其他销售利润

企业销售产品取得的收入，称为产品销售收入。产品销售成本、产品销售费用、产品销售税金及附加与产品销售直接相关，应从产品销售收入中直接扣除。因此，计算产品销售利润可用下列公式：

$$产品销售利润 = 产品销售净收入 - 产品销售成本 - 产品销售费用 - 产品销售税金及附加$$

式中

$$产品销售净收入 = 销售收入 - 销售退回 - 销售折让 - 销售折扣$$

产品销售税金及附加，是指已销售产品负担的除增值税以外的各项价内税，包括增值税、消费税、城市维护建设税以及资源税等在销售环节缴纳的税金及教育费附加。企业收到出口产品退税以及减免税退回的税金，作为减少产品销售税金处理。

其他销售利润按同样道理计算如下：

其他销售利润＝其他销售收入－其他销售成本－其他销售税金及附加

（五）投资净收益

投资净收益是指企业对外投资收益扣除对外投资损失的净额，也是利润总额的构成部分。

投资收益包括：①企业以现金、实物、无形资产等形式进行对外投资分得的利润，以及联营、合作分得的利润；②企业以购买股票形式投资分得的股息和红利收入；③企业以购买债券形式投资获得的利息收入；④投资到期收回或者中途转让取得款项高于投资账面价值的差额；⑤企业按照权益法核算的股权投资在被投资单位增加的净资产中所拥有的数额等。

投资损失包括对外投资到期收回或者中途转让取得款项低于投资账面价值的差额，以及按照权益法核算的股权投资在被投资单位减少的净资产中所分担的数额等。

（六）营业外收入

企业的营业外收入，是指与企业主要生产经营活动无直接关系的各项收入，主要有如下各项内容：

1. 出售净收益

出售固定资产净收益是指转让或者变卖固定资产所取得的价款减清理费用后的数额与固定资产账面净值的差额。由于固定资产是企业的劳动手段，是为用而买，不是为卖而买，因此不作为销售收入，而应作为营业外收入。

2. 罚款收入

罚款收入是指企业取得的对方因违反国家有关行政管理法规按照规定支付的罚款。其包括因供货单位不履行合同而向其收取的赔款，因购买单位不履行合同、协议而向其收取的赔偿金、违约金等各种形式的罚款收入。

3. 因债权人原因确实无法支付的应付款项

这主要是指债权人单位变更登记或撤销等原因而无法支付的应付款项。

4. 教育费附加返还款

这是指企业自办职工子弟学校，在缴纳教育费附加后部门返还给企业的所办学校经费补贴款项。

（七）营业外支出

企业的营业外支出，是指与企业生产经营无直接关系的各项支出，主要有以下各项内容：

1. 固定资产盘亏、报废、毁损和出售的净损失

固定资产盘亏、毁损的净损失是指按照原价扣除累计折旧；过失人及保险公司赔款后的差额，固定资产报废的净损失是指清理报废固定资产的变价收入减去清理费用后与账目净值的差额。

2. 非正常停工损失

非正常停工损失是指非季节性和大修理期间所发生的停工损失。

3. 职工子弟学校经费和技工学校经费

职工子弟学校经费是指企业按照国家规定自办的职工子弟学校支出大于收入的差额，技工学校经费是指根据国家规定发生的自办技工学校的经费支出。按规定，新建校舍的资金支出属于资本性支出，不得列入营业外支出。

4. 非常损失

非常损失是指因自然灾害造成的各项资产损失和扣除保险赔款及残值后的净损失，由此造成的停工损失和善后清理费用也包括在内。

5. 公益救济性捐款

公益救济性捐款是指国内重大救灾或慈善事业的救济性捐赠支出。

6. 赔偿金、违约金

赔偿金、违约金是指企业因未履行经济合同、协议而向其他单位支付的赔偿金、违约金、罚息等罚款性支出。

二、增加利润的措施

企业利润是国家财政收入的主要来源，是企业扩大再生产的重要资金保证，是实现职工物质利益的前提条件。因此，企业不仅要为社会提供更多、更好的产品和服务，而且要不断增加企业利润。企业利润总额受多种因素影响，应从多方面挖掘和开拓增加利润的途径。

1. 增加产量，提高质量，不断扩大销售

工业企业生产是为了销售，以产保销，增产促销。产品的销售质量既取决于产品的质量，又取决于产品的社会需求量。生产量小于需求量的产品称为短线产品，短线产品销售量的高低，直接受产品产量的影响，因此应大力组织短线产品生产，增加产量，促进销售。产量大于需求量的产品称为长线产品，长线产品的销售取决于企业市场占有率，因此应选择有效的推销策略，提高市场占有率，扩大销售。由于社会消费的多样化，企业在产品品种和服务方式上也应力求多种多样，不断更新，扩大销售。因此，企业应努力提高产品质量和服务质量，从优质多销、优质优价上获得更多的利润。

2. 节约开支，降低成本

企业在销售收入既定的情况下，产品成本的高低和期间费用的大小，是决定企业利润多少的关键。成功的企业家都是在成本上下功夫，不断采取有效措施。例如，企业要加强思想政治工作，有效运用行为科学，调动职工积极性；进行智力投资，加强培训，提高职工素质；合理改进生产工艺，不断采用新技术，从而提高劳动生产效率，节约物质消耗和劳动消耗，以较低的成本费用生产出品种齐全、质量优良的产品，以保证产品销售后实现更多的利润。

3. 合理运用资金，加速资金周转

企业生产经营过程，从财务角度看，是将本求利的过程。合理使用资金，实质上是资金的有效配置，管好、用好各生产经营环节占用的各种财产物资，做到节约使用、合理消耗。企业要进行严格的经济核算，加强供产销等各环节的管理，处处精打细算，不断降低人力、物力消耗，减少资金占用，加速资金周转，提高企业经济效益，增加利润。

三、利润分配的原则

1. 依法分配的原则

为规范企业的收益分配行为，国家制定和颁布了若干法规，这些法规规定了企业收益分配的基本要求、一般程序和重大比例。企业的利润分配必须依法进行，这是正确处理企业各项财务关系的关键。

2. 分配与积累并重原则

企业的收益分配，要正确处理长期利益和近期利益这两者的关系，坚持分配和积累并重。企业除按规定提取法定盈余公积金以外，可适当留存一部分利润作为积累，这部分未分配利润仍归企业所有者所有。这部分积累的净利润不仅可以为企业扩大生产筹措资金，增强企业发展能力和抵抗风险的能力。同时，还可以供未来年度进行分配，起到以丰补歉、平均收益分配数额波动、稳定投资报酬率的作用。

3. 兼顾各方面利益原则

企业是经济社会的基本单元，企业的收益分配直接关系到各方面的切身利益。企业除依法纳税外，投资者作为资本投入者、企业的所有者，依法享有净收益的分配权。企业的债权人，在向企业投入资金的同时也承担了一定的风险，企业的收益分配中应当体现出对债权人利益的充分保护，不能伤害债权人的利益。另外，企业的员工是企业净收益的直接创造者，企业的收益分配应当考虑员工的长远利益。因此，企业进行收益分配时，应当统筹兼顾，维护各利益相关团体的合法权益。

4. 投资与收益对等原则

企业收益分配应当体现"谁投资谁受益"、收益大小与投资比例相匹配，即投资与收益对等的原则，这是正确处理企业与投资者利益关系的立足点。投资者因投资行为，以出资额依法享有收益分配权，就要求企业在向投资者分配利润时，要遵循公开、公平、公正的"三公"原则，不搞幕后交易，不帮助大股东侵蚀小股东利益，一视同仁地对待所有投资者，任何人不得以在企业中的特殊地位谋取私利，这样才能从根本上保护投资者的利益。

四、利润分配的方法

利润分配与企业财务管理体制有着密切的联系，企业利润的分配办法也会随着我国财务管理体制的变革做相应的变动。随着我国社会主义市场经济体制的确立和改革的深入，实行自主经营、自负盈亏、自我积累、自我发展的管理方针，企业利润分配总的原则是在投资者之间进行分配。

（一）企业统一依法缴纳所得税

国家作为执行社会管理职能的政权机构，为了维持国家机器的正常运转，必须按照国际惯例，依法向一切实现利润的企业征收所得税。每个企业必须按照国家税法规定的税率，及时、足额上缴所得税。企业依法上缴所得税，是其利润分配的第一个层次。新税制中体现公平税负的原则，为企业之间开展公平竞争创造了条件。

企业所得税是指在我国境内的企业就其生产经营所得和其他所得征收的一种税。计算公式为

$$应纳所得税税额 = 应纳税所得额 \times 税率$$
$$应纳税所得额 = 利润总额 \pm 税收调整项目$$

(二)税后利润的分配

企业从年度实现的利润总额中扣除按照国家规定应上缴的所得税后的余额即为税后利润。税后利润的分配顺序如下:

(1)处理被没收的财产损失;

(2)支付由于违反税法而补缴的滞纳金和罚款;

(3)弥补以前年度亏损。

按照现行制度规定,企业发生的年度亏损,可以用下一年度的税前利润弥补;下一年度利润不能弥补的,可以在五年内延续弥补,五年内不足弥补的,可以用税后利润弥补。

必须指出,税前利润弥补亏损可以用筹建期间的汇兑净收益予以弥补,税后补亏包括用以前年度提取的法定盈余公积金或任意盈余公积金。

(4)提取法定盈余公积金。法定盈余公积金应按照企业税后利润的10%提取,当法定盈余公积金已累计达注册资本金的50%时,可以不再提取。

(5)提取公益金。公益金是企业从税后利润中提取的用于职工的集体福利设施的支出。

(6)向投资者分配利润。企业以前年度如有未分配利润,可以并入本年度一起分配。

经过以上分配后,如尚有剩余利润,便是企业的未分配利润,可以结转下年继续使用。

对于股份制企业,制度规定,在提取法定盈余公积金后再按照下列顺序进行分配:①支付优先股股利。②提取任意盈余公积金。任意盈余公积金按照公司章程或股东代表大会决议提取,其目的是控制向投资者分配利润的水平以及调整各年利润分配的波动,或者是为了企业以后的某项特定支出而做的准备金。③支付普通股股利。按照财务管理制度规定,企业的税后利润在弥补亏损和提取法定盈余公积金和公益金之前,不得分配股利。但是,企业为了维护股票信誉,在已用盈余公积金弥补亏损后,经股东会特别决议,也可以按照不超过股票面值6%的比率用盈余公积金分配股利,但仍要求企业分配股利后的法定盈余公积金不得低于注册资本金的25%。

例如,某企业2013年有关资料如下:

(1)经核算,2013年企业利润总额为4 500 000元,其中投资收益有200 000元,是购买国库券的利息收入,按有关政策可以免缴所得税。

(2)在过去三年中因经营不善累计亏损800 000元。

(3)因违反税法被税务机关处以150 000元罚款。

(4)企业法定盈余公积金提取比例为10%,公益金提取比例为15%,所得税税率为33%。

(5)可分配利润的80%分配给投资者,20%留作企业的未分配利润。

根据以上资料,该企业2013年利润可按如下进行分配:

(1)首先弥补以前年度亏损800 000元,利润剩余3 700 000元。

(2)计算应纳所得税税额:

应纳税所得额 = 税前利润 - 免税的投资收益 - 弥补以前年度亏损 + 应在税后列支的罚款
$$= 4\ 500\ 000 - 200\ 000 - 800\ 000 + 150\ 000$$

$$= 3\,650\,000(元)$$

应纳所得税税额 = 应纳税所得额 × 所得税税率

$$= 3\,650\,000 \times 33\% = 1\,204\,500(元)$$

（3）从税后利润中扣除罚款 150 000 元，确定可供分配利润。即

可供分配利润 $= 4\,500\,000 - 800\,000 - 1\,204\,500 - 150\,000$

$$= 2\,345\,500(元)$$

（4）提取法定盈余公积金、公益金：

法定盈余公积金 $= 2\,345\,500 \times 10\% = 234\,550(元)$

公益金 $= 2\,345\,500 \times 15\% = 351\,825(元)$

（5）计算向投资者分配利润：

$$(2\,345\,500 - 234\,550 - 351\,825) \times 80\% = 1\,407\,300(元)$$

（6）计算未分配利润：

未分配利润 $= (2\,345\,500 - 234\,550 - 351\,825) \times 20\% = 351\,825(元)$

第二节 股利支付与股利政策

一、股利的含义及种类

股利是股份制企业从公司利润中以现金、股票的形式或以其他形式支付给公司投资者的报酬，是利润分配的一种形式。股利按其支付方式的不同而分为现金股利、股票股利、实物股利和负债股利等形式。

（一）现金股利

现金股利是用货币资金支付股利的形式，这种支付方式是公司在分配股利时常用的方式，也是投资者最容易接受的方式。这种方式能满足大多数投资者希望得到一定数量的现金作为投资收益的愿望，但这种分配方式无疑会大量增加公司的现金流出量，给公司形成支付压力。如果公司现金比较充足，可以考虑从采用这种方式，如果公司能够筹集到大量短期资金，也可以采用暂时筹集短期资金解决股利支付的现金问题。但当公司目前现金不足，而外部筹集又受到限制时，就只能采用其他方式支付股利，这要由企业实力来决定。

由于支付现金股利会减少公司现金，影响资产流动性，所以公司在发放现金股利的同时，应采取措施吸引投资者将其获得的股利再投资到企业中去。通常的做法：说服股东将分得的现金股利购买公司新股，用于公司再投资等。

现金股利按发放的稳定性和规律性，可分为正常股利、额外股利、清算股利三种形式。

1. 正常股利

正常股利是指公司根据自身经营状况和盈利能力，有把握在未来一定时期按时、按量支付的股利。这部分股利也称股息，因为其稳定性与债券的利息相似。

2. 额外股利

由于某种原因公司不愿意对某些股利定期支付作出保证，或者没有能力作出保证，因而

称为额外股利，又称分红，以示与股息的区别。额外股利的发放与否、发放多少完全与公司当期的收益状况和投资决策密切相关。正常股利与额外股利都是对股东权益和税后利润的分配。

3. 清算股利

清算股利是指公司清算资产时，将偿付债权人之后的剩余部分在股东之间进行的分配。清算股利不是源于公司的现金和留存收益，而是源于公司资产的减少。

（二）股票股利

股票股利是指公司利用增发新股票的形式支付给股东的股利，即公司通常是按现有股东持有股份的比例来分配每个股东应得到新股的数量，其实质是增发股票。有两种情况：一是公司以新发行的股票分配给股东；二是当企业注册资本尚未足额时，以其未被认购的股票作为股利分配给股东。在具体操作上，可以在增发新股时，预先扣除当年应分配的股利，再配售给老股东；也可以在发行新股时增资配股，即股东在不用支付现金及资产的情况下就能得到公司新发行的股票。

股票股利的优点如下：

第一，公司分配股票股利可以降低股利支付率，在不影响股东心理状态的情况下，可将大量股利作为公司留存收益用于企业发展及扩大再生产对资产的需要。

第二，股票股利能够沟通股东和公司决策层之间的思想，发放股票股利的目的在于公司的发展和进一步扩大再生产，不是公司无力发放，由此使股东理解而不感到失望，能够维持股票市场价格的稳定。

第三，如果企业能够做到在保持每股现金股利不变的情况下，同时分配股票股利，还可以达到增加现金股利的目的。

第四，如果公司股票的市场信誉较高，股东往往也乐意以股票股利分配股利的形式，可以使股票市场维持在合乎交易需要的范围内，尤其当公司不希望由于股票价格过高而失去一些投资者购买热情时，利用股票股利通常能达到目的。

例如，某企业宣布发放股票股利，规定现有股东每 10 股可得 1 股新发股票，股票面额为 1 元，市价为 20 元。发放前资产负债表上的股东权益情况如下：

普通股：	200 000
资本公积：	400 000
未分配利润：	2 000 000
股东权益合计：	2 600 000

试列出股票股利发放后资产负债表中股东权益的变化。

增发普通股的股数：$200\ 000 \times 10\% = 20\ 000$（股）

随着股利的增发，需从"未分配利润"转出的资金：$20\ 000 \times 20 = 400\ 000$（元）

由于股票面额为 1 元，增发 20 000 股，普通股只应增加"普通股"项目 20 000 元，其余 380 000 元，应作为股票溢价转至"资本公积"项目。相应地，未分配利润账户要减少400 000 元，所以股东权益总额保持不变。股票股利发放后资产负债表中股东权益各项目如下：

普通股：	220 000

资本公积：	780 000
未分配利润：	1 600 000
股东权益合计：	2 600 000

可见，发放股票股利，不会对公司股东权益总额产生影响，但会发生资金在各股东权益项目的再分配。

（三）实物股利

实物股利是指公司以发给股东除现金以外的资产（如公司实物资产、实物产品、其他公司有价证券等）支付股利。这种情况一般适用于支付额外股利。由于这种形式不会增加公司的现金流出，所以当公司资产变现能力较弱时，还是可取的一种股利支付方式。但是这种支付方式有很明显的缺点：一是不为广大股东所乐意接受，因为股东持有股票的目的是获取现金收入，而不是为了分得实物；二是以实物支付股利会严重影响公司形象，社会普遍认为公司财务状况不好、变现能力下降、资金流转不畅，对公司发展失去信心，由此导致股票市场市价的大跌。因此，这种支付方式除非到不得已的情况下才采用。

（四）负债股利

负债股利是企业以负债形式发放股利，这种发放形式通常是公司以应付票据或公司债券抵付股利。由于票据和债券都是带息的，所以会使公司支付利息的压力增大，但可以缓解企业资金不足的矛盾。这种股利发放方式只是公司的一种权宜之计，股东往往也不欢迎这种股利支付方式。

另外，当企业受到各方面的限制而不能发放更多的现金股利时，公司可以用现金收回已发行的股票，这就是股票的购回。这种方式有时也被认为是间接支付股利的一种形式。公司将流转在外的股票重新购回，会减少在外的股票数，从而引起每股收益的增加，导致股票市价上涨，从而使股东由股价上涨而得到的资本收入替代了股利收入。当企业经营状况良好，而且有很多空闲资金时，可以采取这种形式。

二、股利支付程序

公司每年向股东支付一次股利，由于股票可以自由买卖，公司的股东及股东持有股份数都处于经常性的变动之中。所以，公司究竟应向哪些股东支付本年股利，必须确定一些必要的时间界限，主要包括股利宣告日、股权登记日、除息日和股利支付日。企业必须正确理解和运用这一程序，避免产生不必要的混乱和误解。

1. 股利宣告日

宣告日即公司董事会将股利支付情况予以公告的日期。公告中将宣布每股支付的股利、股权登记期限、除去股息的日期和股利支付日期。例如，A 公司在 2012 年 12 月 10 宣告发放股利的声明：A 公司董事会于 2012 年 12 月 10 日开会，并宣布发放每股 1.5 元的正常股利，另加 0.5 元的额外股利。A 公司将于 2013 年 1 月 30 日将上述股利支付给那些已在 2012 年 12 月 30 日登记为 A 公司股东的人士。

2. 股权登记日

股权登记日即有权领取股利的股东有资格登记的截止日期，也称为除权日。只有在股权登记日前在公司股东名册上有名字的股东，才有权分享股利。例如，上例提到的2012年12月30日，公司结束当天的营业后，它会终止股票所有权的转移业务，并印出当天的股东名册。如果上例中S股东将股票转让给L股东，而且在12月30日下班前办妥了股票所有权的转移手续，则股东L可以收到股利；如果在12月31日或以后才办妥手续，则由股东S得到股利，而股东L不能得到股利。

3. 除息日

除息日是指领取股利的权利与股票相分离的日期。在除息日前，股利权从属于股票，股票持有人有权领取股利；从除息日开始，股利权与股票分离，新购入股票的股东不享有领取股利的权利。因为在股票交易中，其交接、过户需要一定的时间，如果股票交易日离股权登记日太近，公司将无法在股权登记口得知更换股东的信息，只能以原股东为股利支付对象。为了避免发生此类冲突，证券业一般规定在股权登记日的前四天为除息日，从此日起，该公司的股票交易为无息交易，其股票为无息股。上例中，除息日为2012年12月26日。在不考虑股市波动的情况下，在除息日，每股股价的跌幅一般相当于每股股利。如A公司2012年12月25日收盘价为30元，但2012年12月26日的开盘价是每股28元。

4. 股利支付日

股利支付日即向股东发放股利的日期。上例中，A公司1月30日才会将股息支付给应该领取股利的股东。

三、影响股利分配的因素

公司股利分配是在种种制约因素的影响下进行的，公司不可能脱离这些因素的影响。影响公司股利分配的主要因素有以下几个方面。

（一）内部因素

1. 企业的盈利状况

企业的盈利状况是制约股利分配的首要因素，也只有当企业盈利时才谈得上股利的分配问题，公司必须以其盈利水平及未来的发展趋势为出发点，研究派发股利的形式、股利的多少、派发的时间等。另外，公司盈余的稳定性也是考虑分发股利高低的主要因素，一般说来，盈余比较稳定的公司，其股利可以高些；盈余状况不够稳定的公司，则可采用低股利政策，以使公司将更多的盈余转为再投资，逐渐提高公司盈利水平，并降低财务风险。

2. 公司变现能力

变现能力即公司资产的流动性，保持公司资产一定的流动性是提高其偿债能力及正常经营需要而必需的。过多的现金股利支付会减少公司现金的持有量，降低资产的流动性。所以，公司在制定股利分配政策时应充分预测一定时期公司现金收入和支出情况，并考虑现金不足时的筹资方向和筹资数额，以保证企业生产经营活动的正常进行。

3. 融资能力

对于经营好、利润高、举债融资能力比较强的公司，在股利支付方式、支付数额的选择上会有较大的余地。但对于实力较弱、风险较大、资金短缺而融资能力比较弱的公司来说，应考虑更多的留存收益以增加其资本数额，为企业发展准备更多的资金，同时也会降低公司的财务风险，这一点股东是会充分理解的。

4. 债务需要

对于需要较多资金偿还债务的公司，既可以通过举借新债、发行新股来进行筹资还债，又可以直接用经营积累偿还债务。如果公司筹资成本较高，或受其他条件限制，公司减少股利支付数额，用更多的经营积累还债还是比较合适的。

(二)外部因素

1. 法律限制

国家为了保护股东权益和债权人权益，《中华人民共和国公司法》《中华人民共和国证券法》等有关法律文件对公司的股利分配有如下限制：

(1)资本完整性上的限制。如企业在弥补亏损、提取法定盈余公积金之前不得分配股利，公司不能用资本(包括股本和资本公积金)发放股利。

(2)无力偿付的限制。公司无力偿还到期债务，或者因为支付股利而会失去偿债能力时，则不能分配股利。

(3)超额积累利润。由于股东接受分发的股利而缴纳的所得税高于其进行股票交易的所得税，公司可以通过积累利润使股价上涨来帮助股东避税，因此，许多国家规定公司不得超额积累利润，一旦公司的保留收益超过法律认可的水平，将被加征额外税款。我国尚未对此做出限制。

2. 合同上的限制

公司在进行债务融资时，在债券与贷款合同上常常载有限制股利分配的有关条款，目的是保证企业偿还到期债务的能力。另外，公司若发行优先股，则合同中也要求在未清偿优先股股利之前，不能派发普通股股利。这些合同条款在某种程度上限制了公司的股利政策，在制定公司股利发放政策时应给予认真考虑。

3. 投资机会

有良好投资机会的公司，由于需要较多的资金，此时从公司的长远利益考虑，往往采取低股利政策，将大部分盈余资金用于投资。而缺乏良好投资计划的公司，倾向于采取高股利政策，以避免大量的资金积压或闲置。因此，处于成长中的公司往往采取低股利政策，陷于经营收缩的公司多采用高股利政策。

4. 股东意见

公司股利政策虽由董事会制定，但董事会必须向股东大会负责。所以，董事会在制定股利政策时，必须考虑股东的意见。股东从自身利益出发，对公司股利分配往往产生以下影响：

(1)稳定的收入和避税。有相当一些股东要求公司支付较稳定的股利，如果公司留存收益过多，则会受到这部分股东的反对；另外，一些高股利收入的股东出于避税的考虑，会反对公司发放较高的股利。

(2)控制权的稀释。公司若支付较高的股利，则会减少公司的留存收益，导致公司资金流量及支付能力的下降，意味着公司未来发行新股的可能性加大，而发行新股必然会稀释公司的控制权。所以，对于老股东来说，为保证其对公司的控制权限，宁肯少分配股利增加公司积累，而不愿意公司发行新股。

5. 通货膨胀

在通货膨胀率较高的情况下，会导致公司购买力下降，公司将拿不出更多的资金用于固定资产的更新和改造，这将直接影响到公司的生存和发展。因此，公司在通货膨胀情况下，会采取较低的股利分配政策，以便有更多的留存收益来补充资金的不足，提高公司的购买力水平。

四、股利理论

（一）股利无关论

股利无关论也称 MM 理论。该理论认为，在一定的假设条件限定下，股利政策不会对公司的价值或股票的价格产生任何影响。一个公司的股票价格完全由公司投资决策的获利能力和风险组合决定，而与公司的利润分配政策无关。这一理论建立在以下假设之上：①市场具有强势效率；②不存在任何个人或公司所得税；③不存在任何筹资费用（包括发行费用和各种交易费用）；④公司的投资决策与股利决策彼此独立（公司的股利政策不影响投资决策）。

上述假设描述的是一种完美无缺的市场，因而股利无关论又被称为完全市场理论。股利无关论认为：

（1）投资者并不关心公司股利的分配。若公司留存较多的利润用于再投资，会导致公司股票价格上升。此时尽管股利较低，但需用现金的投资者可以出售股票换取现金。若公司发放较多的股利，投资者又可以用现金再买入一些股票以扩大投资。也就是说，投资者对股利和资本利得并无偏好。

（2）股利的支付比率不影响公司的价值。已实现利润的分配与否，对股东并无实质影响，只是股东财富存放地点不同而已，所以公司的盈余在股利和留存收益之间分配并不影响公司的价值，公司的价值完全由其获利能力决定。若公司支付了较高的股利，而又有理想的投资机会需要资金，公司可以很容易地发行新股筹集所需资金。

（二）股利相关论

股利相关论认为，由于现实生活中，不存在无关论提出的假定前提，公司的股利分配是在种种约束因素下进行的，因此，公司的股利分配对公司的市场价值并非无关，而是相关的。股利政策的选择对股票市价、公司的资本结构以及股东财富的实现等都有重要影响，股利政策与公司价值密切相关。这一理论主要包括以下两种观点：

（1）股利重要论（又称"在手之鸟"理论）。该理论认为用留存收益再投资给投资者带来的收益具有较大的不确定性，并且投资的风险随着时间的推移会进一步增大，因此，投资者更喜欢现实的现金股利收益，不愿意将收益留存在公司内部，而去承担未来的投资风险。

在投资者眼里，股利收入要比由留存收益带来的资本收益更为可靠，如 1 元的股利收入的价值实际上超过了 1 元的资本收益的价值。其观点是投资者对投资风险有天生的抵触情绪，宁愿现在收到较少的股利，也不愿意待未来再收回风险较大的股利，因此公司需要定期向股东支付较高的股利。

（2）信息传递理论。该理论认为，在信息不对称的情况下，公司可以通过股利政策向市场传递有关公司未来盈利能力的信息，从而会影响公司的股价。一般来讲，预期未来盈利能力强的公司往往愿意通过相对较高的股利支付水平，把自己同预期盈利能力差的公司区别开来，以吸引更多的投资者。

该理论成立的基础是，各个市场参与者获得信息的广度和深度是不同的，即信息不对称。一般而言，公司内部人员，所掌握的有关公司未来收益变化的信息量大大超过了公众（包括股东）所拥有的信息量，这就需要建立一种信号传递机制，以调节信息的不均衡状况，而股利政策恰好具有这种信息传递机制的功能与作用。

（三）所得税差异理论

在许多国家的税法中，由于普遍存在的税率的差异及纳税时间的差异，长期资本利得所得税税率要低于普通所得税税率。正因为如此，投资者自然喜欢公司少支付股利而将较多收益保留下来以作为再投资用，以期提高股票价格，把股利转化为资本利得。资本利得收入比股利收入更有助于实现收益最大化目标，此时，企业应当采用低股利政策。

（四）代理理论

代理理论认为，股利政策有助于减缓管理者与股东之间的代理冲突，股利政策是协调股东与管理者之间代理关系的一种约束机制。较多地派发现金股利至少具有以下几点好处：①公司管理者将公司的盈利以股利的形式支付给投资者，则管理者自身可以支配的"闲余现金流量"就相应减少了，这在一定程度上可以抑制公司管理者过度地扩大投资或进行特权消费，从而保护外部投资者的利益。②较多地派发现金股利，减少了内部融资，导致公司进入资本市场寻求外部融资，从而公司可以经常接受市场的有效监督，这样便可以通过资本市场的监督减少代理成本。

五、公司常用的股利政策

股利支付与留存收益存在着此消彼长的关系，股利分配政策既决定了股东分配股利的多少，也决定了公司留存收益的多少，这对股东的收入及公司未来的发展都会产生重要影响。在实际工作中，公司常采用的股利政策有以下几个。

（一）剩余股利政策

剩余股利政策是将股利的分配与公司的资本结构有机地联系起来，即根据公司的最佳资本结构测算出公司投资所需要的权益资本数额，先从盈余中扣除，然后将剩余的盈余作为股利给所有者进行分配。

采用剩余股利政策支付股利的程序如下：

第一，确定公司的最佳资本结构，即确定全有些资本和债务性资本的结构，在这种结构下，要求公司的资本成本达到最低水平。

第二，确定在最佳资本结构下所需要的权益性资本数额。

第三，最大限度地使用公司留存收益来满足投资方案对权益性资本的需要数额。

第四，投资方案所需要的权益性资本得到满足后，如果公司的未分配利润尚有剩余，将其作为股利发放给股东。

采用剩余股利政策的理论基础建立在股利与企业价值无关的基础上。保持公司最佳资本结构，使公司资本成本达到最低，从而使企业的价值达到最大，即使企业的投资报酬率高于股票市场的必要报酬率。

（二）固定股利额政策

固定股利额政策是指公司付给股东现金股利不随公司税后利润的多少而调整，即公司定期支付固定的股利额。采用这种股利政策的企业一般盈利水平比较稳定或正处于成长期，许多公司都愿意采用这种股利政策。采用这种股利政策的优点是：①企业固定分配股利，可使公司树立良好的市场形象，有利于公司股票价格的稳定，增加投资者的信心；②稳定的股利有利于投资者。投资者可以预先根据企业的股利水平安排支出，从而降低投资风险，而当企业股利较丰厚时，股票价格会大幅度提高。

固定股利政策的缺点主要在于股利的支付与公司的盈余相脱节。当公司盈余较低时仍需支付固定的股利，会导致公司资金紧张，财务状况恶化，同时也不能像剩余股利那样保持较低的资本成本。

（三）固定股利支付率政策

固定股利支付率政策是指公司预先确定一个股利占利润的比例关系，体现了风险投资与风险收益的一致性，公平对待每一位股东，公司多盈余多分、少盈余少分、无盈余不分。同时，当企业盈利逐年增多时，投资者可以得到更多的股利，公司也能得到更多的留存收益。

固定股利支付率政策的缺点是：①由于每年的股利支付额不稳定，容易使投资者产生公司经营不稳定的感觉，对稳定股票价格也很不利。②固定股利支付率政策不像剩余股利政策那样能够保持相对较低的资本成本。

（四）低正常股利加额外股利政策

低正常股利加额外股利政策是公司一般情况下每年支付一固定的、数额较低的股利，在盈余多的年份，再根据实际情况向股东支付额外股利。但额外股利并不固定，不意味着公司永久性地提高了规定的股利支付率。这种股利支付政策是介于固定股利支付政策和变动股利支付政策之间的一种折中政策，具有较大的灵活性，可以使投资者接受正常的较低股利。实施这种股利支付政策的优点是：①这种股利支付政策使公司具有较大的灵活性，当公司盈余较少或投资需要较多资金时，可维持既定的较低的正常股利，股东不会有股利跌落感；当公司盈余较多时，则因增发额外股利，把公司的繁荣所得利益与股东分配结合起来，增强股东投资信心，有利于稳定股票价格。②这种股利政策使公司保持一定的稳定性，投资风险小，从而吸引股东投资。

以上各种股利政策各有所长，公司在制定股利分配政策时，应结合本公司实际情况适当采用，从而促进公司的发展。

同步训练

一、单项选择题

1. 下列项目中，（   ）不能用于分派股利。
   A. 盈余公积金
   B. 资本公积
   C. 税后利润
   D. 上年未分配利润

2. 上市公司提取法定盈余公积达到注册资本的( )时，可不再提取法定盈余公积金。

    A. 15%   B. 25%   C. 40%   D. 50%

3. 当公司以股票形式发放股利时，其结果是( )。

    A. 引起公司资产减少   B. 引起公司负债减少

    C. 引起股东权益和负债同时变化   D. 引起股东权益内部结构变化

4. ( )是法律对利润分配进行超额累积利润限制的主要原因。

    A. 避免损害少数股东权益   B. 避免资本结构失调

    C. 避免股东避税   D. 避免经营者从中牟利

5. ( )是一种企业最常见也是投资者最容易接受的股利支付形式。

    A. 负债股利   B. 现金股利

    C. 股票股利   D. 实务股利

6. 固定股利支付率政策是指( )。

    A. 先将投资所需的权益资本从盈余中留出，然后将剩余的盈余作为股利予以分配

    B. 将每年发放的股利固定在一定水平上并在较长时期内不变，只有盈余显著增长时才提高股利发放额

    C. 公司确定一个股利占盈余的比例，长期按此比例发放股利

    D. 公司一般情况下支付一固定的数额较低的股利，盈余多的年份发放额外股利

7. 容易造成股利支付与本期利润相脱节的股利分配政策是( )。

    A. 剩余股利政策   B. 固定股利政策

    C. 固定股利支付率政策   D. 低正常股利加额外股利政策

8. 以下股利分配政策中，最有利于股价稳定的是( )。

    A. 剩余股利政策   B. 固定股利政策

    C. 固定股利支付率政策   D. 低正常股利加额外股利政策

9. 企业采用剩余股利分配政策的根本理由是( )。

    A. 最大限度地用收益满足筹资需要

    B. 向市场传递企业不断发展的信息

    C. 使企业保持理想的资本结构

    D. 使企业在资金使用上有较大的灵活性

10. 对企业和股东都有利的是( )政策。

    A. 剩余股利   B. 固定股利

    C. 低正常股利加额外股利   D. 固定股利比例

二、多项选择题

1. 当向股东支付股利时，股份有限公司需经过( )。

    A. 股利支付日   B. 股权登记日

    C. 除息日   D. 股利宣告日

2. 股利无关论认为( )。

    A. 投资人并不关心股利的分配   B. 股利支付率不影响公司的价值

    C. 只有股利支付率会影响公司的价值 D. 投资人对股利和资本利得无偏好

3. 股利支付形式有多种，我国股份制企业规定的形式有(　　)。

    A. 现金股利　　　　　　　　　　B. 实物股利

    C. 股票股利　　　　　　　　　　D. 证券股利

4. 公司实施剩余股利政策，意味着(　　)。

    A. 公司接受了股利无关理论

    B. 公司可以保持理想的资本结构

    C. 公司统筹考虑了资本预算、资本结构和股利政策等财务基本问题

    D. 兼顾了各类股东、债权人的利益

5. 下列情形中会使企业减少股利分配的有(　　)。

    A. 市场竞争加剧，企业收益的稳定性减弱

    B. 市场销售不畅，企业库存量持续增加

    C. 经济增长速度减慢，企业缺乏良好的投资机会

    D. 为保证企业的发展，需要扩大筹资规模

三、判断题

1. 成长中的公司，一般采用低股利政策；处于经营收缩期的公司，则可能采用高股利政策。　　　　　　　　　　　　　　　　　　　　　　　　　　　　　　　　(　　)

2. 固定股利支付率政策能使股利与公司盈余紧密结合，体现多盈多分、少盈少分的原则。　　　　　　　　　　　　　　　　　　　　　　　　　　　　　　　　　(　　)

3. 在除息日之前，股利权从属于股票；从除息日开始，新购入股票的人不能分享本次已宣告发放的股利。　　　　　　　　　　　　　　　　　　　　　　　　　　(　　)

4. 采用剩余股利分配政策的优点是，有利于保持理想的资金结构，降低企业的综合资金成本。　　　　　　　　　　　　　　　　　　　　　　　　　　　　　　　　(　　)

5. 从理论上讲，债权人不得干预企业的资金投向和股利分配政策。　　　(　　)

四、计算分析题

1. 某企业 2007 年提取了公积金、公益金后的税后净利为 600 万元，分配现金股利 240 万元。2008 年提取公积金、公益金后的税后净利为 400 万元。2009 年没有计划投资项目。试计算：

    (1)固定股利政策下，某企业 2008 年应分配的现金股利；

    (2)固定股利支付率政策下，某企业 2008 年应分配的现金股利。

2. A 公司 2008 年的税后利润为 260 万元，目前最佳资本结构为资产负债率 45%，执行 20% 的固定股利支付率政策，因产品销路稳定，2008 年拟投资 600 万元扩大生产能力。要求：

    (1)计算公司的留存收益。

    (2)计算公司外部权益资本筹资额。

五、简答题

1. 利润根据其构成的不同，可以表述为哪几个不同层次的含义？

2. 股利有哪些种类？

3. 简述各种股利政策的优缺点。

六、参考案例

宜宾五粮液股份有限公司分配及转增股本实施公告

本公司及董事会全体成员保证公告内容的真实、准确和完整，对公告的虚假记载、误导性陈述或者重大遗漏负连带责任。

宜宾五粮液股份有限公司 2003 年度分配方案，已获公司 2004 年 4 月 2 日召开的 2003 年度股东大会审议通过。该股东大会决议公告刊登于 2004 年 4 月 3 日的《中国证券报》《上海证券报》《证券时报》上。现将本次分配及转增股本事宜公告如下。

1. 分配方案

2003 年度分配方案为：以公司现有总股本 1 355 702 400 为基数，向全体股东每 10 股送红股 8 股，公积金转增 2 股，派现金 2.00 元(含税)。

扣税后，社会公众股中的个人股东、投资基金，实际分配为每 10 股送红股 8 股，公积金转增 2 股。社会公众股中的法人股东实际分配为每 10 股送红股 8 股，公积金转增 2 股，派现金 2.00 元(含税)。

公司本次分配前的总股本为 1 355 702 400 股，分配后总股本增至 2 711 404 800 股。

2. 股权登记日与股权除息日

①股权登记日为 2004 年 4 月 12 日。

②股权除息日为 2004 年 4 月 13 日。

3. 分配及转增股本对象

本次分配及转增股本实施对象为：截至 2004 年 4 月 12 日下午深圳证券交易所收市后，在中国证券登记结算有限责任公司深圳分公司登记在册的本公司全体股东。

4. 分配及转增股本方法

①本次所送红股及转增股份于 2004 年 4 月 13 日通过股东托管证券商直接计入股东证券账户。

②国家股股东的持股股息(派现金 2.00 元)由本公司派发。社会公众股中的法人股股息于 2004 年 4 月 13 日通过股东托管证券商直接划入资金账户。

5. 本次所送红股和转增股份起始交易日

本次所送红股和转增股份起始交易日为 2004 年 4 月 13 日。

6. 股本变动结构表如表 7-1 所示。

表 7-1　股本变动结构表

项目	变动前股份数	本次分配及转增股本增加数	变动后股份数	所占比例(%)
1. 尚未流通股份 发起人股份(股)	973 814 400	973 814 400	1 947 628 800	71.83
其中：国家拥有股份(股)	973 814 400	973 814 400	1 947 628 800	71.83
尚未流通股份合计(股)	973 814 400	973 814 400	1 947 628 800	71.83
2. 已流通股份 境内上市的人民币普通股(股)	381 888 000	381 888 000	763 776 000	28.17

续表

项目	变动前股份数	本次分配及转增股本增加数	变动后股份数	所占比例（%）
其中：高管人员持有股份（股）	290 570	290 570	581 140	
以流通股份合计（股）	381 888 000	381 888 000	763 776 000	28.17
3. 股份总数（股）	1 355 702 400	1 355 702 400	2 711 404 800	100

7. 实施送转股分配后的上年度每股收益

2003 年度，五粮液每股收益为 0.52 元，经本次分配及转增股份后，按新股本总数摊薄计算的 2003 年度每股收益为 0.26 元。

8. 有关咨询事项

①咨询机构：董事会办公室。

②电话：略。

③传真：略。

9. 备查文件

公司 2003 年度股东大会决议及决议公告。

特此公告

宜宾五粮液股份有限公司

董事会

2004 年 4 月 5 日

思考与分析：

1. 结合本案例，谈谈股利分配过程中一次经过的几个日期。

2. 发放现金股利的基本条件是什么？

3. 资本公积金转增股本与发放股票股利有区别吗？为什么？

4. 股票股利对企业和股东各有什么好处？对股东财富有何影响？

5. 你对该公司 2003 年的股利政策如何评价？

第八章

财务预测与财务预算

★学习目标

知识目标：

1. 了解财务预测的意义、步骤和方法；
2. 了解固定预算、增量预算和定期预算的含义及内容；
3. 理解财务预算编制程序和方法；
4. 掌握财务预算的具体内容。

技能目标：

1. 能够运用财务预测的方法进行财务预测；
2. 能够运用预算编制的操作技巧进行财务预算的编制。

导语：

对于大多数大中型企业来说，编制预算是其不可或缺的一项日常工作。预算可以使企业面临变化时做出系统的符合企业利益的反映。多数经验表明，在失败的企业中，多数没有进行完整的计划和预算。本章主要介绍财务预算的编制方法。

第一节　财务预测

一、财务预测的意义和目的

财务预测是指估计企业未来的融资需求。财务预测是融资计划的前提。企业要对外提供产品和服务，必须有一定的资产。销售增加时，要相应增加流动资产，甚至还须增加固定资产。为取得扩大销售所需增加的资产，企业要筹措资金。这些资金，一部分来自保留盈余，另一部分通过外部融资取得。通常，销售增长率较高时保留盈余不能满足资金需要，即获利良好的企业也需要外部融资。对外融资，需要寻找提供资金的人，向他们做出还本付息的承诺或提供盈利前景，并使之相信其投资是安全的并且可以获利，这个过程往往需要较长时间。因此，企业需要预先知道资金的财务需求，提前安排融资计划，否则就可能发生资金周转问题。

财务预测有助于改善投资决策。根据销售前景估计出的融资需要不一定能满足，因此，就需要根据可筹措到的资金来安排销售增长，以及有关的投资项目，使投资决策建立在可行的基础上。

预测的真正目的是有助于应变。财务预测与其他预测一样都不可能很准确。从表面上看，不准确的预测只能导致不准确的计划，从而使预测和计划失去意义。其实并非如此，预测给人们展现了未来的各种可能的前景，促使人们制订出相应的应急计划。预测和计划是超前思考的过程，其结果并非仅仅是一个资金需求量的数字，还包括对未来各种可能前景的认识和思考。预测可以提高企业对不确定事件的反应能力，从而减少不利事件的出现所带来的损失，增加利用有利机会带来的收益。

二、财务预测的步骤

财务预测的基本步骤如下。

(一)销售预测

财务预测的起点是销售预测。一般情况下，财务预测把销售数量数据视为已知数，作为财务预测的起点。销售预测本身不是财务管理的职能，但它是财务预测的基础，销售预测完成后才能开始财务预算。

销售预测对财务预测的质量有重大影响。如果销售的实际状况超出预测很多，企业没有足够的资金添置设备或储备存货，则无法满足顾客的需要，这不仅会失去盈利机会，并且会丧失原有的市场份额。相反，如果销售预测过高，筹措大量资金购买设备并储备存货，则会造成设备闲置和存货积压，使资产周转率下降，导致权益收益率降低，估价下跌。

(二)估计需要的资产

通常，资产和销售量之间存在着一定的比例关系。根据以往的数据可以估计出它们之间的大概比例关系，然后根据预测销售量和估计出的比例关系，可以预测所需资产的总量。某些流动负债也与销售量之间存在比例关系，因此还要预测负债的自发增长，这种增长可以减少外部融资的数额。

(三)估计收入、费用和保留盈余

假设收入和费用都与销售量之间存在某种比例关系，可以根据销售数据估计收入和费用，并确定净收益。净收益和股利支付率共同决定保留盈余所能提供的资金数额。

(四)估计所需融资

根据预计资产总量，减去已有的资金来源、负债的自发增长和内部提供的资金来源便可以得出外部融资的需求量。

三、财务预测的方法

1. 销售百分比法

销售百分比法首先假设收入、费用、资产、负债与销售收入存在稳定的百分比关系，根据预计销售额和相应的百分比预计资产、负债、所有者权益，然后利用会计等式确定融资需求。

具体的计算方法有两种：一种是先根据销售总额预计资产、负债和所有者权益的总额，然后确定融资需求；另一种是根据销售的增加额预计资产、负债、所有者权益的增加额，然后确定融资需求。

销售百分比法是一种简单实用的方法。它的好处是：使用成本低；便于了解主要变量之间的关系；可以作为复杂方法的补充或检验。但它也有一定的局限性，主要是假设资产、负债、收入、成本与销售额呈正比例关系，这经常不符合事实。这使其应用范围受到限制。由于存在规模经济现象和批量购销问题，资产、负债、收入、成本与销售额不一定呈正比例关系。

2. 使用计算机进行财务预测

对于大型企业来说，无论是销售百分比法还是其他类似方法都显得过于简化。实际上，影响融资需求的变量很多，如产品的结合、信用政策、价格政策等。把执行变量纳入预测模型后，计算量大增，手工处理已很难胜任，使用计算机是不可避免的。最简单的计算机预测，是使用"电子表软件"LOTUAS1-2-3 或 EXCEL。使用电子表软件时，计算过程和手工预测几乎没有差别。相比之下，其主要好处是：预测期间是几年或者要分月预测时，计算机要比手工快得多；如果要改变一个输入参数，软件能自动重新计算所有数据。

比较复杂的预测是使用交互式财务规划模型，它比电子表软件功能更强，其主要好处是能通过"人机对话"进行"反向操作"。例如，不但可以根据既定销售额预测融资需求，还可以根据既定资金限制预测可达到的销售额。

第二节　财务预算

一、财务预算的含义

财务预算是一系列专门反映企业未来一定预算期内预计财务状况和经营成果，以及现金收支等价值指标的各种预算的总称，具体包括现金预算、预计利润表、预计资产负债表和预计现金流量表等内容。编制财务预算是企业财务管理的一项重要工作。

财务预算的编制需要以财务预测的结果为根据，并受到财务预测质量的制约。

财务预算必须服从决策目标的要求，使决策目标具体化、系统化、定量化。

二、财务预算在全面预算体系中的地位

全面预算是所有以货币及其他数量形式反映的有关企业未来一段时间内全部经营活动各

项目目标的行动计划与相应措施的数量说明。具体包括特种决策预算、日常业务预算与财务预算三大类内容。

特种决策预算最能直接体现决策的结果，它实际是中选方案的进一步规划，如资本支出预算，其编制依据可追溯到决策之前搜集到的有关资料，只不过预算比决策估算更细致、更精确一些。

日常业务预算是指与企业日常经营活动直接相关的经营业务的各种预算。具体包括销售预算、生产预算、直接材料消耗及采购预算、直接工资及其他直接支出预算、制造费用预算、产品生产成本预算、经营及管理费用预算等，这些预算前后衔接，相互钩稽，既有实物量指标，又有价值量和时间量指标。

财务预算作为全面预算体系中的最后环节，可以从价值方面总括地反映经营期决策预算与业务预算的结果，也称为总预算。其余预算则相应地称为辅助预算或分预算。显然，财务预算在全面预算体系中占有举足轻重的地位。

三、财务预算的编制方法

(一)固定预算与弹性预算

编制预算的方法按其业务量基础的数量特征不同，可分为固定预算的方法和弹性预算的方法两大类。

1. 固定预算的方法

(1)固定预算的定义。固定预算的方法简称固定预算，又称静态预算，是指根据预算期内正常的、可实现的某一业务量(如生产量、销售量)水平作为唯一基础来编制预算的方法。传统预算大多采用固定预算的方法。

(2)固定预算的缺点及适用范围。

第一，过于机械呆板，因为编制预算的业务量基础是事先假定的某个业务量。在此方法下，不论预算期内业务量水平可能发生哪些变动，都只按事先确定的某一个业务量水平作为编制预算的基础。

第二，可比性差，这是该方法的致命缺点。当实际的业务量与编制预算所根据的业务量发生较大差异时，有关预算指标的实际数与预算数就会因为业务量基础不同而失去可比性。因此，按照固定预算方法编制的预算不利于正确地控制、考核和评价企业预算的执行情况。

例如，某成本预算的预计业务量为生产量的100%，而实际执行结果为120%时，那么成本方面实际脱离预算的差异就会包括本不该在成本分析范畴出现的非主观因素——业务量增长造成的差异(对成本来说，只要分析单位用量差异和单价差异就够了，业务量差异根本无法控制，分析也没有意义)。

固定预算只能适用于那些业务量水平较为稳定的企业或在非营利组织编制预算时使用。

2. 弹性预算的方法

(1)弹性预算的定义。弹性预算的方法简称弹性预算，是为克服固定预算的缺点而设计的，又称为变动预算或滑动预算。它是指在成本习性分析的基础上，以业务量、成本和利润之间的依存关系为依据，按照预算期可预见的各种业务量水平，编制能够适应多种情况预算的方法。

编制弹性预算所依据的业务量可以是产量、销售量、直接人工时、机器工时、材料消耗量和直接人工工资等。

(2)弹性预算的优点。与固定预算相比,弹性预算具有如下两个显著的优点。

第一,预算范围宽。弹性预算能够反映预算期内与一定相关范围内的可预见的多种业务量水平相对应的不同预算额,从而扩大了预算的适用范围,便于预算指标的调整。因为弹性预算不再是只适应一个业务量水平的一个预算,而是能够随业务量水平的变动作机动调整的一组预算。

第二,可比性强。在预算期实际业务量于计划业务量不一致的情况下,可以将实际指标于实际业务量相应的预算额进行对比,从而能够使预算执行情况的评价与考核建立在更加客观和可比的基础上,便于更好地发挥预算的控制作用。

(3)弹性预算的适用范围。由于未来业务量的变动会影响到成本费用、利润等各个方面,因此,弹性预算从理论上讲适用于编制全面预算中所有与业务量有关的各种预算,但从实用角度看,主要用于编制弹性成本费用预算和弹性利润预算等。在实务中,由于收入、利润可按概率的方法进行风险分析预算,直接材料、直接人工可按标准成本制度进行标准预算,只有制造费用、推销及行政管理费等间接费用应用弹性预算频率较高,以至于有人将弹性预算误认为只是编制费用预算的一种方法。

(4)弹性成本预算的编制。弹性成本预算需要在事先选择适当的业务量计量单位并确定其有效变动范围的基础上,按该业务量与有关成本费用项目之间的内在关系进行分析编制。

编制弹性成本预算首先要选择适当的业务量。选择业务量包括选择业务量计量单位和业务量范围两部分内容。业务量计量单位应根据企业的具体情况进行选择。一般来说,生产单一产品的部门,可以选用产品实物量;生产多品种产品的部门,可以选用人工工时、机器工时等;修理部门可以选用修理工时等。以手工操作为主的企业应选用人工工时;机械化程度较高的企业选用机器工时更为适宜。

业务量范围是弹性预算所适用的业务量区间。业务量范围的选择应根据企业的具体情况而定。一般来说,可定在正常生产能力的 70% ~110% 之间,或以历史上最高业务量和最低业务量为其上下限。

弹性成本预算的编制通常采用如下几种常见方法。

公式法是指通过确定 $y_i = a_i + b_i x_i$ 公式中的 a 和 b,来编制弹性成本预算的方法。

在成本习性分析的基础上,可将任何成本近似地表示为 $y_i = a_i + b_i x_i$(当 $b_i = 0$ 时,y_i 为固定成本项目;当 $a_i = 0$ 时,y_i 为变动成本项目;当 a_i 和 b_i 均不为零时,y_i 为混合成本,x_i 可以为多种业务量指标如产销量、直接人工工时等)。在公式法下,如果事先确定了有关业务量 x_i 的变动范围,只要根据有关成本项目的 a 和 b 参数,就可以很方便地推算出业务量在允许范围内任何水平上的各项预算成本。

【例8-1】 表8-1所列为 ABC 公司于 2002 年按公式法编制的制造费用弹性预算指标(部分),其中较大的混合成本项目已经被分解。

表 8-1　ABC 公司 2002 年制造费用弹性预算(公式法)

直接人工工时：22 596 ~ 35 508(小时)　　　　　　　　　　　　　　　　　　单位：元

项目	a	b	项目	a	b
管理人员工资	8 700		辅助材料	1 075.6	0.18
保险费	2 800		燃油		0.05
设备租金	2 680		辅助工工资		0.55
维修费	1 661.2	0.21	检验员工资	300	0.22
水费	500	0.12	…	…	…

　　该方法的优点是在一定范围内不受业务量波动影响，缺点是逐项甚至按细目分解成本比较麻烦，同时又不能直接查出特点业务量下的总成本预算额，并有一定误差。

　　尽管如此，我们还是应该看到：预算本身就是对未来的推测，允许出现误差；另外，在成本水平变动不大的情况下，也不必在每个预算期都进行成本分解。

　　列表法是指通过列表的形式，在相关范围内每隔一定业务量间隔计算相关数值预算，来编制弹性成本预算的方法。此方法在一定程度上能克服公式法无法直接查到不同业务量下总成本预算的弱点。

　　【例 8-2】　表 8-2 是按列表法编制的 ABC 公司 2002 年制造费用弹性预算。

表 8-2　ABC 公司 2002 年制造费用弹性预算(列表法)

直接人工工时	22 596	24 210	25 824	…	32 280	33 894	35 508
生产能力利用(%)	0.7	0.75	0.8	…	1	1.05	1.1
1. 变动成本项目	13 629	14 600	15 576	…	19 470	20 444	21 417
燃油	1 129.8	1 210.5	1 291.2	…	1 614	1 694.7	1 775.4
辅助工人工资	12 427.8	13 315.5	14 203.2	…	17 754	18 641	19 529.4
…	…	…	…	…	…	…	…
2. 混合成本项目	21 512	25 703	27 300	…	30 770	35 500	38 650
辅助材料	5 142.88	5 433.4	5 723.92	…	6 886	7 176.53	7 467.04
维修费	6 406.36	6 745.3	7 084.24	…	8 440	8 778.94	9 117.88
检验员工资	751.92	784.2	816.48	…	945.6	977.88	1 010.16
水费	3 211.52	3 405.2	3 598.88	…	4 373.6	4 567.28	4 760.96
…	…	…	…	…	…	…	…
3. 固定成本项目	26 180	26 180	26 180	…	26 180	26 180	26 180
管理人员工资	8 700	8 700	8 700	…	8 700	8 700	8 700
保险费	2 800	2 800	2 800	…	2 800	2 800	2 800
设备租金	2 680	2 680	2 680	…	2 680	2 680	2 680
…	…	…	…	…	…	…	…
制造费用预算额	61 321	66 483	69 056	…	76 420	82 124	86 247

　　该表按 5% 为业务量间距，实际上可再大些或再小些。总之，这种方法工作量较大，但

结果会比公式法更精确些。

图示法是指在平面直角坐标系上把各种业务量的预算成本用描绘图像的形式表示出来，以反映弹性预算水平的方法。此方法不仅能反映变动成本、固定成本项目，而且能在一定程度上反映混合成本，能够在坐标图直观地反映不同业务量水平上的预算成本，但精度相对差一些。

（5）弹性利润预算的编制。编制弹性利润预算能够反映不同销售业务量条件下相应的预算利润水平，方法有：

①因素法。因素法是指根据受业务量变动影响的有关收入、成本等因素与利润的关系，列表反映这些因素分别变动时的预算利润水平。

【例8-3】 已知预计 MC 公司预算期 2002 年度 K 产品销售量以 580 件为间隔单位在 1 300~2 800 之间变动；销售单价为 750 元；单位变动成本是 360 元；固定成本总额是 300 000 元。要求：根据上述资料编制 2002 年度 K 产品的弹性利润预算。

依题意编制的弹性利润预算见表8-3。

表8-3　MC 公司 2002 年度 K 产品弹性利润预算　　　　　单位：元

销售量（件）	1 300	1 800	2 300	2 800
单价（元/件）	750	750	750	750
单位变动成本	360	360	360	360
销售收入	975 000	1 350 000	1 725 000	2 100 000
减：变动成本	468 000	648 000	828 000	1 008 000
边际贡献	507 000	702 000	897 000	1 092 000
减：固定成本	300 000	300 000	300 000	300 000
营业利润	207 000	402 000	597 000	792 000

因素法适用于单一品种经营或采用分算法处理固定成本的多品种经营的企业。

②百分比法。百分比法又称销售额百分比法，即按不同销售额的百分比编制弹性预算的方法。

【例8-4】 已知 MC 公司销售利润弹性预算见表8-4。

表8-4　MC 公司 2002 年度弹性利润预算　　　　　单位：万元

销售收入百分比（1）	70%	80%	…	…	100%	110%
销售收入（2）=1 080×（1）	756	864	…	…	1 080	1 188
变动成本（3）=783.6×（1）	548.5	626.9	…	…	783.6	862
边际贡献（4）=（2）-（3）	207.5	237.1	…	…	296.4	326
固定成本（5）	62	62	…	…	62	62
利润总额（6）=（4）-（5）	145.5	175.1	…	…	234.4	264

百分比法适用于多品种经营的企业，比较简单，但必须假定销售收入百分比的上下限均不突破相关范围，即固定成本在固定预算的基础上不变动和变动成本随销售收入变动百分比而同比例变动。

（二）增量预算与零基预算

编制成本费用预算的方法按其出发点的特征不同，可分为增量预算的方法和零基预算的方法两大类。

1. 增量预算的方法

（1）增量预算的定义。增量预算的方法简称增量预算，是指以基期成本费用水平的基础，结合预算期业务量水平及有关降低成本的措施，通过调整有关原有费用项目而编制预算的方法。

（2）增量预算的基本假定。增量预算的方法源于以下三项假定：

第一，现有的业务活动是企业必需的。只有保留企业现有的每项业务才能使企业的经营过程得到正常发展。

第二，原有的各项费用开支都是合理的。既然现有的业务活动是必需的，那么原有的各项费用开支都是合理的，必须予以保留。

第三，增加费用的预算是值得的。

（3）增量预算的缺点。增量预算以过去的经验为基础，实际上是承认过去所发生的一切都是合理的，主张不需要在预算内容上做较大改进，而是因循沿袭以前的预算项目。这种方法可能导致以下不足：

第一，受原有费用项目限制，可能导致保护落后。由于按这种方法编制预算，往往不加分析地保留或接受原有的成本项目，可能使原来不合理的费用开支继续存在下去，形成不必要开支合理化，造成预算上的浪费。

第二，滋长预算中的"平均主义"和"简单化"。采用此法，容易鼓励预算编制人凭主观臆断按成本项目平均削减预算或只增不减，不利于调动各部门降低费用的积极性。

第三，不利于企业未来的发展。按照这种方法编制的费用预算，对于那些未来实际需要开支的项目可能因为没有考虑未来情况的变化而造成预算不足。

2. 零基预算的方法

（1）零基预算的定义。零基预算的方法全称为"以零为基础编制计划和预算的方法"，简称零基预算，是指在编制成本费用预算时，不考虑以往会计期间所发生的费用项目或费用数额，而是以所有的预算支出均为零为出发点，一切从实际需要与可能出发，逐项审议预算期内各项费用的内容及开支标准是否合理，在综合平衡的基础上编制费用预算的一种方法。

此方法是克服增量预算的缺点而设计的，最初是由美国得州仪器公司彼得·派尔在20世纪60年代末提出来的，现已被西方国家广泛采用，是管理间接费用的一种新的有效方法。

（2）零基预算的程序。零基预算编制的程序如下：

第一，动员与讨论。即动员企业内部所有部门，在充分讨论的基础上提出本部门在预算期内应当发生的费用项目，并确定其预算数额，而不考虑这些费用项目以往是否发生以及发生额多少。

第二，划分不可避免项目和可避免项目。即将全部费用划分为不可避免项目和可避免项目，前者是指在预算期内必须发生的费用项目，后者是指在预算期内通过采取措施可以不发生的费用项目。在预算编制过程中，对不可避免项目必须保证资金供应；对可避免项目则需要逐项进行成本—效益分析，按照各项目开支必要性大小确定各项费用预算的优先顺序。

第三，划分不可延缓项目和可延缓项目。即将纳入预算的各项费用进一步划分为不可延缓项目和可延缓项目，前者是指必须在预算期内足额支付的费用项目，后者是指可以在预算期内部分支付或延缓支付的费用项目。

在预算编制过程中，必须根据预算期内可供支配的资金数额在各费用项目之间进行分配。应优先保证满足不可延缓项目的开支，然后根据需要和可能，按照项目的轻重缓急确定可延缓项目的开支标准。

（3）零基预算的优缺点和适用范围。零基预算的优点是：

①不受现有费用项目的限制。这种方法可以促使企业合理有效地进行资源分配，将有限的资金用在刀刃上。

②能够调动各方面降低费用的积极性。这种方法可以充分发挥各级管理人员的积极性、主动性和创造性，促进各预算部门精打细算，量力而行，合理使用资金，提高资金的利用效果。

③有助于企业未来发展。由于这种方法以零为出发点，对一切费用一视同仁，有利于企业面向未来考虑问题。

零基预算的缺点在于这种方法一切从零出发，在编制费用预算时需要完成大量的基础工作，如历史资料分析、市场状况分析、现有资金使用分析和投入产出分析等，这势必带来浩繁的工作量，搞不好会顾此失彼，难以突出重点，而且需要比较长的编制时间。

为了克服零基预算的缺点，简化预算编制的工作量，不需要每年都按零基预算的方法编制预算，而是每隔几年才按此方法编制一次预算。此方法特别适用于产出较难辨认的服务性部门费用预算的编制。

（三）定期预算与滚动预算

编制预算的方法按其预算期的时间特征不同，可分为定期预算的方法和滚动预算的方法两大类。

1. 定期预算的方法

（1）定期预算的定义。定期预算的方法简称定期预算，是指在编制预算时以不变的会计期间（如日历年度）作为预算期的一种编制预算的方法。

（2）定期预算的优缺点。定期预算的唯一优点是能够使预算期间与会计年度相配合，便于考核和评价预算的执行结果。按照定期预算方法编制的预算主要有以下缺点：

第一，盲目性。由于定期预算往往是在年初甚至提前两三个月编制的，对于整个预算年度的生产经营活动很难做出准确的预算，尤其是对预算后期只能进行笼统的估算，数据笼统含糊，缺乏远期指导性，给预算执行带来很多困难，不利于对生产经营活动的考核与评价。

第二，滞后性。由于定期预算不能随时根据实际情况的变化而调整，当预算中所规划的各种经营活动在预算期内发生重大变化时（如预算期中途转产），就会造成预算期滞后过时，使之成为虚假预算。

第三，间断性。由于受预算期间的限制，致使经营管理者的决策视野局限于本期规划的经营活动，通常不考虑下期。例如，一些企业提前完成本期预算后，以为可以松一口气，其他事等来年再说，形成人为的预算间断。因此，按固定预算方法编制的预算不能适应连续不断的经营过程，不利于企业的长远发展。

为了克服定期预算的缺点，在实践中可以采用滚动预算的方法编制预算。

2. 滚动预算的方法

(1)滚动预算的定义。滚动预算又称连续预算或永续预算，是指在编制预算时，将预算期与会计年度脱离开，随着预算的执行不断延伸补充预算，逐期向后滚动，使预算期永远保持为 12 个月的一种方法。

其具体做法是：每过一个季度(或月份)，立即根据前一个季度(或月份)的预算执行情况，对以后季度(或月份)进行修订，并增加一个季度(或月份)的预算。以这样逐期向后滚动、连续不断的预算形式规划企业未来的经营活动。

(2)滚动预算的优缺点。与传统的定期预算相比，按滚动预算方法编制的预算具有以下优点：

①透明度高。由于编制预算不再是预算年度开始之前几个月的事情，而是实现了与日常管理的紧密衔接，可以使管理人员始终从动态的角度把握企业近期的规划目标和远期的战略布局，使预算能够有较高的透明度。

②及时性强。由于滚动预算能根据前期预算的执行情况，结合各种因素的变动影响，及时调整和修订近期预算，从而使预算更加切合实际，能够充分发挥预算的指导和控制作用。

③连续性、完整性和稳定性突出。由于滚动预算在时间上不再受日历年度的限制，能够连续不断地规划未来的经营活动，不会造成人为的间断，同时可以使企业管理人员了解未来12 个月的总体规划与近期预算目标，能够确保企业管理工作的完整性和稳定性。

采用滚动预算的方法编制预算的唯一缺点是预算工作量比较大。

(3)滚动预算的方式及其特征。滚动预算按其预算编制和滚动的时间单位不同，可分为逐月滚动、逐季滚动和混合滚动三种方式。

①逐月滚动方式。逐月滚动方式是指在预算编制过程中，以月份为预算的编制和滚动单位，每个月调整一次预算的方法。

如在 2002 年 1 月至 12 月的预算执行过程中，需要在 1 月份末根据当月的预算执行情况，修订 2 月至 12 月的预算，同时补充 2003 年 1 月份的预算；2 月份末根据当月预算的执行情况，修订 3 月至 2003 年 1 月的预算，同时补充 2003 年 2 月份的预算；依此类推。

逐月滚动编制的预算比较精确，但工作量太大。

②逐季滚动方式。逐季滚动是指在预算编制过程中，以季度为预算的编制和滚动单位，每个季度调整一次预算的方法。

如在 2002 年一至四季度的预算执行过程中，需要在第一季度末根据当季度预算的执行情况，修订第二季度至第四季度的预算，同时补充 2003 年第一季度的预算；第二季度末根据当季度预算的执行情况，修订第三季度至 2003 年第一季度的预算，同时补充 2003 年第二季度的预算，依此类推。

逐季滚动编制的预算比逐月滚动的工作量小，但预算精度较差。

③混合滚动方式。混合滚动方式是指在预算编制过程中，同时使用月份和季度作为预算编制和滚动单位的方法。它是滚动预算的一种变通方式。

这种方式的理论根据是：人们对未来的了解程度具有对近期的预计把握比较大、对远期的预计把握比较小的特征。为了对近期预算提出较高的精度要求，使预算的内容相对简单。这样既可以减少预算工作量又可以保证预算具有较高的精度。

第三节　日常预算的编制

财务预算必须在日常预算的基础上进行编制。日常预算的编制主要包括销售预算、生产预算、直接材料预算、直接人工预算、制造费用预算、产品成本预算、销售与管理费用预算等的编制。

一、销售预算的编制

销售预算是指为规划一定预算期内因组织销售活动而引起的预计销售收入而编制的一种日常业务预算。只要商品经济存在，任何企业都必须实行以销定产。因此，销售预算就成为编制全面预算的关键，是整个预算的起点，其他预算都以销售预算为基础。

本预算需要在销售预测的基础上，根据企业年度目标利润确定的预计销售量和销售价格等参数进行编制；单价根据市场供求关系并通过价格决策决定；预计销售量则需要根据市场预测或销售合同并结合企业生产能力来确定。为了行文简洁，本章不考虑增值税因素，销售收入的基本公式如下：

$$预计销售收入 = \sum 某产品销售单价 \times 该产品预计销量$$

为了便于财务预算，还应在编制销售预算的同时，编制与销售收入有关的经营现金收入预算表，以反映全年及各季度销售所得的现销收入和回收前期应收账款的现金收入。某预算期的经营现金收入的计算公式如下：

$$某期经营现金收入 = 该期现销收入 + 回收前期应收账款$$

式中，现销收入＝该期销售收入×该期预计现销率，现销率是指一定期间现销含税收入占该期含税销售收入的百分比指标。回收前期应收账款＝本期期初应收账款×预计应收账款回收率；应收账款回收率为前期应收账款在本期回收的现金额占相关的应收账款的百分比指标。在全面预算中，现销率和回收率一般为已知数据。

此外，根据下列公式还可以计算出企业预算期末应收账款余额：

$$期末应收账款余额 = 期初应收账款余额 + 该期销售收入 - 本期现金收入$$

【例8-5】　假定辉映有限公司生产和销售一种甲产品，根据2007年各季度的销售量及售价的有关资料编制"销售预算表"，见表8-5。

表8-5　辉映有限公司2007年销售预算表　　　　单位：元

项目	第一季度	第二季度	第三季度	第四季度	合计
预计销售量(件)	5 000	7 500	10 000	9 000	31 500
预计单位售价(元/件)	20	20	20	20	20
销售收入(元)	100 000	150 000	200 000	180 000	630 000

在实际工作中，产品销量往往不是现购现销的，即产生了很大数额的应收账款，所以，

销售预算中通常还包括预计现金收入的计算，其目的是为编制现金预算提供必要的资料。

假设本例中，每季度销售收入在本季收到现金60%，其余赊账在下季度收账。则辉映有限公司2007年预计现金收入表见表8-6。

表8-6 辉映有限公司2007年预计现金收入表 单位：元

项目	本期发生额	现金收入			
		第一季度	第二季度	第三季度	第四季度
期初应收	31 000				
第一季度	100 000				
第二季度	150 000	31 000	40 000	60 000	80 000
第三季度	200 000	60 000	90 000	120 000	108 000
第四季度	180 000				
期末应收	(72 000)				
合 计	589 000	91 000	130 000	180 000	188 000

二、生产预算的编制

生产预算是指为规划一定预算期内预计生产量水平而编制的一种日常业务预算。该预算是所有日常业务预算中唯一只使用实物量计量单位的预算。

生产预算是在销售预算的基础上编制出来的，其主要内容包括销售量、期初和期末存货、生产量。由于存在许多不确定性，企业的生产和销售在时间上和数量上不能完全一致，一般应以产定销，计算公式如下：

预计生产量 = 预计销售量 + 预计期初存货量 – 预计期末存货量

在编制预算时要注意生产量、销售量、存货量之间的比例关系，避免储备不足、产销脱节或超储积压等。

【例8-6】 假设【例8-3】中，辉映有限公司希望能在每季季末保持相当于下季度销售量10%的期末存货，上年年末产品的期末存货为500件，单位成本8元，共计4 000元。预计下年第一季度销售量为10 000件，则辉映有限公司2007年生产预算见表8-7。

表8-7 辉映有限公司2007年生产预算 单位：件

项目	第一季度	第二季度	第三季度	第四季度	全年合计
预计销售量	5 000	7 500	10 000	9 000	31 500
加：期末存货	750	1 000	900	1 000	1 000
合计	5 750	8 500	10 900	10 000	32 500
减：期初存货	500	750	1 000	900	500
预计生产量	5 250	7 750	9 900	9 100	32 000

三、直接材料预算的编制

直接材料预算是指为规划一定预算期内因组织生产活动和材料采购活动预计发生的直接

材料需用量、采购数量和采购成本而编制的一种经营预算。

直接材料预算，是以生产预算、材料消耗定额和预计材料单位采购成本为基础，同时要考虑原材料存货水平而编制的。直接材料预算一般是以产定耗、以耗定购、以购定采购成本，所以它主要包括需(耗)用量、采购量和采购成本预算等。材料需用量按各种产品的材料消耗定额和生产量计算某种材料预计需用量。材料采购量在材料需要用量的基础上，考虑材料的期初、期末库存量计算确定。材料采购总成本根据各种材料的采购量、采购单价计算确定。它们的计算公式如下：

$$某材料需用量 = \sum 预计生产量 \times 某材料消耗定额$$

$$某材料采购量 = 该材料需用量 + 期末库存量 - 期初库存量$$

$$某材料采购总成本 = \sum 某材料单位成本 \times 该材料采购量$$

材料的采购与产品的销售有相类似之处，即可采用商业信用等方式赊购材料，这样可能存在一部分应付账款项。为了便于编制现金预算，对于材料采购还须计算现金支出预算。同时也可以计算出企业期末的应付账款余额。

【例8-7】 根据【例8-4】的资料，假设甲产品只耗用一种材料，辉映有限公司期望每季末材料库存量分别为2 100千克、3 100千克、3 960千克、3 640千克，2006年末库存材料的1 500千克，则辉映有限公司2007年直接材料预算见表8-8。

表8-8　辉映有限公司2007年直接材料预算

项目	第一季度	第二季度	第三季度	第四季度	全年合计
预计生产量(件)	5 250	7 750	9 900	9 100	32 000
单位产品材料用量(千克/件)	2	2	2	2	2
生产需要量(千克)	10 500	15 500	19 800	18 200	64 000
加：预计期末存量	2 100	3 100	3 960	3 640	3 640
合计	12 600	18 600	23 760	21 840	67 640
减：预计期末存量	1 500	2 100	3 100	3 960	1 500
预计采购量	11 100	16 500	20 660	17 880	66 140
单价(元/千克)	2.5	2.5	2.5	2.5	2.5
预计采购金额(元)	27 750	41 250	51 650	44 700	165 350

假设本例材料采购的货款有50%在本季度内付清，另外50%在下季度付清，辉映有限公司2007年度预计现金支出表见表8-9。

表8-9　辉映有限公司2007年度预计现金支出表　　　　　　单位：元

项目	本期发生额	现金支出			
		第一季度	第二季度	第三季度	第四季度
期初应付款	11 000	11 000			
第一季度	27 750	13 875	13 875		

项目	本期发生额	现金支出			
		第一季度	第二季度	第三季度	第四季度
第二季度	41 250		20 625	20 625	
第三季度	51 650			25 825	25 825
第四季度	44 700				22 350
期末应付款	(22 350)				
合计	154 000	24 875	34 500	46 450	48 175

四、直接人工预算的编制

直接人工预算是指为规划一定预算期内人工工时的消耗水平和人工成本水平而编制的一种经营预算，其是以生产预算为基础编制的，其主要内容包括预计产量、单位产品工时、人工总工时、每小时人工成本和人工总成本。直接人工成本包括直接工资和按直接工资的一定比例计算的其他直接费用（应付福利费）。计算公式如下：

$$某产品工时数 = 该产品生产量 \times 单位产品工时定额$$

$$某产品人工成本 = 该产品工时数 \times 小时工资率$$

$$企业人工成本合计 = \sum 预计某种产品直接人工成本$$

【例8-8】 辉映有限公司2007年直接人工预算见表8-10。

表8-10 辉映有限公司2007年直接人工预算

项目	第一季度	第二季度	第三季度	第四季度	全年合计
预计生产量(件)	5 250	7 750	9 900	9 100	32 000
单位产品工时(小时)	0.2	0.2	0.2	0.2	0.2
人工总工时(小时)	1 050	1 550	1 980	1 820	64 00
每小时人工成本(元)	10	10	10	10	10
人工总成本(元)	10 500	15 500	19 800	18 200	64 000

五、制造费用预算的编制

制造费用预算是指为规划一定预算期内除直接材料和直接人工预算以外预计发生的其他生产费用水平而编制的一种日常业务预算。

制造费用按其习性，可分为变动制造费用和固定制造费用。变动制造费用预算以生产预算为基础来编制，可根据预计生产量或直接人工总工时、预计的变动制造费用分配率来计算。固定制造费用可在上年的基础上，根据预期变动加以适当修正进行预计。在制造费用预算中，除折旧费等非付现成本外都需要支付现金。为了方便编制现金预算，需要预计现金支出，将制造费用预算额扣除非付现成本后，调整为"现金支出的费用"。

【例8-9】 辉映有限公司2007年制造费用预算如表8-11所示。

表 8-11 辉映有限公司 2007 年制造费用预算   单位：元

项目		费用分配率	第一季度	第二季度	第三季度	第四季度	全年合计
预计人工总工时			1 050	1 550	1 980	1 820	6 400
变动制造费用	间接材料	1	1 050	1 550	1 980	1 820	6 400
	间接人工	0.6	630	930	1 188	1 092	3 840
	修理费	0.4	420	620	792	728	2 560
	水电费	0.5	525	775	990	910	3 200
	小计	2.5	2 625	3 875	4 950	4 550	16 000
固定制造费用	修理费		3 000	3 000	3 000	3 000	12 000
	水电费		1 000	1 000	1 000	1 000	4 000
	管理人员工资		2 000	2 000	2 000	2 000	8 000
	折旧		5 000	5 000	5 000	5 000	20 000
	保险费		1 000	1 000	1 000	1 000	4 000
	小计		12 000	12 000	12 000	12 000	48 000
现金支出费用			9 625	10 875	11 950	11 550	44 000

六、产品成本预算的编制

产品成本预算是指为规划一定预算期内每种产品的单位产品成本、生产成本、销售成本等内容而编制的一种日常业务预算。

本预算需要在生产预算、直接材料预算、直接人工预算和制造费用预算的基础上编制，同时，也为编制预计利润表和预计资产负债表提供数据。

在变动成本法下，产品成本只包括直接材料、直接人工和变动制造费用这三部分变动制造成本；而将固定制造费用计入期间费用，在当期收入中预以抵减。单位产品成本、生产成本、期初期末产成品成本，均按变动制造费用计算确定。如果产成品存货采用先进先出法计价，在没有在产品的情况下，销售成本可用本期生产成本加上期初产成品成本，减期末产成品成本计算确定。

【例 8-10】 辉映有限公司 2007 年度产品生产成本预算如表 8-12 所示。公司采用变动成本计算法计算产品成本。

表 8-12 辉映有限公司 2007 年度产品生产成本预算   单位：元

成本项目	全年生产量 32 000（件）			
	单耗	单价	单位成本（元/件）	总成本
直接材料	2	2.5	5	160 000
直接人工	0.2	10	2	64 000
变动制造费用	0.2	2.5	0.5	16 000
合计			7.5	240 000

产成品存货	数量(件)	单位成本(元)	总成本
年初存货	500	8	4 000
年末存货	1 000	7.5	7 500
本年销售	31 500		236 500

七、销售与管理费用预算的编制

销售费用预算是指为规划一定预算期内企业在销售阶段组织产品销售预计发生各项费用水平而编制的一种日常业务预算。管理费用预算是指为规划一定预算期内因管理企业预计发生的各项费用水平而编制的一种日常业务预算。

销售与管理费用预算的编制方法与制造费用预算的编制方法非常接近，也可将其划分为变动性和固定性两部分费用。

变动费用一般都要用现金支出，各预算期的现金支出可用销售收入的比例进行分配确定。对于固定费用的现金支出可以采取两种处理方法：

第一种方法是根据全年固定性费用的预算总额扣除其中的非付现成本(如销售机构的折旧费)的差额在年内各季度内平均分摊。

第二种方法是根据具体的付现成本项目的预计发生情况分季度编制预算。

【例8-11】 辉映有限公司2007年度销售及管理费用预算见表8-13。

表8-13 辉映有限公司2007年度销售及管理费用预算　　　金额单位：元

项目		变动费用率	第一季度	第二季度	第三季度	第四季度	全年合计
预计销售收入			100 000	150 000	200 000	180 000	630 000
变动销售及管理费用	销售佣金	1%	1 000	1 500	2 000	1 800	6 300
	运输费	1.60%	1 600	2 400	3 200	2 880	10 080
	广告费	5%	5 000	7 500	10 000	9 000	31 500
	小计	7.60%	7 600	11 400	15 200	13 680	47 880
固定销售及管理费用	薪金		5 000	5 000	5 000	5 000	20 000
	办公用品		4 500	4 500	4 500	4 500	18 000
	杂项		3 500	3 500	3 500	3 500	14 000
	小计		13 000	13 000	13 000	13 000	52 000

第四节　财务预算的编制

财务预算的编制主要包括现金预算、财务费用预算、预计利润表、预计利润分配表和预计资产负债表等内容。

一、现金预算的编制

现金预算也称现金收支预算，是以日常业务预算和特种决策预算为基础所编制的反映现金收支情况的预算。现金预算中的现金收入主要反映经营性现金收入，现金支出则同时反映经营性现金支出和资本性现金支出。现金预算由现金收入、现金支出、现金多余或不足、资金的筹集和运用四个部分组成。

【例8-12】　根据【例8-3】至【例8-9】所编制的各种预算提供的资料，并假设辉映有限公司每季度末应保持现金余额10 000元，若资金不足或多余，可以以2 000元为单位进行借入或偿还，借款年利率为8%，于每季初借入，每季末偿还，借款利息于偿还本金时一起支付。同时，在2007年度辉映有限公司准备投资100 000元购入设备，于第二季度和第三季度分别支付价款的50%；每季度预交所得税20 000元；预算在第三季度发放现金股利30 000元；第四季度购买国库券10 000元。依上述资料编制的辉映有限公司2007年度现金预算表如表8-14所示。

表8-14　辉映有限公司2007年度现金预算表　　　　　单位：元

项目	第一季度	第二季度	第三季度	第四季度	全年合计
期初现金余额	8 000	13 400	10 125	11 725	8 000
加：销货现金收入	91 000	130 000	180 000	188 000	589 000
可供使用现金	99 000	143 400	190 125	199 725	597 000
减：现金支出					
直接材料	24 875	34 500	46 450	48 175	154 000
直接人工	10 500	15 500	19 800	18 200	64 000
制造费用	9 625	10 875	11 950	11 550	44 000
销售及管理费用	20 600	24 400	28 200	26 680	99 880
预交所得税	20 000	20 000	20 000	20 000	80 000
购买国库券				10 000	10 000
发放股利			30 000		30 000
购买设备		50 000	50 000		100 000
支出合计	85 600	155 275	206 400	134 605	581 880
	15 120	13 400	(11 875)	(16 275)	65 120
	50 000		22 000	28 000	
	50 000				50 000
	2 440				2 440
期末现金余额	13 400	10 125	11 725	12 680	12 680

二、预计利润表的编制

预计利润表是指以货币形式综合反映预算期内企业经营活动成果(包括利润总额、净利润)计划水平的一种财务预算。它是根据销售、产品成本、费用等预算编制的。变动成本法下，利润表的相关项目计算公式如下：

$$边际贡献 = 销售收入 - 变动成本 - 销售税金及附加$$

$$利润总额 = 边际贡献 - 固定成本$$

$$净利润 = 利润总额 - 所得税$$

式中，变动成本包括销售成本、变动销售费用、变动管理费用，固定成本包括固定制造费用、固定销售费用、固定管理费用和财务费用。

【例8-13】 根据前述的各种预算，辉映有限公司2007年度预计利润表见表8-15。

表8-15　辉映有限公司2007年预计利润表　　　　　　单位：元

项目	第一季度	第二季度	第三季度	第四季度	全年合计
销售收入	100 000	150 000	200 000	180 000	630 000
减：销售成本	37 750	56 250	75 000	67 500	236 500
变动销售及管理费用	7 600	11 400	15 200	13 680	47 880
边际贡献	54 650	82 350	109 800	98 820	345 620
减：固定制造费用	12 000	12 000	12 000	12 000	48 000
固定销售及管理费用	13 000	13 000	13 000	13 000	52 000
利息支出				2 440	2 440
税前利润	29 650	57 350	84 800	71 380	243 180
减：所得税(25%)	7 412.50	14 337.50	21 200	17 845	60 795
税后利润	22 237.50	43 012.50	63 600	53 535	182 385

三、预计资产负债表的编制

预计资产负债表示以货币为单位反映预算期末财务状况的总括性预算。

【例8-14】 辉映有限公司2007年度的预计资产负债表中除年初数是已知的以外，其余项目均应在前述各项日常业务预算基础上分析填列。预计资产负债表见表8-16。

表8-16　辉映有限公司2007年度预计资产负债表　　　　　　单位：元

资产	期初数	期末数	负债及所有者权益	期初数	期末数
流动资产			流动负债		
货币资金	8 000	12 680	应收账款	11 000	22 350
交易性金融资产		10 000	未交所得税		-19 205
应收账款	31 000	72 000			
原材料	3 750	9 100	流动负债合计	11 000	3 145
产成品	4 000	7 500	长期负债		

续表

资产	期初数	期末数	负债及所有者权益	期初数	期末数
流动资产合计	46 750	111 280	长期借款	40 000	40 000
固定资产原值	270 000	370 000	股东权益		
减：累计折旧	32 250	52 250	普通股	200 000	200 000
固定资产净值	237 750	317 750	留存收益	33 500	185 885
资产总计	284 500	429 030	负债及所有者权益总计	284 500	429 030

同步训练

一、单项选择题

1. 相对于固定预算而言，弹性预算的主要优点是(　　)。

    A. 机动性强　　　　B. 稳定性强　　　　C. 连续性强　　　　D. 远期指导性强

2. 在基础成本费用水平的基础上，结合预算业务量及有关降低成本的措施，通过调整有关原有成本项目而编制的预算，称为(　　)。

    A. 弹性预算　　　　B. 零基预算　　　　C. 增量预算　　　　D. 滚动预算

3. 可以保持预算的连续性和完整性，并能克服传统定期预算缺点的预算方法是(　　)。

    A. 弹性预算　　　　B. 零基预算　　　　C. 滚动预算　　　　D. 固定预算

4. 以预算期正常的、可实现的某一业务量水平为唯一基础来编制预算的方法称为(　　)。

    A. 零基预算　　　　B. 定基预算　　　　C. 静态预算　　　　D. 流动预算

5. 财务预算管理中，不属于总预算内容的是(　　)。

    A. 现金预算　　　　　　　　　　　　B. 生产预算

    C. 预计利润表　　　　　　　　　　　D. 预计资产负债表

二、多项选择题

1. 与编制零基预算相比，编制增量预算的主要缺点包括(　　)。

    A. 可能不加分析地保留或接受原有的成本支出

    B. 可能按主观臆断平均削减原有成本支出

    C. 容易使不必要的开支合理化

    D. 增加了预算编制的工作量，容易顾此失彼

2. 相对于固定预算而言，弹性预算的优点有(　　)。

    A. 预算成本低　　　　　　　　　　　B. 预算工作量小

    C. 预算可比性强　　　　　　　　　　D. 预算适用范围宽

3. 下列属于财务预算内容的是(　　)。

    A. 现金预算

    B. 预计利润表、预计利润分配表和预计资产负债表

    C. 财务费用预算

    D. 营业费用预算

4. 编制预计财务报表的依据包括( )。

    A. 现金预算　　　　　B. 特征决策预算　　C. 日常业务预算　　D. 责任预算

5. 与生产预算有直接联系的预算是( )。

    A. 直接材料预算　　　　　　　　　B. 变动制造费用预算

    C. 销售及管理费用预算　　　　　　D. 直接人工预算

三、判断题

1. 在编制预计资产负债表时，对表中年初项目和年末项目均需要根据各种日常业务预算和专门预算的预计数据分析填列。( )

2. 预计财务报表的编制程序是先编制预计利润表，然后编制预计资产负债表。( )

3. 在编制零基预算时，应以企业现有的费用水平为基础。( )

4. 总预算是企业所有以货币及其他数量形式反映的、有关企业未来一段时间内全部经营活动各个项目目标的行动计划与相应措施的数量说明。( )

5. 弹性预算只是一种编制费用的预算方法。( )

四、简答题

1. 财务预测的作用有哪些?

2. 财务预算有哪些方法?

五、参考案例

长兴机器制造公司的财务预算案例

1. 基本案情

从预算组织工作的详细记录谈起。2002年底已经迫近，长兴机器制造公司副总经理第一次接手该项工作，所以有许多问题不甚明确只能先行进入工作状态，一面进行全面预算的编制，一面对操作中的错误予以纠正。以下是他进行预算组织工作的详细记录。

12月10日为全公司各生产部门和职能部门下达编制全面预算的任务，预算的编制顺序为"两下两上"，即先由基层单位编制初稿，一并交公司统一汇总、协调，再返还基层单位修改，修改后再次上交总公司以调整、确认。

12月11日发专门文件说明预算的本质是财务计划，是预先的决策。

12月12日专门指定生产部门先将生产计划编制出来，提前上交，因为生产部门的生产计划是全部预算的开端。

12月15日设计预算编制程序如下:

(1)成立预算委员会，由公司董事长任主任;

(2)确定全面预算只包括短期预算;

(3)由预算委员会提出具体生产任务和其他任务;

(4)由各部门负责人自拟分项预算;

(5)上报分项预算给公司预算委员会;

(6)由董事会对预算进行审查;

(7)将预算下达给各部门实施。

2. 分析要点及要求

12月20日已上交的营业预算有销售预算、生产预算、直接人工预算、直接材料采购预算、制造费用预算、营业费用预算、预计损益表。该副总经理认为营业预算已经基本上交完毕。资本支出预算也刚刚交来，被归入营业预算。其主要内容是关于下一经营期购买厂房和土地的问题。

12月21日收到的现金预算中有以下几项内容：现金收入、现金支出、现金结余。该副总经理把现金预算归入销售预算内，因为销售是企业现金的主要来源。

12月22日交来的预计资产负债表被该副总经理退回，认为它不在预算之列。

12月25日该副总经理强行要求所有与生产成本相关的预算都以零基预算的方式进行。基层单位负责人反映该企业为方便业绩考核，前任财务经理对生产成本一直实施滚动预算。况且重新搜集成本资料支出过大，时限过长。

12月28日生产经理的基本职责有两方面：生产控制和成本控制。公司要求生产经理作固定预算，生产经理强烈反对，认为只有弹性预算才能把生产控制和成本控制分开，便于考核业绩。

12月31日预计出下一期的支付政策和方案，并把它列入专门决策预算。

思考与分析：

1. 请帮助找出其中的错误之处，说明理由并加以纠正。

2. 请详细说明编制预算中有哪些需要注意的问题。

第九章

财务控制

知识目标：

1. 了解财务控制的原则、特征与种类；
2. 理解责任预算、责任报告的编制方法与业绩考核的要求；
3. 理解内部转移价格的含义；
4. 掌握成本中心、利润中心和投资中心的基本内容与考核指标。

技能目标：

1. 能够对责任中心各项考核指标进行计算；
2. 能够对内部转移价格运用进行正确分析。

导语：

我国巨人集团的倒塌，郑州亚细亚的衰败，震惊中外的银广夏事件的发生，乃至美国安然公司的破产，世通公司造假等现象，无一不与财务控制有关。本章将介绍有关财务控制的问题。

第一节 财务控制概述

一、财务控制的含义与特征

财务控制是指按照一定的程序和方法，确保企业及其内部机构和人员全面落实及实现财务预算的过程。在企业的经济控制系统中，财务控制系统是最具有连续性、系统性和综合性的子系统。它具有以下特征：

1. 以价值控制为手段

财务控制以实现财务预算为目标。财务预算所包括的现金预算、预计利润表和预计资产负债表，都是以价值形式予以反映的。财务控制必须借助价值手段进行。

2. 以综合经济业务为控制对象

财务控制以价值为手段，可以将不同岗位、不同部门、不同层次的业务活动综合起来进行控制。

3. 以日常现金流量控制为主要内容

由于日常的财务活动过程表现为组织现金流量的过程，因此，控制现金流量成为日常财务控制的主要内容。在财务控制过程中要以现金预算为依据，通过编制现金流量表来考核评价现金流量运行状况。

二、财务控制的基本原则

(1) 目的性原则。财务控制作为一种财务管理职能，必须具有明确的目的性，为企业的理财目标服务。

(2) 充分性原则。财务控制的手段对于目标而言，应当是充分的，应当足够保证目标的实现。

(3) 及时性原则。财务控制的及时性是指及时发现偏差，并能及时采取措施加以纠正。

(4) 认同性原则。财务控制的目标、标准和措施必须为相关人士所认同。

(5) 经济性原则。财务控制的手段应当是必要的，没有多余，财务控制所获得的价值应大于所需费用。

(6) 客观性原则。管理者对绩效的评价工作应当客观公正，防止主观片面。

(7) 灵活性原则。财务控制应当含有足够灵活的要素，以便在出现任何失常情况下，都能保持对运行过程的控制，不受环境变化、计划疏忽、计划变更的影响。

(8) 适应性原则。财务控制应能反映组织结构，同职位相适应，并反映所制定的有待实施的计划。

(9) 协调性原则。财务控制的各种手段在功能、作用、方向和范围方面不能相互掣肘，而应相互配合，在单位内部形成合力，产生协同效应。

(10) 简明性原则。控制目标应当明确，控制措施与规章制度应当简明易懂，易为执行者理解和接受。

三、财务控制的种类

财务控制可以按照以下不同的标准分类。

(1) 按照财务控制的内容分类。按照财务控制的内容，可将财务控制分为一般控制和应用控制两类。

一般控制，是指对企业财务活动赖以进行的内部环境所实施的总体控制，因而也称为基础控制或环境控制。

应用控制，是指直接作用于企业财务活动的具体控制，也称为业务控制。

(2) 按照财务控制的功能分类。按照财务控制的功能，可将财务控制分为预防性控制、侦察型控制、纠正性控制、指导性控制和补偿性控制。

判断一项控制措施到底属于哪个种类，主要取决于采取这项控制措施的设计意图。

（2）按照财务控制的时序分类。按照财务控制的时序，可将财务控制分为事先控制、事中控制和事后控制三类。

事先控制，是指企业单位为防止财务资源在质和量上发生偏差，而在行为发生之先所实施的控制。

事中控制，是指财务收支活动发生过程中所进行的控制。

事后控制，是指对财务收支活动的结果所进行的考核及其相应的奖罚。

（4）按照财务控制的主体分类。按照财务控制的主体，可将财务控制分为出资者财务控制、经营者财务控制和财务部门财务控制三类。

出资者财务控制，是为了实现其资本保全和资本增值目标而对经营者的财务收支活动进行的控制。

经营者财务控制，是为了实现财务预算目标而对企业及各责任中心的财务收支活动所进行的控制。

财务部门财务控制，是财务部门为了有效地组织现金流动，通过编制现金预算，执行现金预算，对企业日常财务活动所进行的控制。

（5）按照财务控制的依据分类。按照财务控制的依据，可将财务控制分为预算控制和制度控制两类。

预算控制，是指以财务预算为依据，对预算执行主体的财务收支活动进行监督、调整的一种控制形式。

制度控制，是指通过制定企业内部规章制度，并以此为依据约束企业和各责任中心财务收支活动的一种控制形式。

（6）按照财务控制的对象分类。按照财务控制的对象，可将财务控制分为收支控制和现金控制（或货币资金控制）两类。

收支控制，是对企业和各责任中心的财务收入活动与财务支出活动所进行的控制。

现金控制，是对企业和各责任中心的现金流入与现金支出所进行的控制。

（7）按照财务控制的手段分类。按照财务控制的手段，可将财务控制分为定额控制和定率控制，也可称为绝对控制和相对控制。

定额控制，是指对企业和各责任中心采用绝对额指标进行控制。

定率控制，是指对企业和各责任中心采用相对比率指标进行控制。

第二节　责任中心

一、责任中心的含义与特征

责任中心就是承担一定经济责任，并享有一定权力和利益的企业内部（责任）单位。

企业为了实现有效的内部协调与控制，通常都按照统一领导、分级管理的原则，在其内部合理划分责任单位，明确各责任单位应承担的经济责任、应有的权力和利益。促使各责任单位尽其责任协同配合。同时，为了保证预算的贯彻落实和最终实现，必须把总预算中确定的目标和任务，按照责任中心逐层进行指标分解，形成责任预算，使各个责任中心据以明确目标和任务。

责任中心通常具有以下特征。

1. 责任中心是一个责权利结合的实体

它意味着每个责任中心都要对一定的财务指标承担完成的责任；同时，赋予责任中心与其所承担责任的范围和大小相适应的权力，并规定做出相应的业绩考核标准和利益分配标准。

2. 责任中心具有承担经济责任的条件

它有两方面的含义：一是责任中心具有履行经济责任中各条款的行为能力；二是责任中心一旦不能履行经济责任，能对其后果承担责任。

3. 责任中心所承担的责任和行使的权力都应是可控的

每个责任中心只能对其责权范围内可控的成本、收入、利润和投资负责。不同的责任层次，其可控的范围并不一样。一般而言，责任层次越高，其可控范围也就越大。

4. 责任中心具有相对独立的经营业务和财务收支活动

它是确定经济责任的客观对象，是责任中心得以存在的前提条件。

5. 责任中心便于进行责任会计核算或独立核算

责任中心不仅要划清责任，而且要单独核算。划清责任是前提，单独核算是保证。只有既划清责任又能进行单独核算的企业内部单位，才能作为一个责任中心。

根据企业内部责任中心的权责范围及业务活动的特点不同，责任可以分为成本中心、利润中心、投资中心三大类。

二、成本中心

（一）成本中心的定义

成本中心是对成本或费用承担责任的责任中心。它不会形成可以用货币计量的收入，因而不对收入、利润或投资负责。成本中心一般包括负责产品生产的生产部门、劳务提供部门以及给予一定费用指标的管理部门。

成本中心的应用范围最广，从一般意义出发，企业内部凡有成本发生，需要对成本负责，并能实施成本控制的单位，都可以成为成本中心。工业企业上至工厂一级，下至车间、工段、班组，甚至个人都有可能成为成本中心。

（二）成本中心的类型

成本中心分为技术性成本中心和酌量性成本中心。技术性成本是指发生的数额通过技术分析可以相对可靠地估算出来的成本，如产品生产过程中发生的直接材料、直接人工、间接制造费用等。

酌量性成本是否发生以及发生数额的多少是由管理人员的决策决定的，主要包括各种管理费用和某些间接成本费用，如研究开发费用、广告宣传费用、职工培训费用等。

（三）成本中心的特点

成本中心相对于利润中心和投资中心有其自身的特点，主要表现在：

1. 成本中心只考评成本费用而不考评收益

成本中心一般不具备经营权和销售权，其经济活动的结果不会形成可以用货币计量的收入；有的成本中心可能有少量的收入，但整体上讲，其产出与投入之间不存在密切的对应关系，因而，这些收入不作为主要的考核内容，也不必计算这些货币收入。概括地说，成本中心只以货币形式计量投入，不以货币形式计量产出。

2. 成本中心只对可控成本承担责任

成本费用依其责任主体是否能控制分为可控成本与不可控成本，凡是责任中心能控制其发生及其数量的成本称为可控成本；凡是责任中心不能控制其发生及其数量的成本称为不可控成本。可控成本必须同时具备以下四个条件：①可以预计；②可以计量；③可以施加影响；④可以落实责任。

凡不能同时具备上述四个条件的成本通常称为不可控成本。属于某成本中心的各项可控成本之和即构成该成本中心的责任成本。从考评角度看，成本中心工作成绩的好坏，应以可控成本为主要依据，不可控成本核算只有参考意义。在确定责任中心时，应尽可能使责任中心发生的成本成为可控成本。

3. 成本中心只对责任成本进行考核和控制

责任成本是各成本中心当期确定或发生的各项可控成本之和。它可分为预算责任成本和实际责任成本。前者是指由预算分解确定的各责任中心应承担的责任成本；后者是指各责任中心从事业务活动实际发生的责任成本。对成本费用进行控制，应以各成本中心的预算责任成本为依据，确保实际责任成本不会超过预算责任成本；对成本中心进行考核，应通过各成本中心的实际责任成本与预算责任成本进行比较，确定其成本控制的绩效，并采取相应的奖惩措施。

（四）成本中心的考核指标

成本中心要对其责任成本（可控成本）负责，因此，对成本中心的考核应以责任成本为主要指标，即将成本中心实际发生的责任成本同预算的责任成本和目标成本进行比较。为确保考核的有效性和合理性，责任成本除包括成本中心发生的直接可控成本外，还应当包括分摊给本中心并由本中心负责的间接可控成本。

成本中心考核指标包括责任成本变动额和责任成本变动率两个指标，计算公式为

$$责任成本变动额 = 实际责任成本 - 预算责任成本$$

$$责任成本变动率 = 责任成本变动额 \div 预算责任成本 \times 100\%$$

在进行成本中心指标考核时，如果预算产量与实际产量不一致，应按弹性预算的方法先行调整预算指标，再按上述指标进行计算。

【例9-1】 某企业内部一车间为成本中心，生产 A 产品，预算产量为 5 000 件，单位成本 90 元；实际产量 6 000 件，单位成本 80 元。

要求：计算该成本中心的成本变动额和变动率。

解： 成本变动额 $= 80 \times 6\,000 - 90 \times 6\,000 = -60\,000（元）$

成本变动率 $= -60\,000 \div (90 \times 6\,000) = -11.11\%$

三、利润中心

(一)利润中心的含义

利润中心是指既对成本负责又对收入和利润负责的区域，它有独立或相对独立的收入和生产经营决策权。

利润中心往往处于企业内部的较高层次，如分厂、分店、分公司，一般具有独立的收入来源或能视同为一个有独立收入的部门，还具有独立的经营权。利润中心与成本中心相比，其权利和责任都相对较大，它不仅要绝对地降低成本，而且要寻求收入的增长，并使之超过成本的增长。换言之，利润中心对成本的控制是联系着收入进行的，它强调相对成本的节约。

(二)利润中心的类型

利润中心分为自然利润中心与人为利润中心两种。

1. 自然利润中心

自然利润中心是指可以直接对外销售产品并取得收入的利润中心。这种利润中心本身直接面向市场，具有产品销售权、价格制定权、材料采购权和生产决策权。它虽然是企业内的一个部门，但其功能与独立企业相近。最典型的形式就是公司内的事业部。

2. 人为利润中心

人为利润中心是指只对内部责任单位提供产品或劳务而取得"内部销售收入"的利润中心。这种利润中心一般不直接对外销售产品。

成为人为利润中心应具备两个条件：

(1)该中心可以为其他责任中心提供产品(含劳务)；

(2)能为该中心的产品确定合理的内部转移价格，以实现公平交易、等价交换。

工业企业的大多数成本中心都可以转化为人为利润中心。人为利润中心一般也具备相对独立的经营权，即能自主决定本利润中心的产品品种(含劳务)、产品质量、作业方法、人员调配、资金使用等。

(三)利润中心的成本计算

由于利润中心既对其发生的成本负责，又对其发生的收入和实现的利润负责，所以，利润中心业绩评价和考核的重点是边际贡献与利润，但对于不同范围的利润中心来说，其指标的表现形式也不相同。如某公司采用事业部制，其考核指标可采用以下几种形式：

部门边际贡献 = 部门销售收入总额 − 部门变动成本总额

部门经理可控利润 = 部门边际贡献 − 部门经理可控固定成本

部门可控利润 = 部门经理边际贡献 − 部门经理不可控固定成本

部门税前利润 = 部门边际贡献 − 分配的公司管理费用

其中，"部门边际贡献"是利润中心考核指标中的一个中间指标。"部门经理可控利润"反映了部门经理在其权限范围内有效使用资源的能力，部门经理可控制收入以及变动成本和部分固定成本，因而可以对可控利润承担责任。该指标主要用于评价部门经理的经营业绩。这里的主要问题是，要将其不可控成本从中剔除。"部门可控利润"主要用于对部门的业绩进行评价和考核，用以反映该部门补偿共同性固定成本后对企业利润所做的贡献。如果要决定该部门的取舍，部门可控利润是有重要意义的信息。"部门税前利润"用于计算部门提供的可控利润必须抵补总部的管理费用等，否则企业作为一个整体就不会盈利。这样，部门经理可集中精力增加收入并降低可控成本，为企业实现预期的利润目标作出应有的贡献。

【例9-2】　某企业的某部门（利润中心）的有关资料如下：

（1）部门销售收入100万元；

（2）部门销售产品的变动生产成本和变动销售费用74万元；

（3）部门可控固定成本6万元；

（4）部门不可控固定成本8万元；

（5）分配的公司管理费用5万元。

则该部门的各级利润考核指标分别是：

（1）部门边际贡献 $= 100 - 74 = 26$（万元）；

（2）部门经理可控利润 $= 26 - 6 = 20$（万元）；

（3）部门可控利润 $= 20 - 8 = 12$（万元）；

（4）部门税前利润 $= 12 - 5 = 7$（万元）。

四、投资中心

（一）投资中心的含义

投资中心是指既对成本、收入和利润负责又对投资效果负责的责任中心。

投资中心是企业内部最高层次的责任中心，它在企业内部具有最大的决策权，也承担最大的责任。投资中心的管理特征是较高程度的分权管理。一般而言，大型集团所属的子公司、分公司、事业部往往都是投资中心。在组织形式上，成本中心一般不是独立法人，利润中心可以是也可以不是独立法人，而投资中心一般都是独立法人。

由于投资中心独立性较高，它一般应向公司的总经理或董事会直接负责。对投资中心不应干预过多，应使其享有投资权和较为充分的经营权；投资中心在资产和权益方面应与其他责任中心划分清楚。如果对投资中心干预过多，或者其资产和权益与其他责任中心划分不清，就会出现互相扯皮的现象，也无法对其进行准确的考核。

（二）投资中心的考核指标

投资中心评价与考核的内容是利润及投资效果，反映投资效果的指标主要是投资报酬率和剩余收益。

1. 投资报酬率

投资报酬率是投资中心所获得的利润占投资额（或经营资产）的比率，可以反映投资中心的综合盈利能力。其计算公式为

$$投资报酬率 = 净利润 \div 投资额 \times 100\%$$

投资报酬率指标可分解为：

$$投资报酬率 = 投资周转率 \times 销售利润率$$

式中，投资额可以是经营资产，应按平均投资额或平均经营资产计算；净利润也可以是营业利润。

投资报酬率是个相对数正指标，数值越大越好。投资报酬率是目前许多公司十分偏爱的评价投资中心业绩的指标。它具有如下特点：

(1)投资报酬率能反映投资中心的综合盈利能力。投资报酬率由三项指标构成，即收入、成本和投资。提高投资报酬率可以通过增收节支，也可以通过减少投资资本来实现。

(2)投资报酬率具有横向可比性。作为效益指标，投资报酬率体现了资本的获利能力，剔除了因投资额不同而导致的利润差异的不可比因素，有利于判断各投资中心经营业绩的优劣。

(3)投资报酬率可以作为选择投资的依据，这样有利于调整资本流量和存量，优化资源配置。

(4)以投资报酬率作为评价投资中心业绩的指标，有利于正确引导投资中心的管理行为，避免短期行为。这是因为这一指标反映了投资中心运用资产并使资产增值的能力，资产运用的任何不当行为都将降低投资报酬率。所以，以此作为评价投资中心的业绩的尺度，将促使各投资中心用活闲置资产，合理确定存货，加强对应收账款及固定资产的管理，及时处理变质、陈旧过时的库存商品等。

【例9-3】　某部门现有资产200万元，年净利润44万元，投资报酬率为22%。部门经理目前面临一个投资报酬率为17%的投资机会，投资额为50万元，每年净利润8.5万元。企业投资报酬率为15%。试问应该利用这个投资机会吗？

分析：尽管对整个企业来说，由于该项目投资报酬率高于企业投资报酬率，应当利用这个投资机会，但是它却使这个部门的投资报酬率由过去的22%下降到21%。因此，部门经理可能只考虑自己的利益而拒绝它，而不顾企业整体利益是否因此遭到损失。

投资报酬率 = (44 + 8.5) ÷ (200 + 50) × 100% = 21%

同样道理，假设部门现有一项资产价值50万元，每年获利8.5万元，投资报酬率17%，该部门经理却愿意放弃该项目资产，以提高部门投资报酬率。

投资报酬率 = (44 - 8.5) ÷ (200 - 50) × 100% = 23.67%

当使用投资报酬率作为业绩评价标准时，部门经理可以通过加大公式分子或减少公式的分母来提高这个比率。这样做，会失去不是最有利但可以扩大企业总净利润的项目。从引导部门经理采取与企业总体利益一致的决策来看，投资报酬率并不是一个很好的指标。

因此，为了使投资中心的局部目标与企业的总体目标保持一致，弥补投资报酬率这一指标的不足，还可以采用剩余收益指标来评价、考核投资中心的业绩。

2. 剩余收益

为了使各投资中心的局部目标与企业的总统目标保持一致，克服投资报酬率考核投资中心业绩的局限性，还可采用剩余收益作为考核指标。

剩余收益是指投资中心获得的利润扣减其最低投资收益后的余额。其计算公式为

剩余收益 = 利润 - 投资额 × 预期最低投资收益率

剩余收益 = 投资额 × (投资利润率 - 预期最低投资报酬率)

这里的最低投资报酬率一般是指企业各投资中心的平均报酬率或整个企业的预期报酬率。以剩余收益作为投资中心经营业绩评价指标，投资中心只要投资利润率大于预期最低投资报酬率，即剩余收益大于零，该投资项目就是可行的。利用剩余收益指标来考核投资中心

的业绩，不仅具有投资报酬率指标同样的优点，而且克服了投资报酬率指标的缺陷。剩余收益是个绝对数正指标，这个指标越大，说明投资效果越好。

【例9-4】　某企业有若干个投资中心，平均投资报酬率为15%，其中甲投资中心的投资报酬率为20%，该中心的经营资产平均余额为150万元。预算期甲投资中心有一追加投资的机会，投资额为100万元，预计利润为16万元。投资报酬率16%。要求：①假定预算期甲投资中心接受了上述投资项目，分别用投资报酬率和剩余收益来评价考核甲投资中心追加投资后的工作业绩。②分别从整个企业和甲投资中心的角度，说明是否应当接受这一追加投资项目。

解：①甲投资中心接受投资后的评价指标分别为

投资报酬率 $= (150 \times 20\% + 16) \div (150 + 100) \times 100\% = 18.40\%$

剩余收益 $= 16 - 100 \times 15\% = 1$（万元）

从投资报酬率指标看，甲投资中心接受投资后投资报酬率为18.40%，低于该中心原有的投资报酬率20%，追加投资使甲投资中心的投资报酬率指标降低了。从剩余收益指标看，甲投资中心接受投资后可增加剩余收益1万元，大于零。表明追加投资使用使甲投资中心有利可图。

②如果从整个企业的角度看，该追加投资项目的投资报酬率为16%，高于企业的投资报酬率15%；剩余收益为1万元，大于零。结论是：无论从哪个指标看，企业都应当接受该项追加投资。

如果从甲投资中心看，该追加投资项目的投资报酬率为16%，低于该中心的投资报酬率20%，若仅用这个指标来考核投资中心的业绩，则甲投资中心不会接受这项追加投资。但若以剩余收益指标来考核投资中心的业绩，则甲投资中心会因为剩余收益增加了1万元，而愿意接受该项追加投资。

通过上例可以看出，利用剩余收益指标考核投资中心的工作业绩，能使个别投资中心的局部利益与企业整体利益达到一致，避免投资中心出现本位主义倾向。

需要注意的是，以剩余收益作为评价指标，所采用的投资报酬率的高低对剩余收益的影响很大，通常应以整个企业的平均投资报酬率作为最低报酬率。

当然，上面的情况并非说明采用剩余收益作为考核指标一定比投资报酬率好，要视其具体情况而定。当资金比较宽裕时，一般采用剩余收益较好，因为资金较难找到市场，只要有利可图即可。当资金比较短缺时，应尽可能充分利用资金，将其投入最有利的项目中，即投资报酬率最高的项目，以力求获得尽可能多的报酬。

综上所述，责任中心根据其控制区域和权责范围的大小，分为成本中心、利润中心和投资中心三种类型。它们各自不是孤立存在的，每个责任中心承担经管责任。最基层的成本中心应就其经营的可控成本向其上层成本中心负责；上层的成本中心应就其本身可控成本和下层转来的责任成本一并向利润中心负责；利润中心应就其本身经营的收入、成本（含下层转来成本）和利润（或边际利润）向投资中心负责；投资中心最终就其经管的投资利润率和剩余收益向总经理和董事会负责。所以，企业各种类型和层次的责任中心形成一个"连锁责任"网络，这就促使每个责任中心为保证经营目标一致而协调运转。

第三节　责任预算、责任报告与业绩考核

一、责任预算

（一）责任预算的含义

责任预算是以责任中心为主体，以其可控成本、收入、利润和投资等为对象编制的预算。责任预算是企业总预算的补充和具体化。

责任预算由各种责任指标组成。这些指标分为主要责任指标和其他责任指标。在上述责任中心所提及的各责任中心的考核指标都是主要指标，也是必须保证实现的指标。这些指标反映了各种不同类型的责任中心之间的责任和相应的权利区别。其他责任指标是根据企业其他总奋斗目标分解而使得到或为保证主要责任指标完成而确定的责任指标，包括劳动生产率、设备完好率、出勤率、材料消耗和职工培训等。

（二）责任预算的编制程序

（1）以责任中心为主体，将企业总预算在各责任中心之间层层分解而形成各责任中心的预算。这种自上而下、层层分解指标的方式是一种常用的预算编制程序。

（2）各责任中心自行列示各自的预算指标、自下而上、层层汇总，最后由企业专门机构或人员进行汇总和调整，确定企业总预算。这是一种自下而上、层层汇总、协调的预算编制程序。

【例9-5】　责任预算的编制。

假设某公司采取分权组织结构形式，各成本中心发生的成本费用均为可控成本，则该公司责任预算的监护形式见表9-1~表9-5。

表9-1　某公司2005年度责任预算　　　　单位：万元

责任中心类型	项目	责任预算	责任人
利润中心	甲分公司营业利润	4 000	甲分公司经理
利润中心	甲分公司营业利润	3 000	乙分公司经理
利润中心	合计	7 000	公司总经理

表9-2　甲分公司2005年度责任预算　　　　单位：万元

责任中心类型	项目	责任预算	责任人
收入中心	销售部收入	9 200	销售部经理
成本中心	制造部可控成本	3 800	制造部经理
	行政经理部可控成本	600	行政经理部经理
	销售部可控成本	800	销售部经理
	合计	5 200	甲分公司经理
利润中心	营业利润	4 000	甲分公司经理

表9-3 甲分公司2005年度销售部责任预算　　　　单位：万元

责任中心类型	项目	责任预算	责任人
收入中心	东北地区收入	1 600	责任人A
收入中心	中南地区收入	2 000	责任人B
收入中心	西北地区收入	1 000	责任人C
收入中心	东南地区收入	2 200	责任人D
收入中心	西南地区收入	1 400	责任人E
收入中心	出口地区收入	1 000	责任人F
收入中心	收入合计	9 200	销售部经理

表9-4 甲分公司2005年度制造部责任预算　　　　单位：万元

成本中心	项目	责任预算	责任人
一车间	变动成本 直接材料 直接人工 变动制造费用 小计	 1 000 600 200 1 800	一车间负责人
一车间	固定成本 固定制造费用 成本合计	 200 2 000	一车间负责人
二车间	变动成本 直接材料 直接人工 变动制造费用 小计	 800 500 200 1 500	二车间负责人
二车间	固定成本 固定制造费用 成本合计	 200 1 700	二车间负责人
制造部	制造部其他费用 成本费用总计	100 3 800	制造部经理

表9-5 甲分公司2005年度行政部及销售部责任预算（费用）　　　　单位：万元

成本中心	项目	责任预算	责任人
行政部	工资费用 折旧 办公费 保险费	300 200 40 60	行政部经理
	费用合计	600	

续表

成本中心	项目	责任预算	责任人
销售部	工资费用	400	销售部经理
	办公费	100	
	广告费	240	
	其他	60	
	费用合计	800	

二、责任报告

责任会计以责任预算为基础，对责任预算的执行情况进行系统的反映，以实际完成情况同预算指标对比，可以评价和考核各个责任中心的工作成果。责任中心的业绩评价和考核应通过编制责任报告来完成，责任报告也称为业绩报告、绩效报告，它是根据责任会计记录编制的反映责任预算实际执行情况，揭示责任预算与实际执行差异的内部会计报告。

责任报告的形式主要有报表、数据分析和文字说明等。将责任预算、实际执行结果及其差异用报表予以列示是责任报告的基本形式。在揭示差异时，还必须对重大差异予以定量分析和定性分析。定量分析旨在确定差异的发生程度；定性分析旨在分析差异产生的原因，并根据这些原因提出改进措施。

责任报告是对各个责任中心执行责任预算情况的系统概述和总结。根据责任报告，可进一步对责任预算执行差异的原因和责任进行具体分析，以充分发挥反馈作用，以使上层责任中心和本责任中心对有关生产经营活动实行有效控制与调节，促使各个责任中心根据自身特点，卓有成效地开展有关活动以实现责任预算。

为了编制各责任中心的责任报告，必须进行责任会计核算，也就是要以责任中心为对象组织会计核算工作，具体做法有两种：一是由各责任中心指定专人把各中心日常发生的成本、收入以及各中心相互间的结算和转账业务计入单独设置的责任会计的编号账户内。然后根据管理需要，定期计算盈亏。因其与财务会计分开核算，称为"双轨制"。二是简化日常核算，不另设专门的责任会计账户，而是在传统财务会计的各明细账户内，为各责任中心分别设户进行登记、核算，这称为"单轨制"。

三、业绩考核

业绩考核是以责任报告为依据，分析、评价各责任中心责任预算的实际执行情况，找出差距，查明原因，借以考核各责任中心的工作成果，实施奖惩，促使各责任中心积极纠正行为偏差，完成责任预算的过程。

责任中心的业绩考核有狭义与广义之分。狭义的业绩考核仅指对各责任中心的价值指标，如成本、收入、利润以及资产占用情况等责任指标的完成情况进行考评。广义的业绩考核除这些价值外，还包括对各责任中心的非价值指标的完成情况进行考核。责任中心的业绩考核还可以分为年终考核与日常考核。年终考核通常指一个年度终了（或预算期终了）对责任预算执行结果的考评，旨在进行奖惩和为下年（或下一个预算期）的预算提供依据。日常考核通常是指在年度内(或预算期内)对责任预算执行过程的考评,旨在通过信息反馈,控制和调节责任预算的执行偏差,确保责任预算的最终实现。业绩考核可根据不同责任中心的特点进行。

1. 成本中心业绩考核

成本中心没有收入来源,只对成本负责,因而也只考核其责任成本。由于不同层次成本费用控制的范围不同,计算和考评的成本费用指标也不尽相同,越往上一层次计算和考评的指标越多,考核内容也越多。

成本中心业绩考核是以责任报告为依据,将实际成本与预算成本或责任成本进行比较,确定两者差异的性质、数额以及形成的原因,并根据差异分析的结果,对各成本中心进行奖惩,以督促成本中心努力降低成本。

2. 利润中心业绩考核

利润中心既对成本负责又对收入和利润负责,在进行考核时,应以销售收入、边际贡献和息税前利润为重点进行分析、评价。特别是应通过一定期间实际利润与预算利润进行对比,分析差异及其形成原因,明确责任,借以对责任中心的经营得失和有关人员的功过做出正确评价、奖罚分明。

3. 投资中心业绩考核

投资中心不仅要对收入、成本和利润负责,还要对投资效果负责。因此,投资中心业绩考核,除收入、成本和利润指标外,考核重点应放在投资利润率和剩余收益两项指标上。

从管理层次看,投资中心是最高一级的责任中心,业绩考核的内容或指标涉及各个方面,是一种较为全面的考核。考核时通过将实际数与预算数的比较,找出差异,进行差异分析,查明差异的成因和性质,并据以进行奖惩。由于投资中心层次高、涉及的管理控制范围广,内容复杂,考核时应力求原因分析深入、依据确凿、责任落实具体,这样才可以达到考核的效果。

第四节 内部转移价格

一、内部转移价格的含义

内部转移价格也称"内部结算价格",它是指企业内部各责任中心相互提供产品(包括在产品、半成品)和劳务进行计价、结算所用的价格。正确制定这类价格有助于明确区分经济责任,使评价与考核各个责任中心的工作成果建立在客观而可比的基础上。它是企业内部各单位间经济活动的计量和反映,也是企业内部各单位负责人进行经营决策的重要依据。

在任何企业中,各责任中心之间的相互结算,以及责任成本的转账业务都是经常发生的,它们都需要依赖一个公正、合理的内部转移价格作为计价的标准。内部转移价格对于提供产品或劳务的生产部门来说意味着收入,对于使用这些产品或劳务的购买部门来说则意味着成本。内部转移价格采取了"价格"的形式,使两个责任中心处于交易的"买""卖"双方,具有与外部的市场价格相类似的作用，促使双方降低成本，提高经济效益。企业的组成是复杂的，要考核各个部门、各个环节的业绩并进行统一的管理，需要一个统一的指标来衡量和考核。内部转移价格是一个价值量指标，它能解决各部门、各环节之间所提供的产品、劳务的价值量的核算难题。因此，内部转移价格的制定，是企业财务管理的一个重要内容，也是企业财务控制的重要环节。

二、内部转移价格的种类

（一）市场价格

市场价格是指根据产品或劳务的市场提供的市场供应价格为计价基础。以市场价格作为内部转移价格的责任中心，应该是独立核算的利润中心。通常是假定企业内部各责任中心都处于独立自主的状态，即有权决定生产的数量、出售或购买的对象及其相应的价格。在西方国家，通常认为市场价格是指定内部转移价格的最好依据。因为市场价格是市场公平竞争的结果，最能体现责任中心的基本要求，即在企业各责任中心间引入竞争机制，造成一种有利的竞争氛围，使每个利润中心在实质上都成为独立的决策机构，独自经营，以利于相互竞争，最终通过利润指标来考核和评价其工作业绩。

以市场价格作为内部转移价格，并不等于直接将市场价格用作结算，而是在保证各责任中心的竞争不损害企业总体利益的前提下，对市场价格做一些适当的调整。一般而言，企业内部的买卖双方应遵循以下基本原则：①如果买卖双方愿意对内销售，且售价不高于市价，买方有购买的义务，不得拒绝；②如果卖方售价高于市价时，买方有改向外界市场购买的自由；③若卖方宁愿对外界销售，则应有不对内销售的权利。一般情况下，市场价格都高于内部价格。因为市场价格一般都包括销售费用、广告费用、运输费用等，而内部价格却可以避免发生这些费用。因此，如果不考虑其他更复杂的因素，应当从节约成本的角度出发，同类产品应该鼓励购买内部产品，而不是购买外部产品。

但是，采用市场价格作为内部转移价格是在完全竞争的理想市场竞争下的价格模式，而完全竞争市场几乎是不可能存在的，因此，市场价格就受到一定的限制，采用市场价格作为内部价格也就有一定的局限性。

（二）协商价格

协商价格，简称议价，它是指买卖双方以正常价格为基础，定期共同协商，确定出一个双方都愿意接受的价格作为计价标准。协商价格适用于某产品要有一个某种形式的外部市场，两个部门的经理可以自由地选择接受或是拒绝某一价格。如果根本没有可能从外部取得或销售中间产品，就会使一方处于垄断状态，这样的价格不是协商价格，而是垄断价格。当价格协商的双方发生矛盾不能自行解决，或双方谈判可能导致企业非最优决策时，企业的高一级管理层要进行必要的干预，或由内部经济仲裁机构出面解决。

协商价格的上限是市场价格，因为如果协商价格超过了市场价格，那么企业内部的购买单位就愿意到市场上去购买同类产品，而不愿意浪费时间和精力再与内部的售出单位协商谈判。协商价格的下限是单位变动成本，因为内部转移的中间产品一般数量较大，且售出单位大多拥有剩余生产能力，因而议价只需要高于变动成本即可。

以协商价格作为内部转移价格，可以照顾双方利益，并得到双方的认可，使价格具有一定的弹性和合理性。但在双方协商过程中，不可避免地要花费很多人力、物力和时间，当买卖双方的责任人协商相持不下，往往需要企业高层领导进行裁定。这样就丧失了分权管理的初衷，也很难发挥激励责任单位的作用。

（三）双重内部转移价格

双重内部转移价格是由买卖双方分别采用不同的内部转移价格作为计价的基础，如对于产品的供应部门，可按协商的市场价格计价；而对于需求部门，则按供应部门的单位变动成本计价，其差额由会计部门进行调整。西方国家采用的双重价格通常有两种形式：一是双重市场价格，即当某种产品或劳务在市场上出现几种不同价格时，买方采用最低市价，卖方则采用最高市价。二是双重转移价格，即卖方按市价或协议价格作为计价基础，而买方则按卖方的单位变动成本作为计价基础。

采用双重价格的好处是：可较好地满足买卖双方不同的需要，有利于产品接受部门正确地进行经营决策，避免因内部定价高于外部市场价格时，需求部门从外部进货，而不从内部进行转移；同时也有利于提高供应单位在生产经营过程中充分发挥主动性、积极性和创新性，从而降低产品的生产成本。这种方法通常在内部转移产品有外部市场，供应部门生产能力不受限制，且变动成本低于市场价格的情况下才能行之有效，从而保障整个企业的总体利益。

（四）以成本作为内部转移价格

以产品或劳务的成本作为内部转移价格，是指定转移价格的最简单方法。由于成本管理中经常使用不同的成本概念，如实际成本、标准成本、变动成本等，因此，以"成本"作为内部转移价格也有多种不同形式，它们对转移价格的制定、业绩的考核将产生不同的影响。

（1）标准成本法。标准成本法是指以各种产品的标准成本作为内部转移价格。这种方法适用于成本中心产品或劳务的转移，其最大优点是能将管理和核算工作结合起来。缺点是不一定使企业利益最大化，如中间产品标准成本为 30 元，单位变动成本 24 元，卖方有闲置生产能力，当买方只能接受 26 元以下的内部转移价格时，此法不能促成内部交易，从而使企业整体丧失一部分利益。

（2）标准成本加成法。标准成本加成法是指根据产品或劳务的标准成本加上一定的合理利润作为基价基础。当转移产品或劳务涉及利润中心或投资中心时，可以以标准成本利润作为转移价格，以分清双方责任。但不足之处是，利润的确定难免带有主观随意性。

（3）标准变动成本。标准变动成本是以产品或劳务的标准变动作为内部转移价格。这种方式符合成本习性，能够明确揭示成本与常量的关系，便于考核各责任中心的业绩，也利于经营决策。不足之处是，产品或劳务中不包含固定成本，不能鼓励企业内卖方进行技术革新，也不利于长期投资项目的决策。

（4）实际成本法。以内部转移产品生产时的生产成本作为其内部转移价格，即实际成本法。这种方法虽然简便，但严格说来，只是一个实际成本的计算转让过程，还不能作为一种正规的内部价格。在这种方法下，提供产品或劳务的部门将其工作的成绩与缺陷全部转移给了使用部门，而使用部门本不应对这些负责。也就是说，接受产品或劳务的部门，要承担非责任成本带来的后果。所以，该方法对激励提供产品或劳务的部门缺乏有效作用。

（5）实际成本加成法。该方法是在产品或劳务的实际成本的基础上人为地按照一定的比例增加一定数额的利润形成的内部转移价格。使用这种内部转移价格，可以使产品或劳务的提供方得到一定数额的利润，因而有利于调动供应方的积极性。但是，实际成本本身容易造成责任中心之间的责任不清，不利于对责任中心的各项考核，并且人为确定的利润额更不容易找到相关的客观依据，从而给管理工作带来了一定的麻烦。

同步训练

一、单项选择题

1. 将财务控制分为事先的财务控制、事中的财务控制和事后的财务控制所采用的分类标志是(　　)。

　　A. 控制的对象　　　　B. 控制的主体　　　　C. 控制的依据　　　　D. 控制的时间

2. 具有独立或相对独立的收入和生产经营决策权，并对成本、收入和利润负责的责任中心是(　　)。

　　A. 成本中心　　　　　B. 利润中心　　　　　C. 投资中心　　　　　D. 财会中心

3. 在选择计算剩余收益时所使用的规定或预期的最低报酬率时，通常考虑的指标是公司的(　　)。

　　A. 最高利润率　　　　B. 最低利润率　　　　C. 平均利润率　　　　D. 销售利润率

4. 从引进市场机制、营造市场气氛、促进客观和公平竞争的角度看，制定内部转移价格的最好依据是(　　)。

　　A. 市场价格　　　　　B. 协商价格　　　　　C. 双重价格　　　　　D. 成本价格

5. 公司制企业的下列责任单位中，可作为投资中心的是(　　)。

　　A. 公司　　　　　　　B. 车间　　　　　　　C. 班组　　　　　　　D. 职工

6. 已知某投资中心的资本周转率为 0.3 次，销售成本率为 60%，成本费用率为 80%，则其投资利润率为(　　)。

　　A. 42%　　　　　　　B. 22.5%　　　　　　　C. 14.4%　　　　　　　D. 6%

7. 下列成本中，属于成本中心必须控制和考核的指标是(　　)。

　　A. 产品成本　　　　　B. 期间成本　　　　　C. 不可控成本　　　　D. 责任成本

8. 在其他条件不变的情况下，总厂提高了某下级分厂生产产品的内部转移价格，其结果是(　　)。

　　A. 企业总体的利润水平下降　　　　　　　　B. 企业总体的利润水平不变
　　C. 该分厂的利润水平下降　　　　　　　　　D. 该分厂的利润水平不变

9. 在内部转移价格的各种类型中，采用(　　)时，产品的供需双方可以分别采用不同的转移价格。

　　A. 市场价格　　　　　　　　　　　　　　　B. 双重内部转移价格
　　C. 协商价格　　　　　　　　　　　　　　　D. 成本

10. 在以成本作为内部转移价格中，(　　)主要适用于各成本中心相互转移产成品(半成品)或劳务时价格的确定。

    A. 标准成本　　　　　　　　　　　B. 标准成本加成

    C. 实际成本　　　　　　　　　　　D. 实际成本加成

二、多项选择题

1. 财务控制按照控制的主体分类包括(　　　)。

    A. 预算的控制　　　　　　　　　　B. 经营者的财务控制

    C. 财务部门本身的控制　　　　　　D. 出资者的财务控制

2. 实施财务收支控制的主要目的包括(　　　)。

    A. 降低成本　　　　　　　　　　　B. 减少支出

    C. 实施利润最大化　　　　　　　　D. 避免现金短缺或沉淀

3. 下列各项指标中,属于投资中心主要考核指标的有(　　　)。

    A. 可控成本　　　　　　　　　　　B. 收入和利润

    C. 投资利润率　　　　　　　　　　D. 剩余收益

4. 投资利润率可分解为三个相对数指标之积,包括(　　　)。

    A. 资本周转率　　　　　　　　　　B. 销售成本率

    C. 边际贡献率　　　　　　　　　　D. 成本费用利润率

5. 制定内部转移价格时,必须考虑的原则包括(　　　)。

    A. 全局性原则　　　B. 公平性原则　　　C. 自主性原则　　　D. 重要性原则

6. 责任中心之间进行内部结算和责任成本结转所使用的内部转移价格包括(　　　)。

    A. 市场价格　　　B. 协商价格　　　C. 双重价格　　　D. 成本价格

7. 成本转移价格包括的形式有(　　　)。

    A. 定额成本　　　　　　　　　　　B. 标准成本价格

    C. 标准成本加成价格　　　　　　　D. 标准变动成本价格

8. 投资中心的考核指标有(　　　)。

    A. 部门边际　　　B. 投资报酬率　　　C. 剩余收益　　　D. 成本降低率

9. 影响利润中心考核指标完成情况的因素主要有(　　　)。

    A. 销售价格　　　B. 销售数量　　　C. 各项成本　　　D. 品种结构

10. 成本中心之间相互提供劳务、产品时,采用的内部转让价格有(　　　)。

    A. 标准成本　　　　　　　　　　　B. 预计分配率

    C. 协商的市场价格　　　　　　　　D. 双重的内部转让价格

三、判断题

1. 因为企业内部个人不能构成责任实体,所以企业内部个人不能作为责任中心。

    (　　　)

2. 同一成本项目,对有的部门来说是可控的,而对另一个部门则可能是不可控的。也就是说,成本的可控与否是相对的,而不是绝对的。(　　　)

3. 由成本中心承担责任的成本就是责任成本,它是该中心的全部成本之和。(　　　)

4. 一般来讲,一个成本中心的变动成本大都是可控成本,固定成本大都是不可控成本。

    (　　　)

5. 利润中心分为自然利润中心和人为利润中心。　　　　　　　　　（　　）

6. 投资中心是最高层次的责任中心，它具有最大的决策权，也承担最大的责任。

（　　）

7. 剩余收益是个绝对正数指标，这个指标越大，说明投资效果越好。　（　　）

8. 协商价格的上限是单位变动成本，下限是市价。　　　　　　　　　（　　）

9. 为了体现公平性原则，所采用的内部转移价格双方必须一致，否则将有失公正。

（　　）

10. 成本中心、利润中心、投资中心的层次一层比一层高。　　　　　　（　　）

四、计算分析题

1. 某利润中心 2000 年实现销售收入 780 000 元，利润中心销售产品的变动成本和变动费用为 460 000 元，利润中心负责人可控固定成本为 80 000 元，利润中心负责人不可控而由该中心负担的固定成本为 42 000 元，则利润中心贡献毛利润总额、利润中心负责人可控利润总额、利润中心利润总额分别为多少？

2. 某投资中心 2000 年年初的资产总额为 740 000 元，年末有资产总额 860 000 元，当年实现销售收入为 2 000 000 元，发生成本费用总额为 1 800 000 元，实现营业利润总额（EBIT）为 200 000 元，则该投资中心的资本周转率、销售成本率、成本费用利润率、投资利润率分别为多少？如果该投资中心的最低投资报酬率为 15%，则剩余收益为多少？

3. 某投资中心 2000 年的计划投资总额为 1 250 000 元，销售收入为 625 000 元，成本费用总额为 375 000 元，利润总额为 250 000 元。而 2000 年实际完成投资额为 1 500 000 元，实际实现销售收入 780 000 元，实际发生费用 507 000 元，实现利润总额 273 000 元。要求计算：

（1）2000 年的计划和实际资本周转率、销售成本率、成本费用利润率、投资利润率；

（2）分析计算由于资本周转率、销售成本率、成本费用利润率的变动对投资利润率的影响。

五、简答题

1. 什么是财务控制？它有哪些种类？

2. 什么是成本中心？它有哪些考核指标？

3. 什么是利润中心？它有哪些考核指标？

4. 什么是投资中心？它有哪些考核要素？

5. 如何理解责任中心与业绩考核的关系？

六、参考案例

1994 年，孙宏斌在天津成立顺驰销售代理公司，主要从事房地产中介业务，一年后将业务范围扩展到房地产开发。2002 年，顺驰首次异地开发房地产，由此进入快速发展阶段。2003 年 9 月，顺驰在上海、苏州、石家庄、武汉等地获取项目，迈出其全国化战略的坚实一步；同年 10 月，第一个异地项目——"顺驰·林溪乡村别墅"在北京正式亮相；同年 12 月，顺驰取得了北京大兴黄村卫星城 1 号地的开发权。2004 年，顺驰实现了 100 亿元的销售目标，储备的土地面积达 1 200 万平方米，员工急剧膨胀到 8 000 人，同时开发着 35 个项目。短短十年间，顺驰已发展成为中国房地产行业中极具影响力的企业。

顺驰良好的发展势头并没有持续太久。2004 年，疯狂扩张导致其 2005 年的销售收入必须达到 100 亿元才能弥补现金流不足。不幸的是，2005 年顺驰只有 80 亿元的现金回款，资金迅速紧张。与此同时，国务院为控制日益高涨的房价出台了一系列宏观调控政策，顺驰重点投资的华东地区深受调控影响。其中，华东的重点项目苏州凤凰城的销售骤然下跌，每个月 2 亿元的销售回款任务几乎没有实现过，最差时每个月只能完成 1 000 多万元，欠苏州政府的土地款高达 10 亿元。

面对日益恶化的形势，顺驰开始自救。2005 年 11 月，顺驰大规模裁员 20%，员工工资也改为一个季度发放一次。但即便如此，也不能缓解顺驰资金紧张的局面。2006 年 3 月，孙宏斌在重新担任顺驰董事局主席后，立即改变顺驰的管理框架，撤掉了各个区域的分公司，并再一次大规模裁员，同时将一些项目转让给合作伙伴，以获取资金。

在遭遇资金链困境时，顺驰谋求的多渠道融资进展也不顺利。2003 年 10 月，顺驰开始谋求上市，并于 2004 年 2 月与汇丰签订上市保荐人协议。2005 年上半年，顺驰通过香港联交所聆讯准备上市，但最终因市盈率过低，即使上市也无法实现募集资金的目的而放弃。上市失利后，孙宏斌又加紧在国内外进行私募。2005 年 10 月 19 日，摩根士丹利因无法接受顺驰利润率过低而放弃对其投资。此后顺驰所进行的各种募集资金办法也都不一而终。

2006 年 9 月 5 日，顺驰中国控股有限公司与香港上市公司路劲基建有限公司在香港正式签约，以人民币 12.8 亿元出让其 55% 的股权；2007 年 1 月 23 日，路劲基建有限公司宣布再投 13 亿元收购顺驰近 40% 的股权，从而持有顺驰近 95% 的股权，而孙宏斌仅持有 5% 的股权，曾经辉煌的顺驰神话终告破灭。

思考与分析：

1. 顺驰公司在财务控制过程中存在哪些问题？
2. 如果你是财务总监，结合所学的知识，你会做出怎样的决策？

第十章

财务分析

知识目标：

1. 了解财务分析的含义及分析方法；

2. 理解财务分析各项指标的含义及内容；

3. 掌握各项财务比率指标的计算及杜邦分析体系的应用。

技能目标：

1. 能够根据企业的会计财务报表资料，分析评价企业的偿债能力、营运能力、获利能力及发展能力；

2. 能够对企业的综合财务状况进行分析与评价。

导语：

如果现在想购买某家上市企业的股票，就必须了解这家企业的财务状况和经营成果，看这家企业的资产负债表和利润表。同时，还要借助财务分析手段，对这家企业的偿债能力、营运能力、获利能力、现金流量以及综合能力进行分析和评价。本章将介绍各种财务分析方法和评价标准。

第一节 财务分析概述

一、财务分析的含义及目的

财务分析是以企业的财务报告及其他相关资料等为主要依据，采用专门方法，对企业的财务状况和经营成果进行的剖析与评价，是企业财务管理的重要一环。通过分析，既能反映企业在经营过程中的利弊得失，总结过去一定会计期间的财务活动情况；又能预测企业未来发展趋势，为进行下一步的财务预测和财务决策提供依据。因此，财务分析在企业的财务管理工作中具有重要的作用。

进行财务分析主要出于以下目的：

（1）评价企业的偿债能力；

（2）评价企业的资产管理水平；

（3）评价企业的获利水平；

（4）评价企业的发展趋势。

二、财务分析的意义

财务分析既是已完成的财务活动的总结，又是财务预测的前提，在财务管理的循环中起着承上启下的作用。做好财务分析工作具有以下重要意义：

1. 财务分析是评价企业财务状况、衡量经营业绩的重要依据

通过对企业财务报表等核算资料进行分析，可以了解企业偿债能力、营运能力、获利能力和发展能力，便于企业管理当局及其他报表使用者了解企业财务状况和经营成果，并通过分析将影响财务状况和经营成果的主观因素与客观因素区分开来，以划清经济责任，合理评价经营者的工作业绩，并据此奖优罚劣，以促使经营者不断改进工作。

2. 财务分析是挖掘潜力、改进工作、实现财务管理目标的重要手段

企业财务管理的根本目标是努力实现企业价值最大化。通过财务指标的设置与分析，能了解企业的获利能力和资产周转状况，不断挖掘企业改善财务状况、扩大财务成果的内部潜力，充分认识未被利用的人力资源和物质资源，寻找利用不当的部分及原因，发现进一步提高利用效率的可能性，以便从各方面揭露矛盾、找出差距、寻求措施、促进企业经营理财活动按照企业价值最大化的目标实现良性运行。

3. 财务分析是合理实施投资决策的重要步骤

投资者及潜在投资者是企业重要的财务报表使用人，通过对企业财务报表的分析，可以了解企业获利能力的高低、偿债能力的强弱、营运能力的大小以及发展能力的增减，可以了解投资后的收益水平和风险程度，从而为投资决策提供必要的信息。

三、财务分析的方法

财务分析的方法有很多种，但主要的分析方法有比较分析法、比率分析法、因素分析法、分组分析法、平衡分析法等五种。

（一）比较分析法

比较分析法是一种用得最多、最广的分析法，它是对经济指标的实际数做各种各样的比较，从数量上确定差异的一种方法。比较分析法的作用在于揭露矛盾，评价业绩，找出不足，挖掘潜力。

比较分析法的具体方法形式很多，但主要有以下几种：

1. 考察达到预期目标程度的比较

考察达到预期目标程度的比较包括本期实际与长远规划目标的对比，与本期计划指标对

比，与有关的理论数、设计数、定额数对比，与其他有关预期目标对比等。通过对比，为进一步分析指明方向。

2. 考察发展变化情况的比较

考察发展变化情况的比较包括本期实际指标与上期实际比较，与上年同期实际比较，与历史最好水平比较，与有关典型意义的时期比较等。这种方法可以观察企业经济活动的发展和变化趋势，改善企业经营管理的情况等。

3. 考察现有水平和揭示差距的比较

考察现有水平和揭示差距的比较包括本企业实际与国内同类企业先进水平比较，与国内同类企业平均水平比较，与当地同类企业先进水平比较，与当地同类企业平均水平比较，与国际同类企业先进水平比较，与国际同类企业平均水平比较。有时还可以在企业内部开展车间、班组、个人指标的比较。通过比较，可以扩大眼界，在更大范围内找出先进与落后的差距，以增强企业的紧迫感、危机感，增强企业的适应能力和竞争能力，促进企业提高经营管理水平，提高经济效益。

但必须指出，开展经济指标对比，要考虑指标内容、计价标准、时间长度和计算方法的可比性。在同类型企业进行指标比较时，还要考虑客观条件是否基本接近，技术上应具可比性。

（二）比率分析法

比率分析法是利用两个指标之间的相互关系，通过计算它们的比率来考察、计量和评价经济活动业绩优劣的分析方法。根据分析的目的和要求的不同，比率分析法主要有三种：

1. 相关比率分析

相关比率分析是以同一时期某个项目和其他有关但又不同的项目加以对比，求出比率，以便更深入地认识某方面的经济活动情况。如将利润同产值、产品销售成本、产品销售净收入和资产项目对比求出产值利润率、成本利润率、销售利润率和资产利润率，从而可以从不同角度观察、比较企业利润水平的高低。

2. 趋势比率分析

趋势比率分析就是将几个时期同类指标的数字进行对比求出比率，分析该指标增减速度和发展趋势，以判断企业某方面业务的趋势，并从其变化中发现企业在经营方面所取得的成果或不足。

3. 构成比率分析

构成比率分析是通过计算某一经济指标各个组成部分占总体的比率，用以观察它的构成内容及其变化，以掌握该项经济活动的特点和变化趋势。例如，计算各成本项目在成本总额中所占的比重，与同期各种标准进行比较，可以了解成本构成的变化，明确进一步降低成本的重点。

利用构成比率分析法计算简便，通俗易懂，而且对其结果比较容易判断，可以使某些指标在不同规模的企业之间进行比较，甚至能在一定程度上超越行业间的差别进行比较。但是，构成比率分析法也存在如下不足：

（1）它所利用的都是历史资料，不能作为判断未来经济状况的可靠依据；

（2）当企业一些会计事项采用不同的会计方法时，企业之间比率的可比性就会受到影响；

（3）会计计算的比率有时存在虚假因素；

（4）比率分析法仅能发现指标的实际数与标准数的差异，无法查明指标变动的具体原因及其对指标的影响程度。

（三）因素分析法

因素分析法是依据分析指标与其影响因素之间的关系，按照一定的程序和要求，从数值上测定各因素对有关经济指标差异影响程度的各种具体方法的总称。因素分析法又可分为三种具体方法，即连环替代法、差额分析法、百分比差额分析法。

1. 连环替代法

连环替代法是因素分析法的最基本形式，该方法的名称是由其采用连环替代程序来测算各因素变动对经济指标影响数额的特点决定的。其计算程序是：

第一步，根据影响某项经济指标完成情况的因素按其依存关系将经济指标的基数（计划数或上期数等）和实际数分解为两个指标体系。

第二步，以基数指标体系为计算的基础，用实际指标体系中每项因素的实际数逐步顺序的替换其基数，每次替换后实际数就被保留下来，有几个因素就替换几次，每次替换后计算出由于该因素变动所得新的结果。

第三步，将每次替换新的结果，与这一因素被替换前的结果进行比较，两者的差额就是这一因素变化对经济指标差异的影响程度。

第四步，将每个因素的影响数值相加，其代数和应同该经济指标的实际数与基数之间的总差异数相符。

2. 差额分析法

差额分析法是连环替代法的一种简化形式，即利用各个因素的实际数与基数之间的差额，直接计算出各个因素对经济指标差异的影响数值。其计算程序如下：

第一步，确定各因素的实际数与基数的差额。

第二步，以各因素造成的差额，乘以计算公式中该因素前面的各因素的实际数，以及列在该因素后面的其余因素的基数，就可求得各因素的影响值，将各个因素的影响值相加，其代数和应同该经济指标的实际数与基数之间的总差异数相符。

3. 百分比差额分析法

这种方法也是连环替代法在实践中的一种简化形式。其分析计算程序如下：

第一步，根据经济指标的组成因素，顺序确定相互联系的各指标对基数的完成百分比。

第二步，将相互联系的各指标的百分比逐步顺序地进行比较，确定各因素对经济指标影响的百分数。

第三步，各个因素对经济指标影响的百分比之和，应同经济指标实际数比计划增减的百分数符合。将各因素影响的百分数乘以经济指标计划数，就可以得到各因素对经济指标影响的绝对数。

例如，产品产量、单位产品材料消耗量、材料价格表见表10-1。

表 10-1 产品产量、单位产品材料消耗量、材料价格表

项目	计划数	实际数
产品产量(件)	100	110
单位产品材料消耗量(千克)	8	7
材料单价(元)	5	6
材料费用(元)	4 000	4 620

产量计划完成百分比 = (110 ÷ 100) × 100% = 110%

材料消耗量计划完成百分比 = (110 × 7) ÷ (100 × 8) = 96.25%

材料费用计划完成百分比 = (110 × 7 × 6) ÷ (100 × 8 × 5) = 115.5%

产量比计划多完成 10%，在其他条件不变的情况下，材料费用也将相应增加 10%；材料消耗量计划完成百分比，较产量计划完成百分比减少了 13.75%(96.25% – 110%)。因为材料消耗量是产量和单耗的乘积，所以，这个百分比差额实际是由于单耗降低造成的，从而使材料费用等比例减少了 13.75%；材料费用计划完成百分比，较材料消耗量计划完成百分比增加了 19.25%(115.5% – 96.25%)，因为材料费用是产量和单价的乘积，所以，这个百分比差额实际上是由于材料单价提高造成的影响。将三个因素的影响百分比分别乘以产品产量计划数，即可得到各个因素对材料费用的绝对数影响，三个因素影响的绝对数的和与材料费用实际数与计划数的差额相符：

4 000 × (10% – 13.75% + 19.25%) = 4 620 – 4 000 = 620(元)

(四)分组分析法

分组分析法是将事物的总体按照有关的标志分成性质上相同的若干组，以了解事物的结构，认识事物的本质，以便研究和推广先进经验，克服各种缺点，充分挖掘企业内部潜力。

(五)平衡分析法

平衡分析法是对经济活动中各项具有平衡关系的经济指标进行分析的一种方法，目的是按照指标间的平衡关系测定各项因素对分析对象的影响程度。例如，将企业产品销售量平衡公式中各指标的实际数与计划数进行对比，可以查明销售量的实际数脱离计划数的原因。

四、财务分析的原则

第一，要从实际出发，坚持实事求是，反对主观臆断、结论先行、搞数字游戏。

第二，要全面看问题，坚持一分为二，反对片面和形而上学。

第三，要注意事物间的联系，坚持相互联系地看问题，反对孤立地看问题。

第四，要发展地看问题，反对静止地看问题，注意过去、现在和将来的关系。

第五，要定量分析和定性分析相结合，坚持定量为主。

第二节 财务比率分析

总结和评价企业财务状况与经营成果的财务比率指标包括偿债能力指标、营运能力指标、盈利能力指标、发展能力指标和市场价值指标。例如，AB 公司的资产负债表（见表 10-2）和利润表（见表 10-3）如下：

表 10-2 AB 公司资产负债表

2016 年 12 月 31 日　　　　　　　　　　　　　　　　　　　　单位：元

资产	年初数	年末数	负债及所有者权益	年初数	年末数
流动资产：			流动负债：		
货币资金	154 000	192 400	短期借款	46 000	70 000
交易性金融资产			应付票据		
应收票据			应付账款	100 000	148 000
应收账款	156 000	188 000	预收账款		
预付账款	28 000	28 400	应付职工薪酬	22 000	21 000
其他应收款			应交税费	26 000	26 600
存货	272 000	340 000	其他应付款	28 000	29 600
一年内到期的流动资产			其他流动负债	104 000	126 000
其他流动资产	42 000	38 000	流动负债合计	326 000	421 200
流动资产合计	652 000	786 800	非流动负债：		
			长期借款	70 000	150 000
非流动资产：			应付债券	50 000	80 000
可供出售金融资产			长期应付款		
长期股权投资	30 000	180 000	其他非流动负债		
固定资产	340 000	408 000	非流动负债合计	120 000	230 000
在建工程	62 000	70 000	负债合计	446 000	651 200
固定资产清理			所有者权益：		
无形资产	120 000	110 000	实收资本	460 000	580 000
长期待摊费用	22 000	20 400	资本公积	100 000	100 000
非流动资产合计	574 000	788 400	盈余公积	80 000	80 000
			未分配利润	140 000	164 000
			所有者权益合计	780 000	924 000
资产总计	1 226 000	1 575 200	负债及所有者权益合计	1 226 000	1 575 200

表 10-3 利润表

编制单位：AB 公司 　　　　　　　　　　 2016 年度 　　　　　　　　　　 单位：元

项目	上年累计	本案累计
一、营业收入	1 900 000	2 400 000
减：营业成本	1 567 961	1 941 176
营业税金及附加	85 000	120 000
销售费用	47 039	38 824
管理费用	32 000	58 200
财务费用	48 000	77 800
加：投资收益	13 000	30 000
二、营业利润	133 000	194 000
加：营业外收入	49 000	51 000
减：营业外支出	42 000	45 000
四、利润总额	140 000	200 000
减：所得税	35 000	50 000
五、净利润	105 000	150 000

一、偿债能力分析

偿债能力是指企业偿还到期债务本息的能力。拥有适度的偿债能力是企业安全的基本保障。偿债能力分析分为短期偿债能力分析与长期偿债能力分析。

(一)短期偿债能力分析

短期偿债能力是指企业偿还流动负债的能力，其主要是通过流动资产的变现来偿还到期的债务，是衡量企业当前财务能力，特别是流动资产变现能力的重要程度。

短期偿债能力主要以企业流动资产作为偿还的重要保障，企业短期偿债能力的大小主要看流动资产和流动负债的多少及质量状况。企业的资产结构中流动资产比重较大，则企业的短期偿债能力要相对强些；企业流动负债的规模或结构比重较大，则企业短期偿债的压力会大一些；现金流量是企业偿还债务的现金保障程度，其主要受经营状况和融资能力两方面决定，企业的融资能力较强，则其短期偿债的压力会小一些，经营活动越好，则产生的现金流量会相对充足，对于短期偿债能力有一定的保障。

影响短期偿债能力的外部因素主要是指企业所处的经济环境因素，如宏观经济形势、银行信贷政策、证券市场的完善程度等。

企业短期偿债能力分析可以从两方面进行分析评价：一是根据资产负债表进行的静态分析评价，评价的指标主要有流动比率、速动比率和现金比率；二是根据现金流量表和其他有关资料进行的动态分析评价，主要有现金流动负债比率、速动资产够用天数、现金到期债务比率等指标。

1. 流动比率

流动比率是流动资产与流动负债的比率，它表明企业每一元流动负债有多少流动资产作

为偿还保证，反映企业用可在短期内转变为现金的流动资产偿还到期流动负债的能力。其计算公式为

$$流动比率 = \frac{流动资产}{流动负债} \times 100\%$$

式中：

(1)流动资产指企业可以在 1 年或超过 1 年的一个营业周期内变现或被耗用的资产；

(2)流动负债指企业可以在 1 年或超过 1 年的一个营业周期内偿还的债务。

【例 10-1】　资料见表 10-2，AB 公司流动比率计算如下：

$$2015\ 年流动比率 = \frac{652\,000}{326\,000} \times 100\% = 200\%$$

$$2016\ 年流动比率 = \frac{786\,800}{421\,200} \times 100\% = 186.80\%$$

指标分析：

(1)流动比率衡量企业流动资金的大小，充分考虑流动资产规模与流动负债规模之间的关系，判断企业短期债务到期前，可以转化为现金用于偿还流动负债的能力。

(2)该指标越高，说明企业流动资产流转得越快，偿还流动负债的能力越强。但需注意，该指标若过高，说明企业的资金利用效率比较低下，对企业的生产经营也不利，国际上公认的标准比率为200%，我国较好的比率为150%左右。

(3)一般而言，如果行业生产周期较长，则企业的流动比率应相对提高；如果行业生产周期较短，则企业的流动比率应相对降低。在实际操作时，应将该指标与行业的平均水平进行比较分析。

2. 速动比率

速动比率是企业速动资产与流动负债的比率，所谓速动资产，是指流动资产减去变现能力较差且不稳定的存货、预付账款等以后的余额。其计算公式为

$$速动比率 = \frac{速动资产}{流动负债} \times 100\%$$

式中，速动资产是扣除存货和预付账款等以后流动资产的数额。

$$速动资产 = 流动资产 - 存货 - 预付账款$$

【例 10-2】　资料见表 10-2，AB 公司速动比率计算如下：

$$2015\ 年速动比率 = \frac{652\,000 - 272\,000 - 28\,000}{326\,000} \times 100\% = 107.98\%$$

$$2016\ 年速动比率 = \frac{786\,800 - 340\,000 - 28\,400}{421\,200} \times 100\% = 99.34\%$$

指标分析：

(1)速动比率是对流动比率的补充，是在分子中剔除了流动资产中变现能力较差且不稳定的存货与预付账款后，计算的企业实际短期债务偿还能力，较为准确。

(2)该指标越高，表明企业偿还流动负债的能力越强。一般保持在 100% 的水平比较好，表明企业既有好的债务偿还能力，又有合理的流动资产结构。国际上公认的标准比率为100%。

（3）由于行业间的关系，速动比率合理水平值的差异较大，在实际应用中，应结合行业特点分析判断。

3. 现金比率

现金比率是企业现金类资产与流动负债的比率。现金类资产除货币资金外，还包括货币资金的等价物。其计算公式为

$$现金比率 = \frac{货币资金 + 有价证券}{流动负债} \times 100\%$$

【例10-3】 资料见表10-2，AB公司速动比率计算如下：

$$2015 年现金比率 = \frac{154\,000}{326\,000} \times 100\% = 47.24\%$$

$$2016 年现金比率 = \frac{192\,400}{421\,200} \times 100\% = 45.68\%$$

指标分析：

（1）现金比率可以准确地反映企业的直接偿付能力，尤其对于应收账款和存货变现能力较差的企业，这一指标的计算分析尤为重要。

（2）该指标越高，表明企业可立即用于偿还债务的现金类资产越多，如果这一指标过高，就会影响企业的收益，一般认为这一比例为20%左右，企业的直接支付不会有太大的问题。

4. 现金流动负债比率

现金流动负债比率是企业一定时期的经营活动现金净流量同流动负债的比率，它可以从现金流量角度来反映企业当期偿付短期负债的能力。其中，经营现金净流量是指一定时期内，企业经营活动所产生的现金及现金等价物流入与流出的差额。其计算公式为

$$现金流动负债比率 = \frac{经营活动现金净流量}{期末流动负债}$$

指标分析：

（1）经营活动现金净流量的大小反映企业在一定会计期间生产经营活动产生现金的能力，是偿还企业到期基本资金来源，用该指标反映企业偿债能力更加谨慎。

（2）该指标越大，表明企业经营活动产生的现金净流量越多，越能保证企业按期偿还到期债务；但该指标并不是越大越好，该指标过大，则表明企业流动资金利用不充分，盈利能力不强。一般认为该指标等于或大于1时，表明企业有充足的偿债能力。

5. 速动资产够用天数

在财务分析中，除了常规的用流动负债说明企业的短期偿债能力之外，还可以用营业开支水平说明企业的短期偿债能力，通常用"速动资产够用天数"来表示企业速动资产维持企业正常经营开支水平的程度。其计算公式为

$$速动资产够用天数 = \frac{速动资产}{预计每天营业所需现金支出}$$

从上述计算可以看出，如果速动资产较多，每天营业所需现金开支较少，速动资产够用天数就较多；速动资产够用天数较少，表明企业的偿债能力较低。

6. 现金到期债务比率

现金到期债务比率是指经营活动现金净流量与本期到期债务的比率，用来衡量企业本期

到期的债务所用经营活动所产生的现金来支付的程度。其计算公式为

$$现金到期债务比率 = \frac{经营活动现金净流量}{本期到期债务}$$

从上述计算可以看出，当该指标大于等于1时，表示企业有足够的能力以经营活动产生的现金来偿还当期到期的短期债务；反之，则表明企业经营活动产生的现金不足以偿还当期到期的短期债务，表明企业的偿债能力较低。

（二）长期偿债能力分析

长期偿债能力是指企业偿还长期负债的能力，也可以指企业在较长时期内偿还债务的能力。

影响企业长期偿债能力的内部因素主要有企业的权益资金比例及稳定程度、盈利能力、投资效果、企业经营现金流量等因素。资产是清偿债务的物质保障，盈利能力是清偿债务的经营收益保障，现金是清偿债务的支付保障。因此，对长期偿债能力分析应该从资产规模、盈利能力、现金流量三个角度进行分析。其评价指标主要有资产负债率、产权比率和已获利息倍数、现金债务总额比率、现金利息保证倍数等。

1. 资产负债率

资产负债率又称负债比率，是企业一定时期负债总额与资产总额的比率，它表明企业资产总额中债权人提供资金所占比重以及企业资产对债权人权益的保障程度。该指标是评价企业负债水平的综合指标。其计算公式为

$$资产负债率 = \frac{负债总额}{资产总额} \times 100\%$$

式中：

（1）负债总额指企业承担的各项短期负债与长期负债的总和。

（2）资产总额指企业拥有的各项资产价值的总和。

【例10-4】 资料见表10-2，AB公司资产负债率计算如下：

$$2015年资产负债率 = \frac{326\ 000 + 120\ 000}{1\ 226\ 000} \times 100\% = 36.38\%$$

$$2016年资产负债率 = \frac{421\ 200 + 230\ 000}{1\ 575\ 200} \times 100\% = 41.34\%$$

指标分析：

（1）资产负债率是衡量企业负债水平及风险程度的重要判断标准。该指标无论对企业投资人还是企业债权人都十分重要，适度的资产负债率既能表明企业投资人、债权人的投资风险较小，又能表明企业经营安全、稳健、有效，具有较强的筹资能力。

（2）资产负债率是国际公认的衡量企业负债偿还能力和经营风险的重要指标，比较保守的经验判断一般为不高于50%，国际上一般公认60%比较好。

（3）根据我国当前企业生产经营实际，以及所属行业的资产周转特征和长期债务偿还能力，不同行业中企业的资产负债率各不相同。

2. 产权比率

产权比率也称为资本负债率，指企业负债总额与所有者权益总额的比率，是企业财务结构稳健与否的重要标志。它反映企业所有者权益对债权人权益的保障程度。其计算公式为

$$产权比率 = \frac{负债总额}{所有者权益总额} \times 100\%$$

【例 10-5】 资料见表 10-2 和表 10-3，AB 公司产权比率计算如下：

$$2015 年产权比率 = \frac{446\ 000}{780\ 000} \times 100\% = 57.18\%$$

$$2016 年产权比率 = \frac{651\ 200}{924\ 000} \times 100\% = 70.48\%$$

指标分析：

一般情况下，产权比率越低，表明企业的长期偿债能力越强，债权人权益的保障程度越高，承担的风险越小，但企业不能充分地发挥负债的财务杠杆效益。所以，企业在评价产权比率适度与否时，应从提高获利能力与增强偿债能力两个方面综合进行，即在保障偿还安全的前提下，应尽可能提高产权比率。

3. 已获利息倍数

已获利息倍数是企业一定时期息税前利润与利息支出的比值，反映获利能力对债务偿付的保障程度。其计算公式为

$$已获利息倍数 = \frac{息税前利润}{利息支出}$$

式中：

(1)息税前利润是指企业当年实现的利润总额与利息支出的合计数。

$$息税前利润 = 利润总额 + 利息支出$$

(2)利息支出是指企业在生产经营过程中实际支出的借款利息、债券利息等。

【例 10-6】 资料见表 10-3，AB 公司已获利息倍数计算如下：

$$2015 年已获利息倍数 = \frac{140\ 000 + 48\ 000}{48\ 000} = 3.92$$

$$2016 年已获利息倍数 = \frac{200\ 000 + 77\ 800}{77\ 800} = 3.57$$

指标分析：

(1)已获利息倍数反映了当期企业经营收益是所需支付的债务利息的多少倍，从偿债资金来源角度考察企业债务利息的偿还能力。如果已获利息倍数适当，表明企业偿付债务利息的风险小。

(2)因企业所处的行业不同，已获利息倍数有不同的标准。一般情况下，该指标如大于 1，则表明企业负债经营能够赚取比资本成本更高的利润，但这仅表明企业能维持经营，还远远不够；如小于 1，则表明企业无力赚取大于资本成本的利润，企业债务风险很大。

(3)该指标越高，表明企业的债务偿还越有保证；反之，则表明企业没有足够资金来源偿还债务利息，企业偿债能力低下。

4. 现金债务总额比率

现金债务总额比率是指企业生产经营净现金流量与期初、期末负债平均余额的比率。其计算公式为

$$现金债务总额比率 = \frac{经营活动现金净流量}{负债平均余额}$$

企业真正由于偿还债务的是现金，通过现金流量能较好地反映企业的偿债能力，该指标越高，说明企业偿还债务的能力越强。

5. 现金利息保证倍数

现金利息保证倍数是指企业经营活动净现金流量与利息费用的比率。其计算公式为

$$现金利息保证倍数 = \frac{经营活动现金净流量}{利息费用}$$

当企业息税前利润与经营活动现金净流量基本一致时，这两个指标结果比较相似，但相差较大时，现金利息保证倍数比已获利息倍数更能反映企业的偿债能力。

二、营运能力分析

营运能力是指企业资产的利用效率，即资产周转速度的快慢及有效性。企业营运能力的大小对企业获利比率的持续增长与偿债能力的不断提高产生决定性影响。一般来说，周转速度越快，资产的利用效率越高，营运能力越强；反之，营运能力越差。反映企业资产周转快慢的指标主要有资产周转率（次数）和资产周转期（天数）两种形式。

资产周转率是一定时期资产平均数占用额与周转额的比率，是用资产的占有量与运用资产所完成工作量之间的关系来表示运营效率的指标。资产周转期表明资产周转一次所需的天数。其计算方法是

$$资产周转率（次数）= \frac{资产周转额}{资产平均余额}$$

$$资产周转率（天数）= \frac{计算期天数}{资产周转率}$$

其评价指标主要有总资产周转率、流动资产周转率、存货周转率、应收账款周转率、固定资产周转率等。

（一）总资产周转率

总资产周转率是指企业一定时期营业收入净额同平均资产总额的比值。总资产周转率是综合评价企业全部资产经营质量和利用效率的重要指标。其计算公式为

$$总资产周转率（次数）= \frac{营业收入净额}{平均总资产}$$

式中：

(1) 营业收入净额是指企业当期销售产品、商品、提供劳务等主要经营活动取得的收入减去销售折扣与折让后的数额。

(2) 平均总资产是指企业资产总额年初数与年末数的平均值。

$$平均资产总额 = （资产总额年初数 + 资产总额年末数）/2$$

【例10-7】　资料见表10-2和表10-3，AB公司2016年总资产周转率计算如下：

$$总资产周转率（次数）= \frac{2\ 400\ 000}{\dfrac{1\ 226\ 000 + 1\ 575\ 200}{2}} = 1.71（次）$$

指标分析：

(1) 该指标通过当年已实现的销售净值与全部资产比较，反映出企业一定时期的实际产

出质量及对每单位资产实现的价值补偿。

（2）通过该指标的对比分析，不但能够反映出企业本年度及以前年度总资产的运营效率及其变化，而且能够发现企业与同类企业在资产利用上存在的差距，促进企业挖掘潜力、积极创收、提高产品占有率、提高资产利用效率。

（3）一般情况下，该指标数值越高，说明周转速度越快，销售能力越强，资产利用效率越高。

$$总资产周转期 = \frac{360}{1.71} = 210.53（元/次）$$

（二）流动资产周转率

流动资产周转率是指企业一定时期销售（营业）收入净额同平均流动资产总额的比值。流动资产周转率是综合评价企业流动资产周转速度的重要指标。其计算公式为

$$流动资产周转率（次数）= \frac{营业收入}{平均流动资产总额}$$

式中：

平均流动资产总额是指企业流动资产总额年初数与年末数的平均值。

$$平均流动资产总额 = （流动资产总额年初数 + 流动资产总额年末数）/2$$

【例 10-8】 资料见表 10-2 和表 10-3，AB 公司流动资产周转率计算如下：

$$流动资产周转率（次数）= \frac{2\,400\,000}{\frac{652\,000 + 786\,800}{2}} = 3.34（次）$$

指标分析：

（1）该指标通过当年已实现的销售净值与企业资产中最具活力的流动资产相比较，既能反映出企业一定时期的流动资产的周转速度和使用效率，又能进一步体现每单位流动资产实现的价值补偿的高与低，以及补偿速度的快与慢。

（2）要实现该指标的良性变动，应以销售（营业）收入增幅高于流动资产增幅做保证。在企业内部，通过对该指标的分析对比，一方面可以促进企业加强内部管理，充分有效地利用其流动资产，如降低成本、调动暂时闲置的货币资金用于短期投资创造收益等；另一方面也可以促进企业采取措施扩大销售，提高流动资产的综合使用效率。

（3）一般情况下，该指标数值越高，表明流动资产周转速度越快，资产利用效率越高。在较快的周转速度下，流动资产会相对节约，其意义相当于流动资产投入的扩大，在某种程度上增强了企业的盈利能力；而周转速度慢，则需补充流动资金参加周转，形成资金浪费，降低企业盈利能力。

$$流动资产周转期 = \frac{360}{3.34} = 107.78（天/次）$$

（三）存货周转率

存货周转率是指企业一定时期销售成本与平均存货的比值。存货周转率是对流动资产周转率的补充说明。其计算公式为

$$存货周转率（次数）= \frac{销售成本}{平均存货}$$

式中：

(1)销售成本是指企业当期销售产品、商品、提供劳务等经济业务的实际成本。

(2)存货是指企业在生产经营过程中为销售或用于储备的材料。平均存货是存货年初数与年末数的平均值。

$$平均存货 = (存货年初数 + 存货年末数)/2$$

【例10-9】 资料见表10-2和表10-3，AB公司存货周转率计算如下：

$$存货周转率(次) = \frac{1\,941\,176}{\frac{272\,000 + 340\,000}{2}} = 6.34(次)$$

指标分析：

(1)存货周转率是评价企业从取得存货、投入生产到销售收回(包括现金销售和赊销)等各环节管理状况的综合性指标，用于反映存货的周转速度，即存货的流动性及存货资金占用量的合理与否。

(2)存货周转率在反映存货周转速度、存货占用水平的同时，也从一定程度上反映了企业的销售实现的快慢。所以，一般情况下，该指标数值越高，表示企业资产由于销售顺畅而具有较高的流动性，存货转换为现金或应收账款的速度越快，存货占用水平较低。

(3)运用本指标时，还应综合考虑进货批量、生产销售的季节性变动以及存货结构等因素。

$$存货周转期 = \frac{360}{6.34} = 56.78(天/次)$$

(四)应收账款周转率

应收账款周转率是指企业一定时期营业收入净额同平均应收账款余额的比值。应收账款周转率也是对流动资产周转率的补充说明。其计算公式为

$$应收账款周转率(次数) = \frac{营业收入净额}{平均应收账款余额}$$

式中：

应收账款是指企业因赊销产品、材料、物资和提供劳务而应向购买方收取的各种款项。

$$平均应收账款余额 = (应收账款年初数 + 应收账款年末数)/2$$

【例10-10】 资料见表10-2，AB公司应收账款周转率计算如下：

$$应收账款周转率(次数) = \frac{2\,400\,000}{\frac{156\,000 + 188\,000}{2}} = 13.95(次)$$

指标分析：

(1)应收账款周转率反映了企业应收账款的流动速度，即企业本年度内应收账款转为现金的平均次数。

(2)应收账款在流动资产中占较大份额，及时收回应收账款，能够减少营运资金在应收账款上的呆滞占用，从而提高企业的资金利用效率。

(3)由于季节性经营、大量采用分期收款或现金方式结算等都可能使本指标结果失实，所以，应结合企业前后期间、行业平均水平进行综合评价。

$$应收账款周转期 = \frac{360}{13.95} = 25.81(天/次)$$

（五）固定资产周转率

固定资产周转率是指企业一定时期营业收入净额同平均固定资产余额的比值。其反映固定资产的运用状况，衡量固定资产的利用效率。其计算公式为

$$固定资产周转率（次数）=\frac{营业收入净额}{平均固定资产余额}$$

式中：

固定资产余额有采用原值和净值两种观点。究竟采用什么数据，取决于分析的目的和需要。

$$平均固定资产余额=（固定资产年初数+固定资产年末数）/2$$

【例10-11】 资料见表10-2，AB公司固定资产周转率计算如下：

$$固定资产周转率（次数）=\frac{2\,400\,000}{\dfrac{340\,000+408\,000}{2}}=6.41（次）$$

指标分析：

（1）固定资产采用原值便于企业在不同时期或不同企业之间做比较，采用净值计算，受固定资产折旧年限和方法等影响，可比性较差。

（2）由于固定资产一般采用历史成本计量，因此在固定资产、销售情况都未发生变化的情况下，也可能由于通货膨胀等因素导致营业收入虚增，从而使固定资产周转率提高，但固定资产实际使用效率并未增加。

$$固定资产周转期=\frac{360}{6.41}=58.17（天/次）$$

三、盈利能力分析

盈利能力是指企业获取利润的能力。盈利能力大小是一个相对概念，是通过将利润与一定资源投入或一定的收入相比较获得的。盈利是企业重要经营目标，是企业生存与发展的物质基础。它不仅关系到企业所有者的利益，也是企业偿还债务的重要资金来源。因此，企业的债权人、所有者以及经营者都十分关心企业的盈利能力。

对企业盈利能力的分析根据企业资源投入或经营特点分为销售经营盈利能力分析、资产经营盈利能力分析和资本经营盈利能力分析三方面。其评价指标主要有营业利润率、成本费用利润率、总资产报酬率及净资产收益率。

（一）营业利润率

营业利润率是指企业一定时期营业利润同营业收入额的比率。它表明企业每单位营业收入能带来多少营业利润，反映了企业主营业务的获利能力，是评价企业经营效益的主要指标。其计算公式为

$$营业利润率=\frac{营业利润}{营业收入}\times100\%$$

式中：

营业利润率是指企业正常生产经营业务所带来的为扣除利息和所得税之前的利润。但在

实务中通常扣除利息，即直接用利润表上的"营业利润"数据。

【例10-12】　资料见表10-3，AB公司营业利润率计算如下：

$$2015年营业利润率 = \frac{133\ 000}{1\ 900\ 000} \times 100\% = 7\%$$

$$2016年营业利润率 = \frac{194\ 000}{2\ 400\ 000} \times 100\% = 8.08\%$$

指标分析：

(1)从分子、分母的指标口径来看，营业利润率仅涉及企业的经营活动，不涉及营业外收支活动，有利于说明企业增产增收活动的盈利水平。

(2)营业利润率体现了企业经营活动最基本的获利能力，没有足够大的营业利润率就无法形成企业的最终利润，为此，结合企业的营业收入和营业成本分析，能够充分反映出企业成本控制、费用管理、产品营销、经营策略等方面的不足和成绩。

(3)营业利润率越高，说明企业产品或商品定价科学，产品附加值高，营销策略得当，主营业务市场竞争力强，发展潜力大，获利水平高。

在实务中，根据分析的目的与需求，营业利润率可以进一步演化为分子采用营业毛利润、营业净利润指标，对应的指标分别为销售毛利率和营业净利率。

【例10-13】　资料见表10-3，AB公司营业净利率计算如下：

$$2015年营业净利润 = \frac{105\ 000}{1\ 900\ 000} \times 100\% = 5.53\%$$

$$2016年营业净利润 = \frac{150\ 000}{2\ 400\ 000} \times 100\% = 6.25\%$$

(二)成本费用利润率

成本费用利润率是指企业一定时期利润总额同企业成本费用总额的比率。成本费用利润率表示企业为获取利润而付出的代价，从企业支出方面补充评价企业的收益能力。其计算公式为

$$成本费用利润率 = \frac{利润总额}{成本费用总额} \times 100\%$$

式中：

成本费用总额是指企业营业成本、营业税金及附加和三项期间费用之和。

【例10-14】　资料见表10-3，AB公司成本费用利润率计算如下：

$$2015年成本费用利润率 = \frac{140\ 000}{1\ 567\ 961 + 85\ 000 + 47\ 039 + 32\ 000 + 48\ 000} \times 100\% = 7.87\%$$

$$2016年成本费用利润率 = \frac{200\ 000}{1\ 941\ 176 + 120\ 000 + 38\ 824 + 58\ 200 + 77\ 800} \times 100\% = 8.94\%$$

指标分析：

(1)成本费用利润率是从企业内部管理等方面，对资本收益状况的进一步修正，该指标通过企业收益与支出直接比较，客观评价企业的获利能力。

(2)成本费用利润率从耗费角度补充评价企业收益状况，有利于促进企业加强内部管理，节约支出，提高经营效益。

(3)成本费用利润率越高，表明企业为取得收益所付出的代价越小，企业成本费用控制得越好，企业的获利能力越强。

（三）总资产报酬率

总资产报酬率是指企业一定时期内获得的利润总额同平均资产总额的比率。总资产报酬率表示企业包括净资产和负债在内的全部资产的总体获利能力，是评价企业资产运营效益的重要指标。其计算公式为

$$总资产报酬率 = \frac{利润总额}{平均资产总额} \times 100\%$$

式中：

（1）利润总额是指企业实现的全部利润，包括企业当年营业利润、投资收益、补贴收入、营业外收支净额和所得税等项内容，如为亏损，以"－"号表示。

（2）平均资产总额是指企业资产总额年初数与年末数的平均值。

$$平均资产总额 = （资产总额年初数 + 资产总额年末数）/2$$

【例10-15】 资料见表10-2和表10-3，AB公司总资产报酬率计算如下：

$$总资产报酬率 = \frac{200\,000}{\dfrac{1\,226\,000 + 1\,575\,200}{2}} \times 100\% = 14.28\%$$

指标分析：

（1）总资产报酬率表示企业全部资产获取利益的水平，全面反映了企业的获利能力和投入产出状况。通过对该指标的深入分析，可以增强各方面对企业资产经营的关注，促进企业提高单位资产的收益水平。

（2）一般情况下，企业可以根据总资产报酬与市场资本利率进行比较，如果该指标大于市场利率，则表明企业可以充分利用财务杠杆，进行负债经营，获取尽可能多的收益。

（3）总资产报酬越高，表明企业投入产出的水平越好，企业的资产运营越有效。

（四）净资产收益率

净资产收益率是指企业一定时期内的净利润同平均净资产的比率。净资产收益率充分体现了投资者投入企业的自有资本获取净收益的能力，突出反映了投资与报酬的关系，是评价企业资本经营效益的核心指标。其计算公式为

$$净资产收益率 = \frac{净利润}{平均净资产} \times 100\%$$

式中：

（1）净利润是指企业的税后利润，即利润总额扣除应交所得税后的净额，是未做任何分配的数额，受各种政策等其他人为因素影响较少，能够比较客观、综合地反映企业的经济效益，准确体现投资者投入资本的能力。

（2）平均净资产是企业年初所有者权益同年末所有者权益的平均数。净资产包括实收资本、资本公积、盈余公积和未分配利润。

$$平均净资产 = （所有者权益年初数 + 所有者权益年末数）/2$$

【例10-16】 资料见表10-2和表10-3，AB公司净资产收益率计算如下：

$$净资产收益率 = \frac{150\,000}{\dfrac{780\,000 + 924\,000}{2}} \times 100\% = \frac{150\,000}{852\,000} \times 100\% = 17.61\%$$

指标分析：

(1)净资产收益率是评价企业自有资本及其积累获取报酬水平的最具综合性与代表性的指标，又称为权益净利率，反映企业资本运营的综合效益。该指标通用性强，适用范围广，不受行业局限。在我国上市公司业绩综合排序中，该指标居于首位。

(2)通过对净资产收益率的综合对比分析，可以看出企业获利能力在同行业中所处的地位以及与同类企业的差异水平。

(3)一般认为，企业的净资产收益率越高，企业自有资本获取收益的能力越强，运营效益越好，对企业投资人、债权人的保证程度越高。

四、发展能力分析

发展能力是企业在生存的基础上，扩大规模、壮大实力的潜在能力。一般可用销售增长率、资本积累率、总资产增长率等指标反映。

(1)销售增长率。销售增长率是企业本年营业收入增长额与上年营业收入总额的比率，它反映企业营业收入的增减变动情况，是评价企业成长状况和发展能力的重要指标。其计算公式如下：

$$销售增长率 = \frac{本年营业收入增长额}{上年营业收入总额} \times 100\%$$

(2)资本积累率。资本积累率是企业本年所有者权益增长额与年初所有者权益总额的比率，它反映企业当年资本的积累能力，是评价企业发展潜力的重要指标。其计算公式如下：

$$资本积累率 = \frac{本年所有者权益增长额}{年初所有者权益总额} \times 100\%$$

(3)总资产增长率。总资产增长率是企业本年总资产增长额同年初资产总额的比率，它反映企业本期资产规模增长情况。其计算公式如下：

$$总资产增长率 = \frac{本年总资产增长额}{年初资产总额} \times 100\%$$

(4)三年销售平均增长率。三年销售平均增长率表明企业经营业务连续三年增长情况，体现企业的持续发展态势和市场扩张能力。其计算公式如下：

$$三年销售平均增长率 = \sqrt[3]{\frac{当年营业收入总额}{三年前营业收入总额}} - 1$$

五、市场价值比率分析

市场价值比率分析即对上市公司的盈利能力进行分析，除了运用上述企业一般指标以外，还有每股收益、市盈率、每股股利、股利支付率、市净率等重要指标。

(一)每股收益

每股收益也称为每股盈余，是在某会计年度内平均每股普通股股票获得的盈利。该指标对于优先股无意义，因为用于支付优先股股利的利润有所限制，并且股利率是固定的。其计

算公式为

$$每股收益 = \frac{净利润 - 优先股股利}{发行在外的普通股数量}$$

【例10-17】 根据表10-2、表10-3数据，假定AB公司2016年发行在外流通的普通股1 000 000股，无优先股，该公司每股收益计算如下：

$$每股收益 = \frac{150\ 000}{1\ 000\ 000} = 0.15(元)$$

指标分析：

(1)每股收益是衡量上市公司盈利能力的重要财务指标，它反映普通股的获利水平。

(2)每股收益越高，表明股份公司获利能力越强。

(二)市盈率

市盈率是指普通股每股市价与每股收益的比率。市盈率用于反映股份公司的获利能力，是投资者投资的重要参考指标。其计算公式为：

$$市盈率 = \frac{每股市价}{每股收益}$$

【例10-18】 结合【例10-17】，假定AB公司普通股每股市价为4元，该公司市盈率计算如下：

$$市盈率 = \frac{4}{0.15} = 26.67$$

指标分析：

(1)市盈率反映投资者对每元净利润所愿意支付的价格，可以用来估价股票投资风险和报酬。

(2)市盈率是市场与公司的共同期望指标，市盈率越高，表明市场对公司的未来越看好。

(3)在市价确定的情况下，每股收益越高，市盈率越低，投资风险越小；反之亦然。

(4)在每股收益确定的情况下，市价越高，市盈率越高，投资风险越大；反之亦然。

(三)每股股利

每股股利是股利总额与期末流通在外普通股股数的比值。其计算公式为：

$$每股股利 = \frac{股利总额}{年末普通股股份总数}$$

【例10-19】 结合【例10-17】，假定AB公司董事会决定从可供分配的利润中拿出100 000元发放普通股现金股利，该公司每股股利计算如下：

$$每股股利 = \frac{100\ 000}{1\ 000\ 000} = 0.1(元)$$

指标分析：

(1)每股股利表现的是每一普通股获取股利能力的大小，指标值越高，则资本获利能力越强；反之亦然。

(2)每股股利的大小，不仅受公司获利能力的影响，而且受到公司股利发放方针的影响。

（四）股利支付率

股利支付率即股利发放率，是指普通股每股股利与每股收益的比值。其计算公式为：

$$股利支付率 = \frac{每股股利}{每股收益} \times 100\%$$

【例10-20】　结合【例10-17】【例10-19】，AB公司股利支付率计算如下：

$$股利支付率 = \frac{0.1}{0.15} \times 100\% = 66.67\%$$

指标分析：

（1）股利支付率反映公司净资产中有多少用于股利的分派。

（2）股利支付率主要取决于公司的股利政策，没有一个具体的标准来判断股利支付率是大好还是小好。

（五）市净率

市净率是指普通股股票每股市价与每股净资产的比值。其计算公式为

$$市净率 = \frac{每股市价}{每股净资产} \times 100\%$$

指标分析：

（1）净资产的多少是由股份公司经营状况决定的，股份公司的经营业绩越好，其资产增值越快，股票净值就越高，因此股东所拥有的权益也越多。

（2）一般来说，市净率较低的股票，投资价值较高；相反，则投资价值较低。但在判断投资价值时还要考虑当时的市场环境以及公司经营情况、盈利能力等因素。

第三节　财务状况综合分析

一、财务状况综合分析的含义及特点

（一）财务状况综合分析的含义

财务分析的最终目的在于全方位了解企业的经营理财状况，并借以对企业经济效益的优劣做出系统的、合理的评价。单独分析任何一项财务指标，都难以全面评价企业的财务状况和经营成果，要想对企业财务状况和经营成果有一个总的评价，就必须进行相互关联的分析，采用适当的标准进行综合性的评价。财务综合分析，就是将营运能力、偿债能力、获利能力等诸方面的分析纳入一个有机的整体之中，全面地对企业经营状况、财务状况进行揭示与披露，从而对企业经济效益的优劣做出准确的评价与判断。

（二）财务状况综合分析的特点

财务状况综合分析的特点，体现在其财务指标体系的要求上。一个健全有效的综合财务指标体系必须具备三个基本要素：

1. 指标要素齐全适当

这是指所设置的评价指标必须能够涵盖企业营运能力、偿债能力和获利能力等诸方面总体考核的要求。

2. 主辅指标功能匹配

这里要强调两个方面：第一，在确定营运能力、支付能力和获利能力等诸方面评价的主要指标与辅助指标的同时，进一步明晰总体结构中各项指标的主辅地位；第二，不同范畴的主要考核指标所反映的企业经营状况、财务状况的不同侧面与不同层次的信息有机统一，应当能够全面而翔实地揭示出企业经营理财的实绩。

3. 满足多方信息需要

这要求评价指标体系必须能够提供多层次、多角度的信息资料，既能够满足企业内部管理人员当局实施决策对财务信息的需要，同时又能满足外部投资者和政府凭以决策和实施宏观调控的要求。

二、财务状况综合分析的方法

财务综合分析的方法很多，其中应用比较广泛的有杜邦财务分析体系和沃尔比重评分法。

(一) 杜邦财务分析体系

杜邦财务分析体系（简称杜邦体系）是利用各财务指标间内在关系，对企业综合经营理财及经济效益进行系统分析评价的方法。因其最初由美国杜邦公司创立并成功运用而得名。该体系以净资产收益率为核心，将其分解为若干财务指标，通过分析各分解指标的变动对净资产收益率的影响来揭示企业获利能力及其变动原因。

【例 10-21】 杜邦财务分析体系。

根据表 10-2 和表 10-3 资料，可计算杜邦财务分析体系中的各项指标，如图 10-1 所示。

杜邦体系各主要指标之间的关系如下：

$$净资产收益率 = \frac{净利润}{平均净资产} = \frac{净利润}{平均总资产} \times \frac{平均总资产}{平均净资产} = 总资产净利率 \times 权益乘数$$

$$总资产净利润 = \frac{净利润}{平均总资产} = \frac{净利润}{营业收入} \times \frac{营业收入}{平均总资产} = 营业净利率 \times 总资产周转率$$

由上述计算公式可得：

净资产收益率 ＝ 营业净利率 × 总资产周转率 × 权益乘数

          ↑   ↑   ↑

       盈利能力   营运能力   财务杠杆

          ↑   ↑   ↑

       经营活动   投资活动   筹资活动

通过杜邦分析体系可以了解以下财务信息：

（1）净资产收益率是一个综合性最强的财务比率，是杜邦体系的核心。其他各项指标都是围绕这一核心，通过研究彼此之间的依存制约关系，而揭示企业的获利能力及其前因后果。财务管理的目标是使所有者财富最大化，净资产收益率反映所有者投入资金的获利能

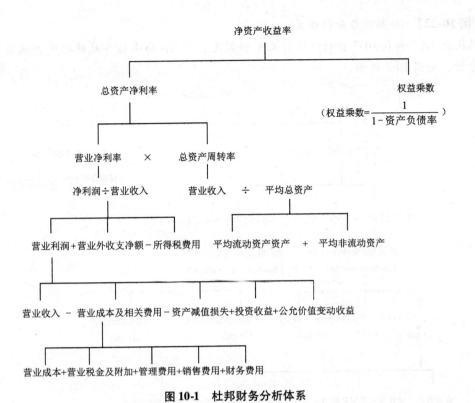

图 10-1　杜邦财务分析体系

力，反映企业筹资、投资、资产运营等活动的效率，提高净资产收益率是实现财务管理目标的基本保证。该指标的高低取决于主营净利率、总资产周转率与权益乘数。

（2）营业净利率反映了企业净利润与营业务收入的关系。提高营业净利率是提高企业盈利的关键，主要有两个途径：一是扩大营业务收入，二是降低成本费用。

（3）总资产周转率是反映企业营运能力的重要指标，是企业资产管理水平的重要体现。企业应当联系营业收入分析企业资产的使用是否合理，资产总额中流动资产和非流动资产的结构安排是否适当。此外，还必须对资产的内部结构以及影响资产周转率的各具体因素进行分析。

（4）权益乘数反映所有者权益与总资产的关系。权益乘数越大，说明企业负债程度越高，能给企业带来较大的财务杠杆利益，但同时也带来了较大的偿债风险。因此，企业既要合理使用全部资产，又要妥善安排资本结构。

通过杜邦体系自上而下地分析，不仅可以揭示出企业各项财务指标间的结构关系，查明各项主要指标变动的影响因素，而且为决策者优化经营理财状况，提高企业经营效益提供了思路。提高主权资本净利率的根本在于扩大销售、节约成本、合理投资配置、加速资金周转、优化资本结构、确立风险意识等。

杜邦财务分析体系的指标设计也具有一定的局限性，它更偏重于企业所有者的利益角度。从杜邦指标体系来看，在其他因素不变的情况下，资产负债率越高，净资产收益率就越高。这是因为利用较多负债，从而利用财务杠杆作用的结果，但是没有考虑财务风险的因素，负债越多，财务风险就越大，偿债压力就越大。因此，还要结合其他指标综合分析。

【例 10-22】 杜邦财务分析体系。

根据表 10-2 和表 10-3 资料以及前文中的假定，对 AB 公司该年度的净资产收益率进行计算分析，如图 10-2 所示。

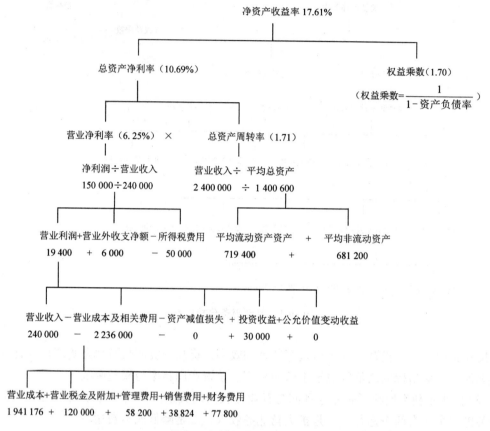

图 10-2　杜邦财务分析体系

（二）沃尔比重评分法

在进行财务分析时，人们遇到的一个主要困难就是计算出财务比率以后，无法判断出它是偏高还是偏低。与本企业的历史比较，也只能看出自身的变化，却难以评价其在市场竞争中的优劣地位。为了弥补这些缺陷，亚历山大·沃尔在其于 20 世纪出版的《信用晴雨表研究》和《财务报表比率分析》等著作中提出了信用能力指数概念，将流动比率、产权比率、固定资产比率、存货周转率、应收账款周转率、固定资产周转率、自有资金周转率等七项财务比率用线性关系结合起来，并分别给定各自的分数比重，然后通过与标准比率进行比较，确定各项指标的得分及总体指标的累积分数，从而对企业的信用水平做出评价。

【例 10-23】 沃尔比重评分法。

下面以 AB 公司为例，介绍沃尔比重评分法的基本步骤。

1. 选择评价指标并分配指标权重

本例选择偿债能力、营运能力、盈利能力及发展能力四大类共 8 项评价指标，各项指标的权重分配表如表 10-4 所示。

2. 确定各项评价指标的标准值

财务指标的标准值一般可以行业平均数、企业历史先进数、国家有关标准或者国际公认数为基准来加以确定。本例中各项指标的标准值假定见表10-5。

3. 对各项评价指标计分并计算综合分数

各项评价指标的得分 = 各项指标的权重 × (指标的实际值 ÷ 标准值)

$$综合分数 = \sum 各项评价指标的得分$$

4. 形成评价结果

在最终评价时，如果综合得分大于100，则说明企业的财务状况较好；反之，则说明企业的财务状况比同行业平均水平或者本企业历史先进水平差。由于该公司综合得分为85.32，小于100，说明其财务状况不佳(见表10-6)。

表10-4 各项指标的权重分配表

选择的指标	权重
一、偿债能力指标	20
1. 资产负债率	12
2. 已获利息倍数	8
二、盈利能力指标	38
1. 净资产收益率	25
2. 总资产报酬率	13
三、营运能力指标	18
1. 总资产周转率	9
2. 流动资产周转率	9
四、发展能力指标	24
1. 销售(营业)增长率	12
2. 资本积累率	12
合计	100

表10-5 各项指标的标准值假定

选择的指标	标准值
一、偿债能力指标	60%
1. 资产负债率	3
2. 已获利息倍数	
二、盈利能力指标	25%
1. 净资产收益率	16%
2. 总资产报酬率	
三、营运能力指标	2
1. 总资产周转率	5
2. 流动资产周转率	

续表

选择的指标	标准值
四、发展能力指标	10%
1. 销售(营业)增长率	15%
2. 资本积累率	

表10-6　　综合得分情况

选择的指标	分配的权重①	指标的标准值②	指标的实际值③	实际得分④ =①×③÷②
一、偿债能力指标	20			
1. 资产负债率	12	60%	45.68%	9.14
2. 已获利息倍数	8	3	3.57	9.52
二、盈利能力指标	38			
1. 净资产收益率	25	25%	17.61%	17.61
2. 总资产报酬率	13	16%	14.28%	11.6
三、营运能力指标	18			
1. 总资产周转率	9	2	1.71	7.7
2. 流动资产周转率	9	5	3.34	6.01
四、发展能力指标	24			
1. 销售(营业)增长率	12	10%	11.11%	13.33
2. 资本积累率	12	15%	13.01%	10.41
综合得分	100			85.32

　　沃尔比重评分法是评价企业总体财务状况的一种比较可取的方法，这一方法的关键在于指标的选定、权重的分配以及标准值的确定等。

　　原始意义上的沃尔比重评分法存在两个缺陷：一是所选定的七项指标缺乏证明力；二是当某项指标严重异常时，会对总评分产生不合逻辑的重大影响。此外，现代社会与沃尔所处的时代相比，已经发生了很大的变化。沃尔最初提出的七项指标已难以完全适用当前企业评价的需要。现在通常认为，在选择指标时，偿债能力、营运能力、盈利能力等指标均应选到，除此以外还应当适当选取一些非财务指标作为参考。

同步训练

一、单项选择题

1. 对流动比率，国际上公认的标准为(　　　)。
　　A. 50%　　　　　　B. 100%　　　　　　C. 150%　　　　　　D. 200%

2. 一般情况下，已获利息倍数应(　　　)。
　　A. 大于1　　　　　B. 小于1　　　　　　C. 等于1　　　　　　D. 都可以

3. 存货周转期的公式为( )。

　　A. 销售成本/平均存货　　　　　　　　　B. (平均存货×360)/销售成本

　　C. (销售成本×360)/平均存货　　　　　　D. 平均存货/销售成本

4. 销售(营业)利润的主要组成部分是企业的( )。

　　A. 主营业务利润　　　　　　　　　　　　B. 其他业务利润

　　C. 长期投资收益　　　　　　　　　　　　D. 营业外收支

5. 评价企业资本经营效益的核心指标是( )。

　　A. 成本费用利润率　　　　　　　　　　　B. 销售利润率

　　C. 净资产收益率　　　　　　　　　　　　D. 总资产报酬率

6. 股利支付率主要取决于公司的( )。

　　A. 每股盈余　　　　B. 每股股利　　　　C. 净利润　　　　D. 股利政策

7. 某企业应收账款周转次数为 4.5 次，假设一年按 360 天计算，则应收账款周转天数为( )。

　　A. 90 天　　　　　　B. 81.1 天　　　　　C. 80 天　　　　　D. 180 天

8. 市盈率的计算公式为( )。

　　A. 股利总额/期末普通股股数　　　　　　B. 每股市价/每股盈余

　　C. 净利润 – 优先股股利/流通股数　　　　D. 每股股利/每股盈余

9. 反映股份公司普通股获利水平的指标是( )。

　　A. 每股股利　　　　B. 市盈率　　　　　C. 每股市价　　　　D. 每股盈余

10. 总资产报酬率指标是( )与平均资产总额的比率。

　　A. 利润总额　　　　B. 息税前利润　　　C. 净利润　　　　　D. 营业利润

二、多项选择题

1. 财务分析的目的有( )。

　　A. 评价企业偿债能力　　　　　　　　　　B. 评价企业的资产管理水平

　　C. 评价企业获利水平　　　　　　　　　　D. 评价企业的发展水平

2. 会计报表由( )组成。

　　A. 资产负债表　　　B. 利润表　　　　　C. 现金流量表　　　D. 相关附表

3. 财务分析的方法有( )。

　　A. 比较分析法　　　B. 比率分析法　　　C. 趋势分析法　　　D. 因素分析法

4. 比较分析法的比较形式可以是( )。

　　A. 本期实际指标与计划指标对比

　　B. 本期实际指标与历史同期指标对比

　　C. 本期实际指标与历史最好水平指标对比

　　D. 本期实际指标与同类型、同行业指标对比

5. 比率分析法包括( )。

　　A. 结构比率　　　　B. 效率比率　　　　C. 效益比率　　　　D. 相关比率

6. 速动资产是流动资产中扣除( )后的数额。

　　A. 短期投资　　　　B. 存货　　　　　　C. 预付账款　　　　D. 应收账款

7. 反映企业获利能力大小的指标有( )。

    A. 净资产报酬率   B. 总资产报酬率

    C. 净资产收益率   D. 总资产收益率

8. 通过财务分析，可以了解企业的( )。

    A. 获利能力   B. 偿债能力   C. 发展能力   D. 资产营运能力

9. 评价企业短期偿债能力的指标有( )。

    A. 流动比率   B. 速动比率

    C. 资产负债率   D. 已获利息保障倍数

10. 总资产周转率指标受( )的影响。

    A. 总资产报酬率   B. 流动资产报酬率

    C. 应收账款周转率   D. 存货周转率

三、判断题

1. 在采用因素分析法时，既可以按照各因素的依存关系排列成一定的顺序并依次替代，也可以任意颠倒顺序，其结果是相同的。 ( )

2. 若资产增加幅度低于销售收入净额增长幅度，则会引起资产周转率增大，表明企业的营运能力有所提高。 ( )

3. 应收账款周转率过高或过低对企业可能都不利。 ( )

4. 如果已获利息倍数低于1，则企业一定无法支付到期利息。 ( )

5. 一般而言，已获利息倍数越大，企业偿还债务的可能性也越。 ( )

6. 资产负债率与产权比率的乘积等于1。 ( )

7. 现金流动负债比表明用现金偿还短期债务的能力，企业应尽量使其大于或等于1。 ( )

8. 既是企业盈利能力指标的核心，也是财务指标体系核心指标的是净资产收益率。 ( )

9. 总资产报酬率高于借入资金利率时，增加借入资金，可以提高净资产收益率。 ( )

10. 在总资产净利率不变的情况下，资产负债率越低，净资产收益率越高。 ( )

四、计算分析题

1. 某公司年末会计报表上的部分数据为：流动负债60万元，流动比率为2，速动比率为1.2，销售成本为100万元，年初存货为52万元。

要求：计算本年度存货周转次数。

2. 某企业2015年度销售收入净额为2 000万元，销售成本为1 600万元；年初、年末应收账款余额分别为200万元和400万元；年初、年末存货分别为200万元和600万元；年末速动比率为1.2，年末流动比率为1.8。假定该企业的流动资产由速动资产和存货组成，一年按360天计算。要求：

(1)计算2015年应收账款周转次数和周转天数；

(2)计算2015年存货周转次数和周转天数；

(3)计算2015年年末流动资产金额和流动负债金额。

3. 甲公司是一上市公司，2017 年利润分配及年末股东权益的有关资料见表 10-7。

表 10-7　2017 年利润分配及年末股东权益的有关资料　　　　单位：万元

净利润	2 100	股本（每股面值 1 元，	3 000
加：年初未分配利润	400	市价 10.5 元，流通在外	
可供分配利润	2 500	股数为 3 000 万股）	
减：提取法定盈余公积金	500		
可供股东分配的利润	2 000	资本公积	2 200
减：提取任意盈余公积金	200	盈余公积	1 200
已分配普通股股利	1 200	未分配利润	600
未分配利润	600	所有者权益合计	7 000

要求：

(1) 计算甲公司普通股每股盈余；

(2) 计算甲公司股票的市盈率；

(3) 计算甲公司股票的每股股利；

(4) 计算甲公司股票的股利支付率。

五、简答题

1. 试述企业财务分析的目的。

2. 简述财务分析的方法。

3. 评价偿债能力的指标有哪些？如何计算分析？

4. 评价营运能力的指标有哪些？如何计算分析？

5. 评价盈利能力的指标有哪些？如何计算分析？

6. 评价企业市场价值的指标有哪些？如何计算分析？

六、案例分析

青岛海尔股份有限公司（股票代码：600 690，以下简称青岛海尔，并不是指海尔集团）创立于 1984 年，是在引进德国利勃海尔电冰箱生产技术成立的青岛电冰箱总厂基础上发展起来的国家大型企业。1989 年 4 月 28 日，改组成立青岛海尔股份有限公司。1993 年 7 月 1 日更名为青岛海尔电冰箱股份有限公司，1991 年 11 月 14 日由青岛电冰箱总厂、青岛空调器厂和青岛电冰柜总厂等组建海尔集团公司，经过 20 多年的持续稳定发展，从一个濒临倒闭的集体小厂发展成为在海内外享有较高美誉的大型国际化企业。

思考与分析：

(1) 请在巨潮咨询网、上海证券交易所、深证证券交易所、新浪财经、凤凰财经等网站搜集青岛海尔 2016 年资产负债表、利润表和现金流量表。

(2) 根据报表计算青岛海尔的偿债能力、营运能力、盈利能力和发展成长能力的相关指标。

(3) 利用杜邦分析框架计算青岛海尔净资产收益率，并分析变动影响因素及变动幅度。

(4) 根据上述计算，结合外部宏观环境，尝试分析青岛海尔在运行中存在什么问题。

附 录

附表1 1元复利终值系数表 $(F/P, i, n) = (1+i)^n$

期数	1%	2%	3%	4%	5%	6%	7%	8%	9%	10%
1	1.010 0	1.020 0	1.030 0	1.040 0	1.050 0	1.060 0	1.070 0	1.080 0	1.090 0	1.100 0
2	1.020 1	1.040 4	1.060 9	1.081 6	1.102 5	1.123 6	1.144 9	1.166 4	1.188 1	1.210 0
3	1.030 3	1.061 2	1.092 7	1.124 9	1.157 6	1.191 0	1.225 0	1.259 7	1.295 0	1.331 0
4	1.040 6	1.082 4	1.125 5	1.169 9	1.215 5	1.262 5	1.310 8	1.360 5	1.411 6	1.464 1
5	1.051 0	1.104 1	1.159 3	1.216 7	1.276 3	1.338 2	1.402 6	1.469 3	1.538 6	1.610 5
6	1.061 5	1.126 2	1.194 1	1.265 3	1.340 1	1.418 5	1.500 7	1.586 9	1.677 1	1.771 6
7	1.072 1	1.148 7	1.229 9	1.315 9	1.407 1	1.503 6	1.605 8	1.713 8	1.828 0	1.948 7
8	1.082 9	1.171 7	1.266 8	1.368 6	1.477 5	1.593 8	1.718 2	1.850 9	1.992 6	2.143 6
9	1.093 7	1.195 1	1.304 8	1.423 3	1.551 3	1.689 5	1.838 5	1.999 0	2.171 9	2.357 9
10	1.104 6	1.219 0	1.343 9	1.480 2	1.628 9	1.790 8	1.967 2	2.158 9	2.367 4	2.593 7
11	1.115 7	1.243 4	1.384 2	1.539 5	1.710 3	1.898 3	2.104 9	2.331 6	2.580 4	2.853 1
12	1.126 8	1.268 2	1.425 8	1.601 0	1.795 9	2.012 2	2.252 2	2.518 2	2.812 7	3.138 4
13	1.138 1	1.293 6	1.468 5	1.665 1	1.885 6	2.132 9	2.409 8	2.719 6	3.065 8	3.452 3
14	1.149 5	1.319 5	1.512 6	1.731 7	1.979 9	2.260 9	2.578 5	2.937 2	3.341 7	3.797 5
15	1.161 0	1.345 9	1.558 0	1.800 9	2.078 9	2.396 6	2.759 0	3.172 2	3.642 5	4.177 2
16	1.172 6	1.372 8	1.604 7	1.873 0	2.182 9	2.540 4	2.952 2	3.425 9	3.970 3	4.595 0
17	1.184 3	1.400 2	1.652 8	1.947 9	2.292 0	2.692 8	3.158 8	3.700 0	4.327 6	5.054 5
18	1.196 1	1.428 2	1.702 4	2.025 8	2.406 6	2.854 3	3.379 9	3.996 0	4.717 1	5.559 9
19	1.208 1	1.456 8	1.753 5	2.106 8	2.527 0	3.025 6	3.616 5	4.315 7	5.141 7	6.115 9
20	1.220 2	1.485 9	1.806 1	2.191 1	2.653 6	3.207 1	3.869 7	4.661 0	5.604 4	6.727 5
22	1.244 7	1.546 0	1.916 1	2.369 9	2.925 3	3.603 5	4.430 4	5.436 5	6.658 6	8.140
24	1.269 7	1.608 4	2.032 8	2.563 3	3.225 1	4.048 9	5.072 4	6.341	7.911	9.850
26	1.295 3	1.673 4	2.156 6	2.772 5	3.555 7	4.549 4	5.807	7.396	9.399	11.918
28	1.321 3	1.741 0	2.287 9	2.998 7	3.920 1	5.111 7	6.649	8.627	11.167	14.421

期数	1%	2%	3%	4%	5%	6%	7%	8%	9%	10%
30	1.347 8	1.811 4	2.427 3	3.243 4	4.321 9	5.743 5	7.612	10.063	13.268	17.449
35	1.416 6	1.999 9	2.813 9	3.946 1	5.516	7.686 1	10.677	14.785	20.414	28.102
40	1.488 9	2.208 0	3.262 0	4.801 0	7.040 0	10.286	14.974	21.725	31.409	45.259
45	1.564 8	2.437 9	3.781 6	5.841 2	8.985	13.765	21.002	31.920	48.327	72.890
50	1.644 6	2.691 6	4.383 9	7.106 7	11.467	18.420	29.457	46.902	74.358	117.39
55	1.728 5	2.971 7	5.082 1	8.646 4	14.636	24.650	41.315	68.914	114.41	189.06

期数	12%	14%	16%	18%	20%	25%	30%	35%	40%	45%
1	1.120 0	1.140 0	1.160 0	1.180 0	1.200 0	1.250 0	1.300 0	1.350 0	1.400 0	1.450 0
2	1.254 4	1.299 6	1.345 6	1.392 4	1.440 0	1.562 5	1.690 0	1.822 5	1.960 0	2.102 5
3	1.404 9	1.481 5	1.560 9	1.643 0	1.728 0	1.953 1	2.197 0	2.460 4	2.744 0	3.048 6
4	1.573 5	1.689 0	1.810 6	1.938 8	2.073 6	2.441 4	2.856 1	3.321 5	3.841 6	4.420 5
5	1.762 3	1.925 4	2.100 3	2.287 8	2.488 3	3.051 8	3.712 9	4.484 0	5.378 2	6.409 7
6	1.973 8	2.195 0	2.436 4	2.699 6	2.986 0	3.814 7	4.826 8	6.053 4	7.529 5	9.294 1
7	2.210 7	2.502 3	2.826 2	3.185 5	3.583 2	4.768 4	6.274 9	8.172 2	10.541	13.476
8	2.476 0	2.852 6	3.278 4	3.758 9	4.299 8	5.960 5	8.157 3	11.032	14.758	19.541
9	2.773 1	3.251 9	3.803 0	4.435 5	5.159 8	7.450 6	10.604	14.894	20.661	28.334
10	3.105 8	3.707 2	4.411 4	5.233 8	6.191 7	9.313 2	13.786	20.107	28.925	41.085
11	3.478 5	4.226 2	5.117 3	6.175 9	7.430 1	11.642	17.922	27.144	40.496	59.573
12	3.896 0	4.817 9	5.936 0	7.287 6	8.916 1	14.552	23.298	36.644	56.694	86.381
13	4.363 5	5.492 4	6.885 8	8.599 4	10.699	18.190	30.288	49.470	79.371	125.25
14	4.887 1	6.261 3	7.987 5	10.147	12.839	22.737	39.374	66.784	111.12	181.62
15	5.473 6	7.137 9	9.265 5	11.974	15.407	28.422	51.186	90.158	155.57	263.34
16	6.130 4	8.137 2	10.748	14.129	18.488	35.527	66.542	121.71	217.80	381.85
17	6.866 0	9.276 5	12.468	16.672	22.186	44.409	86.504	164.31	304.91	553.68
18	7.690 0	10.575	14.463	19.673	26.623	55.511	112.46	221.82	426.88	802.83
19	8.612 8	12.056	16.777	23.214	31.948	69.389	146.19	299.46	597.63	1 164.1
20	9.646 3	13.743	19.461	27.393	38.338	86.736	190.05	404.27	836.68	1 688.0
22	12.100	17.861	26.186	38.142	55.206	135.53	321.18	736.79	1 639.9	3 548.9
24	15.179	23.212	35.236	53.109	79.497	211.76	542.80	1 342.8	3 214.2	7 461.6
26	19.040	30.167	47.414	73.949	114.48	330.87	917.33	2 447.2	6 299.8	15 688
28	23.884	39.204	63.800	102.97	164.84	516.99	1 550.3	4 460.1	12 348	32 984
30	29.960	50.950	85.850	143.37	237.38	807.79	2 620.0	8 128.5	24 201	69 349
35	52.800	98.100	180.31	328.00	590.67	2 465.2	9 727.9	36 449	130 161	444 509
40	93.051	188.88	378.72	750.38	1 469.8	7 523	36 119	163 437	700 038	*
45	163.99	363.68	795.44	1 716.7	3 657.3	22 959	134 107	732 858	*	*
50	289.00	700.23	1 670.7	3 927.4	9 100.4	70 065	497 929	*	*	*
55	509.32	1 348.2	3 509.0	8 984.8	22 645	213 821	*	*	*	*

注：＊表示大于100万

附表2 1元复利现值系数表 $(P/F, i, n) = (1 + i)^{-n}$

期数	1%	2%	3%	4%	5%	6%	7%	8%	9%	10%
1	0.990 1	0.980 4	0.970 9	0.961 5	0.952 4	0.943 4	0.934 6	0.925 9	0.917 4	0.909 1
2	0.980 3	0.961 2	0.942 6	0.924 6	0.907 0	0.890 0	0.873 4	0.857 3	0.841 7	0.826 4
3	0.970 6	0.942 3	0.915 1	0.889 0	0.863 8	0.839 6	0.816 3	0.793 8	0.772 2	0.751 3
4	0.961 0	0.923 8	0.888 5	0.854 8	0.822 7	0.792 1	0.762 9	0.735 0	0.708 4	0.683 0
5	0.951 5	0.905 7	0.862 6	0.821 9	0.783 5	0.747 3	0.713 0	0.680 6	0.649 9	0.620 9
6	0.942 0	0.888 0	0.837 5	0.790 3	0.746 2	0.705 0	0.666 3	0.630 2	0.596 3	0.564 5
7	0.932 7	0.870 6	0.813 1	0.759 9	0.710 7	0.665 1	0.622 7	0.583 5	0.547 0	0.513 2
8	0.923 5	0.853 5	0.789 4	0.730 7	0.676 8	0.627 4	0.582 0	0.540 3	0.501 9	0.466 5
9	0.914 3	0.836 8	0.766 4	0.702 6	0.644 6	0.591 9	0.543 9	0.500 2	0.460 4	0.424 1
10	0.905 3	0.820 3	0.744 1	0.675 6	0.613 9	0.558 4	0.508 3	0.463 2	0.422 4	0.385 5
11	0.896 3	0.804 3	0.722 4	0.649 6	0.584 7	0.526 8	0.475 1	0.428 9	0.387 5	0.350 5
12	0.887 4	0.788 5	0.701 4	0.624 6	0.556 8	0.497 0	0.444 0	0.397 1	0.355 5	0.318 6
13	0.878 7	0.773 0	0.681 0	0.600 6	0.530 3	0.468 8	0.415 0	0.367 7	0.326 2	0.289 7
14	0.870 0	0.757 9	0.661 1	0.577 5	0.505 1	0.442 3	0.387 8	0.340 5	0.299 2	0.263 3
15	0.861 3	0.743 0	0.641 9	0.555 3	0.481 0	0.417 3	0.362 4	0.315 2	0.274 5	0.239 4
16	0.852 8	0.728 4	0.623 2	0.533 9	0.458 1	0.393 6	0.338 7	0.291 9	0.251 9	0.217 6
17	0.844 4	0.714 2	0.605 0	0.513 4	0.436 3	0.371 4	0.316 6	0.270 3	0.231 1	0.197 8
18	0.836 0	0.700 2	0.587 4	0.493 6	0.415 5	0.350 3	0.295 9	0.250 2	0.212 0	0.179 9
19	0.827 7	0.686 4	0.570 3	0.474 6	0.395 7	0.330 5	0.276 5	0.231 7	0.194 5	0.163 5
20	0.819 5	0.673 0	0.553 7	0.456 4	0.376 9	0.311 8	0.258 4	0.214 5	0.178 4	0.148 6
22	0.803 4	0.646 8	0.521 9	0.422 0	0.341 8	0.277 5	0.225 7	0.183 9	0.150 2	0.122 8
24	0.787 6	0.621 7	0.491 9	0.390 1	0.310 1	0.247 0	0.197 1	0.157 7	0.126 4	0.101 5
26	0.772 0	0.597 6	0.463 7	0.360 7	0.281 2	0.219 8	0.172 2	0.135 2	0.106 4	0.083 9
28	0.756 8	0.574 4	0.437 1	0.333 5	0.255 1	0.195 6	0.150 4	0.115 9	0.089 5	0.069 3
30	0.741 9	0.552 1	0.412 0	0.308 3	0.231 4	0.174 1	0.131 4	0.099 4	0.075 4	0.057 3
35	0.705 9	0.500 0	0.355 4	0.253 4	0.181 3	0.130 1	0.093 7	0.067 6	0.049 0	0.035 6
40	0.671 7	0.452 9	0.306 6	0.208 3	0.142 0	0.097 2	0.066 8	0.046 0	0.031 8	0.022 1
45	0.639 1	0.410 2	0.264 4	0.171 2	0.111 3	0.072 7	0.047 6	0.031 3	0.020 7	0.013 7
50	0.608 0	0.371 5	0.228 1	0.140 7	0.087 2	0.054 3	0.033 9	0.021 3	0.013 4	0.008 5
55	0.578 5	0.336 5	0.196 8	0.115 7	0.068 3	0.040 6	0.024 2	0.014 5	0.008 7	0.005 3

期数	12%	14%	16%	18%	20%	25%	30%	35%	40%	45%
1	0.892 9	0.877 2	0.862 1	0.847 5	0.833 3	0.800 0	0.769 2	0.740 7	0.714 3	0.689 7
2	0.797 2	0.769 5	0.743 2	0.718 2	0.694 4	0.640 0	0.591 7	0.548 7	0.510 2	0.475 6
3	0.711 8	0.675 0	0.640 7	0.608 6	0.578 7	0.512 0	0.455 2	0.406 4	0.364 4	0.328 0
4	0.635 5	0.592 1	0.552 3	0.515 8	0.482 3	0.409 6	0.350 1	0.301 1	0.260 3	0.226 2
5	0.567 4	0.519 4	0.476 1	0.437 1	0.401 9	0.327 7	0.269 3	0.223 0	0.185 9	0.156 0
6	0.506 6	0.455 6	0.410 4	0.370 4	0.334 9	0.262 1	0.207 2	0.165 2	0.132 8	0.107 6
7	0.452 3	0.399 6	0.353 8	0.313 9	0.279 1	0.209 7	0.159 4	0.122 4	0.094 9	0.074 2
8	0.403 9	0.350 6	0.305 0	0.266 0	0.232 6	0.167 8	0.122 6	0.090 6	0.067 8	0.051 2
9	0.360 6	0.307 5	0.263 0	0.225 5	0.193 8	0.134 2	0.094 3	0.067 1	0.048 4	0.035 3
10	0.322 0	0.269 7	0.226 7	0.191 1	0.161 5	0.107 4	0.072 5	0.049 7	0.034 6	0.024 3
11	0.287 5	0.236 6	0.195 4	0.161 9	0.134 6	0.085 9	0.055 8	0.036 8	0.024 7	0.016 8
12	0.256 7	0.207 6	0.168 5	0.137 2	0.112 2	0.068 7	0.042 9	0.027 3	0.017 6	0.011 6
13	0.229 2	0.182 1	0.145 2	0.116 3	0.093 5	0.055 0	0.033 0	0.020 2	0.012 6	0.008 0
14	0.204 6	0.159 7	0.125 2	0.098 5	0.077 9	0.044 0	0.025 4	0.015 0	0.009 0	0.005 5
15	0.182 7	0.140 1	0.107 9	0.083 5	0.064 9	0.035 2	0.019 5	0.011 1	0.006 4	0.003 8
16	0.163 1	0.122 9	0.093 0	0.070 8	0.054 1	0.028 1	0.015 0	0.008 2	0.004 6	0.002 6
17	0.145 6	0.107 8	0.080 2	0.060 0	0.045 1	0.022 5	0.011 6	0.006 1	0.003 3	0.001 8
18	0.130 0	0.094 6	0.069 1	0.050 8	0.037 6	0.018 0	0.008 9	0.004 5	0.002 3	0.001 2
19	0.116 1	0.082 9	0.059 6	0.043 1	0.031 3	0.014 4	0.006 8	0.003 3	0.001 7	0.000 9
20	0.103 7	0.072 8	0.051 4	0.036 5	0.026 1	0.011 5	0.005 3	0.002 5	0.001 2	0.000 6
22	0.082 6	0.056 0	0.038 2	0.026 2	0.018 1	0.007 4	0.003 1	0.001 4	0.000 6	0.000 3
24	0.065 9	0.043 1	0.028 4	0.018 8	0.012 6	0.004 7	0.001 8	0.000 7	0.000 3	0.000 1
26	0.052 5	0.033 1	0.021 1	0.013 5	0.008 7	0.003 0	0.001 1	0.000 4	0.000 2	0.000 1
28	0.041 9	0.025 5	0.015 7	0.009 7	0.006 1	0.001 9	0.000 6	0.000 2	0.000 1	*
30	0.033 4	0.019 6	0.011 6	0.007 0	0.004 2	0.001 2	0.000 4	0.000 1	*	*
35	0.018 9	0.010 2	0.005 5	0.003 0	0.001 7	0.000 4	0.000 1	*	*	*
40	0.010 7	0.005 3	0.002 6	0.001 3	0.000 7	0.000 1	*	*	*	*
45	0.006 1	0.002 7	0.001 3	0.000 6	0.000 3	*	*	*	*	*
50	0.003 5	0.001 4	0.000 6	0.000 3	0.000 1	*	*	*	*	*
55	0.002 0	0.000 7	0.000 3	0.000 1	*	*	*	*	*	*

注：＊表示小于0.000 1

附表3 1元年金终值系数表 $(F/A, i, n) = [(1+i)^n - 1]/i$

期数	1%	2%	3%	4%	5%	6%	7%	8%	9%	10%
1	1.000 0	1.000 0	1.000 0	1.000 0	1.000 0	1.000 0	1.000 0	1.000 0	1.000 0	1.000 0
2	2.010 0	2.020 0	2.030 0	2.040 0	2.050 0	2.060 0	2.070 0	2.080 0	2.090 0	2.100 0
3	3.030 1	3.060 4	3.090 9	3.121 6	3.152 5	3.183 6	3.214 9	3.246 4	3.278 1	3.310 0
4	4.060 4	4.121 6	4.183 6	4.246 5	4.310 1	4.374 6	4.439 9	4.506 1	4.573 1	4.641 0
5	5.101 0	5.204 0	5.309 1	5.416 3	5.525 6	5.637 1	5.750 7	5.866 6	5.984 7	6.105 1
6	6.152 0	6.308 1	6.468 4	6.633 0	6.801 9	6.975 3	7.153 3	7.335 9	7.523 3	7.715 6
7	7.213 5	7.434 3	7.662 5	7.898 3	8.142 0	8.393 8	8.654 0	8.922 8	9.200 4	9.487 2
8	8.285 7	8.583 0	8.892 3	9.214 2	9.549 1	9.897 5	10.260	10.637	11.028	11.436
9	9.368 5	9.754 6	10.159	10.583	11.027	11.491	11.978	12.488	13.021	13.579
10	10.462	10.950	11.464	12.006	12.578	13.181	13.816	14.487	15.193	15.937
11	11.567	12.169	12.808	13.486	14.207	14.972	15.784	16.645	17.560	18.531
12	12.683	13.412	14.192	15.026	15.917	16.870	17.888	18.977	20.141	21.384
13	13.809	14.680	15.618	16.627	17.713	18.882	20.141	21.495	22.953	24.523
14	14.947	15.974	17.086	18.292	19.599	21.015	22.550	24.215	26.019	27.975
15	16.097	17.293	18.599	20.024	21.579	23.276	25.129	27.152	29.361	31.772
16	17.258	18.639	20.157	21.825	23.657	25.673	27.888	30.324	33.003	35.950
17	18.430	20.012	21.762	23.698	25.840	28.213	30.840	33.750	36.974	40.545
18	19.615	21.412	23.414	25.645	28.132	30.906	33.999	37.450	41.301	45.599
19	20.811	22.841	25.117	27.671	30.539	33.760	37.379	41.446	46.018	51.159
20	22.019	24.297	26.870	29.778	33.066	36.786	40.995	45.762	51.160	57.275
22	24.472	27.299	30.537	34.248	38.505	43.392	49.006	55.457	62.873	71.403
24	26.973	30.422	34.426	39.083	44.502	50.816	58.177	66.765	76.790	88.497
26	29.526	33.671	38.553	44.312	51.113	59.156	68.676	79.954	93.324	109.18
28	32.129	37.051	42.931	49.968	58.403	68.528	80.698	95.339	112.97	134.21
30	34.785	40.568	47.575	56.085	66.439	79.058	94.461	113.28	136.31	164.49
35	41.660	49.994	60.462	73.652	90.320	111.43	138.24	172.32	215.71	271.02
40	48.886	60.402	75.401	95.026	120.80	154.76	199.64	259.06	337.88	442.59
45	56.481	71.893	92.720	121.03	159.70	212.74	285.75	386.51	525.86	718.90
50	64.463	84.579	112.80	152.67	209.35	290.34	406.53	573.77	815.08	1 163.9
55	72.852	98.587	136.07	191.16	272.71	394.17	575.93	848.92	1 260.1	1 880.6

续表

期数	12%	14%	16%	18%	20%	25%	30%	35%	40%	45%
1	1.000 0	1.000 0	1.000 0	1.000 0	1.000 0	1.000 0	1.000 0	1.000 0	1.000 0	1.000 0
2	2.120 0	2.140 0	2.160 0	2.180 0	2.200 0	2.250 0	2.300 0	2.350 0	2.400 0	2.450 0
3	3.374 4	3.439 6	3.505 6	3.572 4	3.640 0	3.812 5	3.990 0	4.172 5	4.360 0	4.552 5
4	4.779 3	4.921 1	5.066 5	5.215 4	5.368 0	5.765 6	6.187 0	6.632 9	7.104 0	7.601 1
5	6.352 8	6.610 1	6.877 1	7.154 2	7.441 6	8.207 0	9.043 1	9.954 4	10.946	12.022
6	8.115 2	8.535 5	8.977 5	9.442 0	9.929 9	11.259	12.756	14.438	16.324	18.431
7	10.089	10.730	11.414	12.142	12.916	15.073	17.583	20.492	23.853	27.725
8	12.300	13.233	14.240	15.327	16.499	19.842	23.858	28.664	34.395	41.202
9	14.776	16.085	17.519	19.086	20.799	25.802	32.015	39.696	49.153	60.743
10	17.549	19.337	21.321	23.521	25.959	33.253	42.619	54.590	69.814	89.077
11	20.655	23.045	25.733	28.755	32.150	42.566	56.405	74.697	98.739	130.16
12	24.133	27.271	30.850	34.931	39.581	54.208	74.327	101.84	139.23	189.73
13	28.029	32.089	36.786	42.219	48.497	68.760	97.625	138.48	195.93	276.12
14	32.393	37.581	43.672	50.818	59.196	86.949	127.91	187.95	275.30	401.37
15	37.280	43.842	51.660	60.965	72.035	109.69	167.29	254.74	386.42	582.98
16	42.753	50.980	60.925	72.939	87.442	138.11	218.47	344.90	541.99	846.32
17	48.884	59.118	71.673	87.068	105.93	173.64	285.01	466.61	759.78	1 228.2
18	55.750	68.394	84.141	103.74	128.12	218.04	371.52	630.92	1 064.7	1 781.8
19	63.440	78.969	98.603	123.41	154.74	273.56	483.97	852.75	1 491.6	2 584.7
20	72.052	91.025	115.38	146.63	186.69	342.94	630.17	1 152.2	2 089.2	3 748.8
22	92.503	120.44	157.41	206.34	271.03	538.10	1 067.3	2 102.3	4 097.2	7 884.3
24	118.16	158.66	213.98	289.49	392.48	843.03	1 806.0	3 833.7	8 033.0	16 579
26	150.33	208.33	290.09	405.27	567.38	1 319.5	3 054.4	6 989.3	15 747	34 860
28	190.70	272.89	392.50	566.48	819.22	2 064.0	5 164.3	12 740	30 867	73 296
30	241.33	356.79	530.31	790.95	1 181.9	3 227.2	8 730.0	23 222	60 501	154 107
35	431.66	693.57	1 120.7	1 816.7	2 948.3	9 856.8	32 423	104 136	325 400	987 794
40	767.09	1 342.0	2 360.8	4 163.2	7 343.9	30 089	120 393	466 960	*	*
45	1 358.2	2 590.6	4 965.3	9 531.6	18 281	91 831	447 019	*	*	*
50	2 400.0	4 994.5	10 436	21 813	45 497	280 256	*	*	*	*
55	4 236.0	9 623.1	21 925	49 910	113 219	855 281	*	*	*	*

注：*表示大于100万

附表 4　1 元年金现值系数表　$(P/A, i, n) = [1 - (1 + i)^{-n}]/i$

期数	1%	2%	3%	4%	5%	6%	7%	8%	9%	10%
1	0.990 1	0.980 4	0.970 9	0.961 5	0.952 4	0.943 4	0.934 6	0.925 9	0.917 4	0.909 1
2	1.970 4	1.941 6	1.913 5	1.886 1	1.859 4	1.833 4	1.808 0	1.783 3	1.759 1	1.735 5
3	2.941 0	2.883 9	2.828 6	2.775 1	2.723 2	2.673 0	2.624 3	2.577 1	2.531 3	2.486 9
4	3.902 0	3.807 7	3.717 1	3.629 9	3.546 0	3.465 1	3.387 2	3.312 1	3.239 7	3.169 9
5	4.853 4	4.713 5	4.579 7	4.451 8	4.329 5	4.212 4	4.100 2	3.992 7	3.889 7	3.790 8
6	5.795 5	5.601 4	5.417 2	5.242 1	5.075 7	4.917 3	4.766 5	4.622 9	4.485 9	4.355 3
7	6.728 2	6.472 0	6.230 3	6.002 1	5.786 4	5.582 4	5.389 3	5.206 4	5.033 0	4.868 4
8	7.651 7	7.325 5	7.019 7	6.732 7	6.463 2	6.209 8	5.971 3	5.746 6	5.534 8	5.334 9
9	8.566 0	8.162 2	7.786 1	7.435 3	7.107 8	6.801 7	6.515 2	6.246 9	5.995 2	5.759 0
10	9.471 3	8.982 6	8.530 2	8.110 9	7.721 7	7.360 1	7.023 6	6.710 1	6.417 7	6.144 6
11	10.368	9.786 8	9.252 6	8.760 5	8.306 4	7.886 9	7.498 7	7.139 0	6.805 2	6.495 1
12	11.255	10.575	9.954 0	9.385 1	8.863 3	8.383 8	7.942 7	7.536 1	7.160 7	6.813 7
13	12.134	11.348	10.635	9.985 6	9.393 6	8.852 7	8.357 7	7.903 8	7.486 9	7.103 4
14	13.004	12.106	11.296	10.563	9.898 6	9.295 0	8.745 5	8.244 2	7.786 2	7.366 7
15	13.865	12.849	11.938	11.118	10.380	9.712 2	9.107 9	8.559 5	8.060 7	7.606 1
16	14.718	13.578	12.561	11.652	10.838	10.106	9.446 6	8.851 4	8.312 6	7.823 7
17	15.562	14.292	13.166	12.166	11.274	10.477	9.763 2	9.121 6	8.543 6	8.021 6
18	16.398	14.992	13.754	12.659	11.690	10.828	10.059	9.371 9	8.755 6	8.201 4
19	17.226	15.678	14.324	13.134	12.085	11.158	10.336	9.603 6	8.950 1	8.364 9
20	18.046	16.351	14.877	13.590	12.462	11.470	10.594	9.818 1	9.128 5	8.513 6
22	19.660	17.658	15.937	14.451	13.163	12.042	11.061	10.201	9.442 4	8.771 5
24	21.243	18.914	16.936	15.247	13.799	12.550	11.469	10.529	9.706 6	8.984 7
26	22.795	20.121	17.877	15.983	14.375	13.003	11.826	10.810	9.929 0	9.160 9
28	24.316	21.281	18.764	16.663	14.898	13.406	12.137	11.051	10.116	9.306 6
30	25.808	22.396	19.600	17.292	15.372	13.765	12.409	11.258	10.274	9.426 9
35	29.409	24.999	21.487	18.665	16.374	14.498	12.948	11.655	10.567	9.644 2
40	32.835	27.355	23.115	19.793	17.159	15.046	13.332	11.925	10.757	9.779 1
45	36.095	29.490	24.519	20.720	17.774	15.456	13.606	12.108	10.881	9.862 8
50	39.196	31.424	25.730	21.482	18.256	15.762	13.801	12.233	10.962	9.914 8
55	42.147	33.175	26.774	22.109	18.633	15.991	13.940	12.319	11.014	9.947 1

期数	12%	14%	16%	18%	20%	25%	30%	35%	40%	45%
1	0.892 9	0.877 2	0.862 1	0.847 5	0.833 3	0.800 0	0.769 2	0.740 7	0.714 3	0.689 7
2	1.690 1	1.646 7	1.605 2	1.565 6	1.527 8	1.440 0	1.360 9	1.289 4	1.224 5	1.165 3
3	2.401 8	2.321 6	2.245 9	2.174 3	2.106 5	1.952 0	1.816 1	1.695 9	1.588 9	1.493 3
4	3.037 3	2.913 7	2.798 2	2.690 1	2.588 7	2.361 6	2.166 2	1.996 9	1.849 2	1.719 5
5	3.604 8	3.433 1	3.274 3	3.127 2	2.990 6	2.689 3	2.435 6	2.220 0	2.035 2	1.875 5
6	4.111 4	3.888 7	3.684 7	3.497 6	3.325 5	2.951 4	2.642 7	2.385 2	2.168 0	1.983 1
7	4.563 8	4.288 3	4.038 6	3.811 5	3.604 6	3.161 1	2.802 1	2.507 5	2.262 8	2.057 3
8	4.967 6	4.638 9	4.343 6	4.077 6	3.837 2	3.328 9	2.924 7	2.598 2	2.330 6	2.108 5
9	5.328 2	4.946 4	4.606 5	4.303 0	4.031 0	3.463 1	3.019 0	2.665 3	2.379 0	2.143 8
10	5.650 2	5.216 1	4.833 2	4.494 1	4.192 5	3.570 5	3.091 5	2.715 0	2.413 6	2.168 1
11	5.937 7	5.452 7	5.028 6	4.656 0	4.327 1	3.656 4	3.147 3	2.751 9	2.438 3	2.184 9
12	6.194 4	5.660 3	5.197 1	4.793 2	4.439 2	3.725 1	3.190 3	2.779 2	2.455 9	2.196 5
13	6.423 5	5.842 4	5.342 3	4.909 5	4.532 7	3.780 1	3.223 3	2.799 4	2.468 5	2.204 5
14	6.628 2	6.002 1	5.467 5	5.008 1	4.610 6	3.824 1	3.248 7	2.814 4	2.477 5	2.210 0
15	6.810 9	6.142 2	5.575 5	5.091 6	4.675 5	3.859 3	3.268 2	2.825 5	2.483 9	2.213 8
16	6.974 0	6.265 1	5.668 5	5.162 4	4.729 6	3.887 4	3.283 2	2.833 7	2.488 5	2.216 4
17	7.119 6	6.372 9	5.748 7	5.222 3	4.774 6	3.909 9	3.294 8	2.839 8	2.491 8	2.218 2
18	7.249 7	6.467 4	5.817 8	5.273 2	4.812 2	3.927 9	3.303 7	2.844 3	2.494 1	2.219 5
19	7.365 8	6.550 4	5.877 5	5.316 2	4.843 5	3.942 4	3.310 5	2.847 6	2.495 8	2.220 3
20	7.469 4	6.623 1	5.928 8	5.352 7	4.869 6	3.953 9	3.315 8	2.850 1	2.497 0	2.220 9
22	7.644 6	6.742 9	6.011 3	5.409 9	4.909 4	3.970 5	3.323 0	2.853 3	2.498 5	2.221 6
24	7.784 3	6.835 1	6.072 6	5.450 9	4.937 1	3.981 1	3.327 2	2.855 0	2.499 2	2.221 9
26	7.895 7	6.906 1	6.118 2	5.480 4	4.956 3	3.987 9	3.329 7	2.856 0	2.499 6	2.222 1
28	7.984 4	6.960 7	6.152 0	5.501 6	4.969 7	3.992 3	3.331 2	2.856 5	2.499 8	2.222 2
30	8.055 2	7.002 7	6.177 2	5.516 8	4.978 9	3.995 0	3.332 1	2.856 8	2.499 9	2.222 2
35	8.175 5	7.070 0	6.215 3	5.538 6	4.991 5	3.998 4	3.333 0	2.857 1	2.500 0	2.222 2
40	8.243 8	7.105 0	6.233 5	5.548 2	4.996 6	3.999 5	3.333 2	2.857 1	2.500 0	2.222 2
45	8.282 5	7.123 2	6.242 1	5.552 3	4.998 6	3.999 8	3.333 3	2.857 1	2.500 0	2.222 2
50	8.304 5	7.132 7	6.246 3	5.554 1	4.999 5	3.999 9	3.333 3	2.857 1	2.500 0	2.222 2
55	8.317 0	7.137 6	6.248 2	5.554 9	4.999 8	4.000 0	3.333 3	2.857 1	2.500 0	2.222 2

参 考 文 献

[1] 中华人民共和国财政部．新企业会计准则指南［M］．北京：经济科学出版社，2010.

[2] ［美］罗伯特·C·希金斯．财务管理分析［M］．沈艺峰，洪锡熙，等，译．北京：北京大学出版社，2003.

[3] 孙班军．财务管理［M］．北京：中国财政经济出版社，2010.

[4] 郭涛．财务管理［M］．北京：机械工业出版社，2015.

[5] 张献英．财务管理学［M］．成都：西南财经大学出版社，2016.

[6] 张春敏，刘世青．财务管理实训［M］．武汉：华中科技大学出版社，2012.

[7] 吴安平，王明珠．财务管理学教学案例［M］．北京：中国审计出版社，2010.

[8] 中国注册会计师协会．财务成本管理［M］．北京：经济科学出版社，2017.

[9] 安庆钊．财务管理教程习题与解答［M］．上海：立信会计出版社，2012.

[10] 上海国家会计学院．财务管理一本通［M］．大连：大连出版社，2013.

[11] 步淑段，郭爱军．高级财务管理［M］．2版．北京：经济科学出版社，2008.

[12] 郭复初．财务管理［M］．北京：首都经济贸易大学出版社，2013.

[13] 东奥会计在线．中级财务管理［M］．北京：中国财政经济出版社，2017.